丛书其他书目

《智慧型教师素质探新》（刁培萼 吴也显 等/著）

《智慧型教师的诞生》（王枬 等/著）

《教学智慧的生成与表达——说课原理与方法》（李兴良 马爱玲/主编）

《儿童文化与儿童教育》（刘晓东/著）

《教师实践智慧及其养成》（邓友超/著）

《教师研究的意蕴》（柳夕浪/著）

《重建课堂文化》（丁谷怡 孙双金/主编）

《课堂教学叙事研究：理论与实践》（傅敏 田慧生/著）

《师生课堂文化冲突：审视与应对》（张希希 苏姗姗/著）

《创造幸福的教育生活》（吴安春/著）

教育智慧与智慧型教师研究丛书
丛 书 主 编　田慧生
丛书副主编　刁培萼　吴也显　吴安春

回归智慧，回归生活
——教师教育哲学研究

>>> 高伟　著

教育科学出版社
·北　京·

作者简介

高伟 1972年生，山东省泗水县人。教育哲学博士，山东师范大学教育学院教授、教育哲学研究中心主任。主要从事教育哲学研究，在《哲学研究》《华东师范大学学报》等核心期刊发表文章四十余篇，出版《生存论教育哲学》（教育科学出版社，2006）、《教育哲学的基本问题》（山东教育出版社，2008）两部专著，主编《优质观课的理论与实践》（香港教育学院，2009）。

丛书序

时代呼唤教育智慧及智慧型教师

田慧生

一、当今学校教育和课堂教学缺少什么？

关于教育智慧及智慧型教师问题的思考缘自八九年前发生过的一个真实故事。那时，某实验小学刚加入我主持的活动教学课题研究。为把课题前期的研讨引向深入，学校课题组设计了一道“数学题”，然后让一名数学特级教师对低、中、高三个年级段随机抽取的各 20 名学生进行测试。题目是这样的：一条船上载了 25 只羊，19 头牛，还有 1 位船长，要求根据已知条件求出船长的年龄是多少？测试结果是大多数学生居然都算出了具体“结果”，只有少数学生对试题的合理性提出了质疑，且质疑者低年级学生居多，中年级次之，高年级最少。这一结果在学校教师中引起强烈震动，并进而引发了教师们对这样一些问题的不断追问和反思：即以现有的教学方式，我们是否把学生越教越聪明了？当今的学校教育和课堂教学究竟还缺少什么？

时至今日，这些问题依然困扰着我们并依然具有深刻的思考价值。

总体而言，经过了二十多年持续性的教学改革，特别是经过了近年来新课改的冲击与洗礼，中小学课堂教学整体面貌应该说已有了大的改观。在一波又一波改革的推动下，各种新的教育理论、思想、观点纷至沓来，各种新的教育教学模式、方法、技术、手段不断涌进课堂。以往课堂教学普遍存在的理论匮乏、方法单一、技术落后的问题已得到很大程度的解决。在这样的形势下，当下的课堂似乎并不缺少新的理论、方法、技术，也不缺少改革的热情和由此带来的繁荣局面。但是，长久以来人们所期待的课堂教学应有的生机和活力为什么仍然迟迟不能激发出来？学生在课堂中的生命创造和灵性为什么依然得不到释放，甚至在日复一日的机械学习中被销蚀、磨灭？教师在面对各种新的挑战和复杂多变的教学场景时为什么依然时常表现得无所适从、茫然无助？流行于课堂的各种理论、方法、概念、话语不断变换，但课堂的面目为什么依然似曾相识，甚至千篇一律？

再回到前面的问题，我们是否把孩子越教越聪明了？正如开篇的故事所印证的，现实中一个几乎不争的事实是：随着学生年级的递升，受教育时间的增加，知识量的扩大，学生的好奇心、想象力、创造力反而在逐渐萎缩，问题意识、批判意识在淡漠，而对教师、书本的依赖、盲从、迷信程度则越来越严重。为什么在教学改革不断深化的今天，在课堂改革一派繁荣的背后，仍然存在着这样一系列关乎课堂生存与质量的深层问题？原因固然是多方面的，但其中最为关键的因素之一恐怕在于，长期以来在我们热衷于将各种理论模式引入、移植到课堂，并要求教师接受、认知、照搬和实施这些新的东西时，忽视了教师基于自身体验、感悟、反思、实践而形成的教育智慧的作用，甚至压抑了这种作用的发挥。由于这些东西没有内化为教师自身的智慧，因而并没有真正形成对教育现实的内在改变。因此，如果基于以上判断进一步追问：当下的课堂究竟缺少什么？或当前教师的素质中亟待加强些什么？答案应该是一致的：教育智慧。

二、什么是智慧？什么是教育智慧？

什么是智慧？我们认为，在社会生活中，智慧是个体生命活力的象征，是个体在一定的社会文化心理背景下，在知识、经验习得的基础上，在知性、理性、情感、实践等多个层面上生发，在教育过程和人生历练中形成的应对社会、自然和人生的一种综合能力系统。它不只是一般意义上的聪明，甚至也不只是心理学概念中的智商，它是每个个体安身立命、直面生活的一种品质、状态和境界。正因为如此，人们常讲人要有大智慧才会有大格局。智慧实际上涵盖了个体多方面的素质，它融合了个体已有的知识经验、已有的经历。个体所经历的一切都有可能转化为智慧，“这种智慧和机智表达了我们整个身心的存在”①。知识不等于智慧，智慧不能像知识一样直接传授，但它需要在获取知识、经验的过程中经由教育的悉心呵护而不断得到开启、丰富和发展。因此，教育在人的智慧发展，特别是人的早期智慧发展方面，发挥着不可替代的重要作用。但这种作用并不是自然发生的，智慧的发展只能在富有智慧的教育条件下才能实现。也就是说，好的教育有利于智慧的发展，不良的教育条件有可能限制和压抑人的智慧发展。只有智慧的教育才能培养出智慧的人，只有智慧的教师才能培养出有智慧的学生。同样，只有智慧的校长才能带出有智慧的学校。

---

① 马克斯·范梅南．教学机智——教育智慧的意蕴［M］．李树英，译．北京：教育科学出版社，2001：15.

什么是教育智慧？如同智慧之于个体一样，教育智慧之于教育，同样体现为教育的一种品质、状态和境界。从大的方面讲，教育智慧是良好教育的一种内在品质，表现为教育的一种自由、和谐、开放和创造的状态，表现为真正意义上尊重生命、关注个性、崇尚智慧、追求人生幸福的教育境界。作为教育的一种内在品质，教育智慧是应当渗透、内化于包括师生教育活动及教育目的、教育价值、教育过程、教育环境、教育管理在内的教育的一切方面的。由于教师是教育目的、意义、价值、任务的直接体现者、承载者和实践者，是教育活动的组织者和主导者，因此在具体的教育情境中，教育智慧主要是通过教师的教育教学行为加以体现的。从这一角度来看，教育智慧在教育教学实践中主要表现为教师对于教育教学工作的规律性把握、创造性驾驭和深刻洞悉、敏锐反应以及灵活机智应对的综合能力。

对规律的把握，不是一朝一夕可以做到的，它是教师对教学的一种深层的理性认识，要经过长期丰富的实践才能最终形成，因而是智慧的高度表现。对复杂多变的教学工作、教育情境，能不能创造性驾驭，是否具有深刻的洞察力和敏锐的反应，也是体现智慧的很重要的方面。真正检验一个教师有没有智慧，要在实践中来看。当教学出现一些新的变化和突发性的情况，当具体的任务、目标、场景随着情况发生改变，教师能不能敏锐洞悉，能不能做出灵敏的反应、灵活机智的应对、恰当的现场策略调整，基本上能真实反映一个教师的实际智慧水平。

智慧型教师就是具有较高教育智慧水平的教师。智慧型教师的教育智慧是教育科学与艺术高度融合的产物，是教师在探求教育教学规律基础上长期实践、感悟、反思的结果，也是教师教育理念、知识学养、情感与价值观、教育机智、教学风格等多方面素质高度个性化的综合体现。智慧型教师与研究型教师有诸多共同之处，如都执著于教育规律的探索和现实问题的研究，对理论学习抱有很高的热情，将研究视为重要的成长基础等。但从二者的内涵和目标指向来看，智慧型教师具有更丰富的内涵和更高的目标指向，它对现代教师的成长提出了更全面的要求和更高的发展境界——即在实践与理论的紧密结合中全面提升自身的教育智慧水平。

需要指出的是，近年来我们一直提倡教师向研究型发展，总体上效果是好的，但同时也出现了一些值得注意的问题。一是在当前功利性很强的改革背景下，研究型教师在很多情况下已被当成一个标签，研究是目的还是手段这一问题被颠倒了，出现了大量为研究而研究的情况。实际上研究恰恰是教师智慧生成的重要途径和手段。不能把研究作为目的。研究永远是一种手段，是教师成长的一种途径。一旦把研究本身作为目的的时候，研究就变味了。另一个很大的问题就是，一些教师，特别是一些青年教师，在重视理论修养，往研究型方向发展的同时，又出现了另外一种倾向，那就是对实践的忽视。所以，我们试图以“智慧型教师”这样一个概念来对教师专业发展方向进行新的概括，以便对教师专业成长的内涵理解得更为全面。因为教育智慧是教师教育理念、知识学养、情感与价值观、教育机智、教学风格等多方面素质的综合体现，具有更广泛的含义。以智慧型教师作为对教师的整体境界、专业发展的总要求，将从客观上对教师的理论学养和综合实践素质提出更加全面的要求。提倡智慧型教师，一定程度上会使教师的专业发展更为协调、完整和全面。

在实践中，教师教育智慧的形成途径是多方面的，因而教育智慧的构成也是多类型、多层面的。它既包含了基于整体感知、直觉把握形成的知性智慧，基于理论思考、规律认识的理性智慧，基于职业感、道德感、人际交往、师爱的情感智慧，也包含了基于个体经验积累、实践感悟、教学反思形成的实践智慧。教育智慧是教师整体素质的核心构成，它内在地决定着教师教学工作的状态、质量和水平，进而深刻地影响着人才培养的质量。

知性智慧是对教育的直觉把握、整体感知，主要是人对外部世界的一种直觉反映，是建立在直觉基础上的一种整体感知和反应能力。“教育的感知力（pedagogical perceptiveness）部分来自于某种无言的直觉的知识”①。理性智慧是在对教育问题的理性思考和规律认识的

① 马克斯·范梅南．教学机智——教育智慧的意蕴［M］．李树英，译．北京：教育科学出版社，2001：273.

基础上形成的，它是教育智慧的核心构成和高级表现形式。

智慧不仅属于认识范畴，同时也是情感范畴的体现。如果只从认识范畴来谈智慧，这种智慧是不完整的。情感不仅是智慧的重要组成部分，同时还为智慧的生成提供了强大的动力，是智慧发展的维持系统。对教师而言，情感智慧是在教师的职业感、道德感、人际交往和师爱基础上形成的特殊智慧。特别是师爱，即对于教育对象的热爱，是教师情感智慧形成的重要基础，是构成教师情感智慧最为核心的内容。情感智慧对于教育而言是一种很重要的智慧成分，它可以在很高的程度上维持人对于智慧的追求，并不断加深对教育的认识和整体把握。

如果说理性智慧建立在对知识的把握和学习的基础上，那么实践智慧更多的是在经验的基础上，是在个体经验感悟、教学反思基础上形成的教学智慧。如果离开了长期的实践探索，离开了对实践的反思，那么教师的实践智慧水平是很难提高的。

在当前教学过程中，我们应当回过头来大力强调实践及实践智慧的重要性，让教师关注自身的实践智慧，再一次回归到实践中。在过去很长的时间里，一个教师最值得珍惜、能够反映和代表他教育生涯的价值及一生教学最宝贵财富的就是他的教学经验。中小学教师做科研也好，做教学也好，都应非常重视优秀教育经验的总结。在当代，凡在一线产生大的影响、真正被大家所接受的高水平的优秀教师，基本上都是在立足于个体优秀教学经验的提炼、概括、总结中，即在实践智慧的提升过程中，逐渐形成一套自己完整的教学主张并为大家所接受的。比如江苏的李吉林老师，她提出的情境教学理论，就是踏踏实实地产生于个体的长期实践，不是从书本上搬来的，是高水平实践智慧的结晶。但现在学校中又出现了一种倾向，就是对教师的实践经验关注不够。我们在大量移植别人东西的时候，个体的经验受到了忽视，这对整个中小学教育发展来说是十分不利的，所以在当前要特别强调和关注教师的实践经验和实践智慧。

在知识经济快速发展的今天，社会对教育发展的模式、人才培养的规格及教师专业发展的方向都提出了全新的要求。更加关注教育的品质和质量，更加关注人的个性培养和智慧开发，进一步推进教师专业发展由知识型向智慧型转变，已成为时代发展的迫切要求和客观需要。从基础教育阶段来看，九年义务教育基本普及以后，教育发展的模式已由数量扩张向质量提高转变。在这种情况下，我们的教育向何处去？学校教育、课堂教学改革的方向在哪里？一个重要的方面就是要关注教育智慧，关注课堂教育智慧的状态，重视智慧型教师的培养。这是实现学校内涵式发展和提高教育教学品质、质量的必由之路。把这样的要求凝聚在教师专业素质和课堂教学方面，无疑将从新的角度有力推动这两方面的发展与改革。

特别需要指出的是，随着新一轮基础教育课程改革的不断推进和课堂教学改革的不断深化，中小学教育教学改革正在进入攻坚阶段。改革进入攻坚阶段后所呈现出的前所未有的艰巨性、复杂性，以及教学活动自身的特异性、多变性和不确定性，都对教师洞悉复杂局势、把握复杂局面、应对复杂挑战的智慧品质和智慧水平提出了很高的要求。因此，高度重视和深刻认识教育智慧的意义与价值，切实提高教师教育智慧水平，努力探索智慧型教师成长的机制和途径，进而说，让智慧回归教育，让智慧唤醒课堂，让智慧引领教师专业成长，是时代的呼唤，是教师专业成长的需要，是课堂教学焕发生机与活力的契机，是新时期教育教学改革的重大使命。

三、是什么阻碍了教师教育智慧的生成？

（一）传统经典教学体系的束缚。总体而言，经过了二十多年的教育教学改革，我们虽然已经在很多方面取得了改革的成就，但迄今为止还没有从根本上突破传统的经典教学体系的大框架，这一体系在理论、实践上仍然顽强地影响着我们的教学现实。传统的经典教学体系发端于欧洲近代工业革命，20世纪初经由日本传入我国。这一教学体系在教学认识上强调以知识为本位，以教师为中心，注重教学的知识传承价值，视教学为教师引导学生获取知识的特殊认识过程。在教学操作上，强调教学过程的标准化、程序化、规范化和精确化，视教学活动为可精确预设、程序化操作的标准流程。由于这套体系是在欧洲工业革命背景下形成的，无形中受到了近代工业生产原理的影响，因此其教学操作原理与工业生产原理在诸多方面有惊人的相似之处。这种建立在标准化、程序化、规范化操作基础上的教学体制，大大提高了知识传授效率，使得大批量培养学生在历史上首次成为可能，最大限度地满足了工业时代对培养具备基本读、写、算能力劳动者的需求，所以长期以来受到了广泛的欢迎。

另外，由于这一教学体系立足于教的需要，强调教师作用的发挥，注重为教学服务，重视教学过程、环节的操作化设计，因而具有很强的可操作性和可接受性，为教师的教学提供了最大的便利，在实践中深受教师欢迎和认同，并在长期的应用过程中与教师的内在需要和行为习惯融为一体，逐步形成了强大的实践惯性和超强的稳定结构。正因为如此，中小学教学改革虽经二十多年的艰苦探索，至今仍未攻破传统教学的堡垒。

时代发展到今天，当社会对人才培养的规格及教育发展的需要产生重大转变时，经典教学体系固有的一些优势正成为阻碍新型人才培养和教学创新的内在障碍。从教育智慧生成的角度来看，传统的经典教学体系至少在两个方面束缚、影响着教师智慧的形成。

第一，狭隘、片面的教学理论认识束缚了教师的理论视野，影响了教师对于教育意义、价值及教学活动丰富内涵的全面认识与把握。例如，传统教学理论长期以来坚持把教学过程的本质定位在特殊认识的层面上，即从哲学意义上视教学的本质为教师引导学生掌握知识的特殊认识过程。这样的认识从哲学的角度来看是合理的，但长期以来这种认识始终停留在哲学层面，没有把哲学认识转化为具体的教学认识，从而忽略了教学肩负的多方面使命和教学活动丰富的意义、价值与内涵。教学活动本身除了肩负认识使命之外，还肩负着其他多方面使命。如对学生情感的丰富和发展，对学生整个生命价值的提升，甚至对教师自身的成长的独特价值等。由于没有全面反映教学过程所承载的多方面的教育使命和应有的丰富内涵，因而在理论上导致了对教学价值认识的简单化，同时也导致了实践操作中的简单化倾向，导致教学过程在实践中被简单化为知识的授受过程，甚至简单化为知识的告诉与被告诉过程。在课堂中，教师的主要任务就是把知识告诉学生，学生作为被告诉者接受了知识，教学的意义和价值就全面实现了。这样一种简单化的认识和操作，妨碍和限制了教师的思考，影响了教师的理论视野，使得实践活动本身简单化，对教师教学智慧的形成产生了很大的束缚。

第二，传统教学操作体系高度的技术取向和工业化生产特征束缚了教师创造性的发挥。从操作层面上看，传统的教学操作体系是一个具有高度技术取向和工业化生产特征的体系。它强调教学流程的高度规范化、统一化、精确化和程序化设计，具有高度的可操作性和可接受性，这是其优势所在。教师一旦掌握了基本要求，就可以顺利实施教学。但是也正由于其高度的规范要求，教师在教学实践中创造性发挥的空间受到了极大的限制。按照传统教学的操作要求，教学内容的设计要追求高度的完整和细节化，甚至教师在课堂上讲的每一句话、重要的提示语，基本上都要非常详细完整地写到教案里面。教学过程各个环节的设计要追求高度的精确化和程序化，每个环节的前后衔接、起承转合都要设计得严丝合缝，每个段落用时多少都要做精心计算。教师在执行教学的过程中要完美无缺、高度准确地实现这些预设的目标。可以想见，在完成这样一个教学流程的过程中，教师在教学现场中灵活处置教学变化情况，灵活面对学生多样化需求的空间以及创造性发挥的空间还能有多大？这种高度技术取向的教学体系从根本上束缚了教师创造性的发挥，束缚了教学智慧的生成。对于教师而言，这些精确的规范要求就相当于一个格，教师入格以后，还应该考虑如何出格。但实际上这些过度精细、机械的规范要求使得教师一旦入格后，就被限定在一个具体的框架内，很难再出来。过去人们常说教学有法但无定法，其实这种说法深刻而辩证地反映了教学中教师入格与出格的关系。所谓教学有法，就是教学要有一个基本的规矩，要有一个基本的格。但更重要的是还要追求教无定法。教无定法，就是要求教师入格后还要出格，要大胆创新，要进入自由和智慧的境界。教师被定格，就会失去自我，失去智慧产生的基础。

（二）**教学改革和教育科研的功利性取向。**近年来，蓬勃开展的中小学教学改革和教育科研工作极大地推进了学校发展，提高了教学质量。但另一方面，改革与研究过程中出现的越来越强的功利性倾向，又正在损害着改革自身的成果，严重制约着教师教育智慧水平的提高。对一个学校也好，对一个教师也好，教学改革或科研工作一旦成为一种追求地位、声誉、利益的手段，乃至关系荣辱、命运的事情，其过强的功利性，必然会限制和阻碍人们的思考，并极大地影响教育的品质及教育者的智慧状态。

在现实中，急功近利式的改革和科研正以各种方式影响和干扰着学校及教师的智慧状况。如今在不少地方和学校，出现了一些所谓快餐式的改革，即为了快出成果、多出成果，什么东西快就学什么，什么东西时髦就学什么。学校中各种改革的话语、口号和主张走马灯似的变换，让人眼花缭乱。很多学校的课堂变成了各种“流行理论”的实验场，一些该传承、坚持的东西没有坚持下去，而所谓新的东西又不能长久。不少学校现在处在一种改革的亢奋过程中，同时也处在思路比较混乱的过程中，对于如何提高教学质量并没有形成比较冷静、严肃和富有智慧的思考。另外，在繁重的教学任务及繁忙的改革的双重重负下，教师在很多情况下已呈现疲于应付、疲于奔命的状态。过去我们总是批评教师给学生灌输了太多东西，现在回过头看，外界也给教师灌输了很多东西，教师的大脑被塞得满满的，再加上一些功利的导向，教师很难有冷静思考的时候，很难在工作过程中有自己的深刻感悟、体验和真正意义上的反思。现在甚至还出现这样的一种情况，即一些教师特别是青年教师在这样的背景下，热衷于通过快速引进、移植、模仿一些新的方法、模式，然后通过参加各种教学比赛获奖而快速成名。在这个过程中，由于教师所掌握的新东西往往停留在模仿、移植层面，并没有内化为教师自身的经验和智慧，快速的成功往往会助长骄傲的情绪，掩盖教师成长中的其他不足，影响他们教学智慧的正常生成。因此，这种“一课成名”式的成长之路，可能最终会影响教师的长远发展。

从教育实践的角度来说，中小学当前进行的教改研究大部分是以求善为目的的研究。求善研究的主要目的是求得改革教学的善策，是直接指向教育实践的。这类研究的一个基本要求就是以教师为研究的主体。如果丧失了这样的主体，研究就会陷入被动，就会成为外在于教师的强制任务，不仅会加重教师的负担，也会影响到教师对问题的独立思考，降低教师的智慧程度，这是应该避免出现的情况。但是不幸的是这种情况还不同程度地存在着，不少学校所作的研究课题或脱离教师的教学实际，远离教师需要；或完全为专家所左右，教师成了科研的木偶，丧失了研究的主体地位。学校虽然出了不少成果，但很多并没有内化成教师自身的东西，没有升华为教师的智慧。另外值得注意的是，如今教师富有个性的、有自己特色的话语越来越少。教师的论文和科研成果的表述，与各种教科书的语言越来越相似。甚至在一些经验交流研讨会上，教师在交流自己教学经验的时候，所说的话也都大同小异，这种情况可以称之为“教师失语症”。“教师失语症”实际反映的是教师个性逐步丧失、智慧水平下降的深层问题。

总体来看，在这样一种忙碌、紧张的功利背景之下，现在学校、课堂中正呈现出有知识却少智慧、有理论但少思想这样一种局面，人的整体智慧水平在表面繁荣下正出现下降。这种状况应当引起我们的高度关注。

（三）教师在传统教学背景下形成的一些习惯工作方式。在现实的教学中，教师长期形成的一些习惯工作方式也在很大程度上阻碍着教师智慧的形成。这些习惯方式主要表现为两类：一类是“搬运工式”的教学方式。在这类方式下，教师在整个教学过程中所做的主要工作就是简单搬运，即把所要教的知识、内容从教科书、教参上搬到教案上，然后把教案搬到课堂里，再把教案的内容告诉学生，一个教学流程就算完成了。教师在这里基本上是按部就班、原原本本地把教科书、教参的内容搬到了课堂，告诉了学生。在这样的教学过程、教学方式中，教师很难有什么创造性。教科书、教参已经成了教师的圣经，教师很难超越。

另一类方式是“捆绑式”教学。这种教学不但束缚了教师，而且在更大程度上束缚了学生。所谓捆绑式教学，就是对学生的思考、对学生的问题解答、对学生的整个思维活动进行人为控制、牵制。按照这种方式，教师在课前要认真设计教学中可能出现的重要问题，并同时设计好解决每个问题的标准思路和方法，确定标准答案。课堂中，教师虽然不再像过去那样把结论、答案直接告诉学生，而往往是以启发的方式提出问题，但教师很快就会以引导性、暗示性的评价语言迅速把学生的思路、解决问题的方法引到设计好的标准化路线上来，然后在教师的牵引下迅速指向标准答案、正确答案。这样，一个教学过程就完成了。这对知识的传授可能是高效的，但是高效背后牺牲的却是学生独立思考能力及实际解决问题能力发展的空间和权利。特别是当这样一种方式被普遍运用到各个学科甚至每一节课教学的时候，它带来的可能就是一种灾难性后果。

近年来进行中西方学生学习状况比较时，大家认同的一个事实是，中国青少年在知识掌握的系统性、完备性方面具有明显的优势，但独立思考的能力、实际解决问题的能力、创新精神与西方国家的学生相比却有差距。为什么会这样？从课堂深层来考虑，一个重要原因就在于长期以来我们已经习惯和普遍依赖这样一些教学方式实施教学。在这样的教学框架下，课堂中一切都按预先设计好的方案按部就班地推进，很少出现思考问题的波澜，出现教学的转折、高潮，这在根本上束缚了两个创造性：既束缚了教师自身，更束缚了学生的发展。十多年前我们在课堂里看到的是，全体学生45分钟都在背着手安静地听老师讲课。与那时比，现在课堂局面已大有改观，师生可以对话、互动，可以讨论、动手操作。但我们不能只看表面的改进，这些根深蒂固的传统教学方式如果不从深层上进行改进，这些表面的改革，最终不可能产生真正的效果。这也是影响师生智慧生成的一个重要方面。

四、教师如何走出缺乏教育智慧的困局?

第一，走出经典教学体系，重新认识教学的意义与价值。教师的教育智慧很多来自于对教学工作深层的、理性的思考和把握，如果理性认识是片面的，是有局限性的，那么教师的教育智慧很难得到提升，很难进入到一个较高境界。所谓有大智慧才会有大境界，这种大智慧很大程度上反映的是人们对问题把握的深刻性和全面性。经典教学体系理论上的诸多局限性，对教师教育智慧的提升已形成严重束缚。例如，教学是有双重性特征的，经典教学体系对教学的一些特征，比如教学的标准化、规范化、程序化以及可预设性、可控性等做了淋漓尽致的阐述，并且形成了一整套规范操作要求。但是教学体系的另外一些特征，如多样性、复杂性、特异性、灵活性、开放性、生成性、选择性等，经典教学体系在理论认识上是严重不足的，而这种理论认识上的不足直接导致了实践中课堂教学长期呈现机械、僵化的局面。因此在当前反思传统教学弊端，推进课堂教学重建的过程中，不仅要注重重建课堂教学的操作体系，更重要的是要重建课堂教学的理论体系，重建它的哲学基础，重新认识教学的意义、价值与特点，要在理论认识上逐步走出经典教学体系的大框架。

第二，要切实关注教师的实践积累和实践反思。教师的实践是每一位教师成长的基石。任何教师的成长，都离不开实践的锤炼。智慧源自实践，“智慧和机智是我们通过教学的实践——不仅仅是教学本身，所获得的。通过过去的经验，结合对这些经验的反思，我们得以体现机智。”① 真正的智慧来自于实践，真正高水平的理论成果也都来自实践。而真正的教育家、教育大师也只能是来自于实践。无论古代还是近代、当代，真正称得上教育家的，没有哪一个是缺少教育实践的。日本人评价中国只有两个半教育家，一个是孔子，一个是朱熹，那半个是陶行知。这当然是他们比较苛刻的说法，但也反映了陶

① 马克斯·范梅南．教学机智——教育智慧的意蕴［M］．李树英，译．北京：教育科学出版社，2001：274.

行知在其心目中的地位。陶行知先生是当代著名教育家，是留洋回来的博士，但他真正在教育中产生巨大影响的思想认识，则来自于他的生活教育实践。教师对教育的各种看法、各种主张，教师所接受的各种理论和学说，只有在与实践的结合中，特别是在实践的反思中才能转化为自己的思想。离开了与实践的结合，最多只能说我们掌握了教育学知识，而不能说它已经转化为我们的思想，上升成了一种智慧。

第三，要切实关注教师的个体经验，尊重教师的个人风格。智慧在本质上是高度个性化的，没有完全相同的智慧，每个人的智慧都是深深打上自己的烙印的。要提高教师的教育智慧水平，关注教师教育智慧的状态，首先要关注教师的个体经验。教师的智慧可以通过学习获得，但这种学习首先必须立足于个体经验，外来的知识只有在和教师的个体经验结合的时候，才能被内化。现在教师有自己特色、有个性的东西越来越少，一个重要原因就在于现在有一种忽视教师个体经验、不尊重教师个人风格的倾向，再加之经过各种外在强加的“格式化”培训，教师像被洗脑一样，最后变得都一样，失去了个性和个人风格。如果一个人没有自己的特色和风格，其智慧水平不可能高。就教师个体而言，他最宝贵的财富，就是他的个体经验，特别是那些值得总结、挖掘、提炼的优秀教学经验。在教学实践中应鼓励教师有个人风格，不要怕与众不同，而应该追求这样的东西。教师要学会独立思考，学会用自己的嘴巴说话，学会走自己的路，这是当前改革中应当倡导的。

第四，要淡化改革及科研的功利性，还教育科研以本来面目。只有在这样一个背景下，科研、改革才会成为提升教师教育智慧的重要途径，并且会成为强大的动力，推动教师深入思考，不断发展自己的智慧。要强调科研是手段，不是目的。要在当前心态比较浮躁的背景下，创造条件使校园远离功利，归于宁静。古人所说的“宁静致远”，其实深刻揭示了智慧生成的内在道理。在浮躁的状态下，人的智慧是不可能得到发展的。要致远就一定要宁静，这才是智慧的生成之道。在校园里应该给教师提供一个宁静的、适合于思考的环境，要尽可能减少对教师的各种外在强迫，减轻来自各种功利性任务的压力，让教师在归于宁静的过程中自由生发自己的教育智慧，创造性地推进教学工作。同时也要认识到，当前需要淡化的是科研的功利性，不是要淡化科研自身，科研仍需不断加强。科研是教师智慧生成的重要途径，是教师发展、专业成长的重要途径，这是二十多年证明了的一条成功经验。科研兴教、科研兴校，是大幅度提高教育教学质量的成功之路，而且也是一大批优秀教师成长的成功之路。只要把握住科研的正确方向，用正常的心态来从事教育科研，对于提升教师的教育智慧就会有极大助益。

第五，要切实关注教师职业情感状态。提升教师的智慧水平，不仅仅要提升认识，更要关注教师的职业情感状态。作为一个职业工作者，教师对于教师职业的内在的认同、情感上的接受，会直接影响到他的整体智慧水平。师爱是教师职业情感，是教师情感智慧中的核心组成部分。关心和爱护孩子是教育的一个前提条件，如果缺少这样一种情感，即使有再深的理性认识，教师的个体智慧也称不上是真正意义上的教育智慧。因为在一定程度上，“教育的智慧性是一种以儿童为指向的多方面的、复杂的关心品质”①，“教育智慧与其说是一种知识，不如说是对孩子们的关心”②。由此看来，对教育的责任感，对孩子的责任与关爱是构成教师教育智慧的核心内容，也是教师从事教学工作的基本条件。

第六，要不断提高教学机智水平。教学机智是教育智慧的重要组成部分。机智就是对意想不到的情境，进行崭新而出乎意料的塑造的能力。教学机智是教师在一定的理论修养基础上，在长期实践体验、感悟和实际经验基础上凝成的一种超乎寻常的、出类拔萃的临场发挥能力。它反映了对现场敏锐捕捉的能力、快速反应的能力和非常得体的、合理的应对能力。具有教学机智的教师，可以把教学现场中出现的偶然因素转化成一种有利的教学时机，可以恰如其分地把教学引向

---

① 马克斯·范梅南．教学机智——教育智慧的意蕴［M］．李树英，译．北京：教育科学出版社，2001：12.

② 同①，第270页。

高潮，推向深入。教学机智表现为临场的天赋，但这个天赋不是与生俱来的，是长期在理论和实践两个层面上磨合而成的。同时，教学机智又表现为对教育工作、教育对象的深刻的理解。如果没有深刻的理解，即使表现出来某种机智，也可能只是一种小聪明，不可能对教育工作起到牵一发而动全身的作用，而真正的教学机智正是要起到这种作用。

第七，要激发学习热情，提高综合学养。学习是非常重要的。提高教育智慧水平，与教师终身学习、终身进取密切相关。教师的学习是多方面的，既包括书本的学习，如学科知识的学习、教育理论的学习等——知识的学习是智慧生成的重要基础；同时也包括实践中的学习、经验中的学习，以及向教育的对象——学生的学习等。教师个体智慧需要在不断的学习中来积累，需要在综合学养全面提高的基础上来提升。另外，只有在学习的同时不断地进行反思，才能使教师的学习提高到新的水平，才能不断地生成新的智慧。

五、关于本套丛书

正是基于以上思考，近几年来我一直在考虑如何进一步深化和扩展关于教育智慧和智慧型教师问题的研究。2004 年初，我开始考虑通过策划一套以教育智慧和智慧型教师研究为主题的丛书来推进这方面的研究。正在此时，得知南京师范大学的吴也显、刁培萼教授在几年前就已开展了智慧型教师素质问题的实验研究，并在总结实验成果的基础上完成了《智慧型教师素质探新》一书。于是，经沟通、协商，我们同意把《智慧型教师素质探新》作为这套丛书的首本书，同时邀请国内有志于这一研究的其他学者共同完成这套丛书的撰写。

我们认为，智慧是人类教育的最高目标和永恒追求，智慧型教师是教育智慧的主要承载者和体现者。以“智慧为本”来定位教育和教师工作的意义和形态，进行教育理论和实践的创新，是一件十分有意义的事情。因此，推出“教育智慧与智慧型教师研究丛书”在当前具有重要的理论与实践意义。

第一，能为当前中小学教育教学改革和教师教育的整体发展与规划提供崭新的理论支撑与实践经验的参照。当前我国基础教育的“普九”任务已经基本完成，基础教育的工作重心已从数量达标转向质量的提升。实现基础教育工作重心转型的关键，在于切实提高教育教学的质量和品质，在于建设一支高素质专业化的教师队伍。提高教育质量和建设高素质专业化的教师队伍需要有适切的教育理论为指导，特别是在教师专业化时代，究竟以怎样的理论为背景来建构教师教育的新理念，是一个必须解决的问题。“教育智慧和智慧型教师研究丛书”力图应答这样的问题。

第二，能有效地促进教师的专业发展。目前，教师队伍的现状令人担忧：在新课程改革的冲击下，广大中小学教师存在着许多困惑与不适应，许多教师不胜重负，教师的身心健康面临严峻挑战。如何有效地促进教师的专业发展，激活教师的工作激情，让教师在职业生涯中体验自己生命的意义和价值，享受职业创造的快乐，让学校、课堂成为教师创造自己幸福人生的福祉领地，这是本丛书追求的主要目的之一。

第三，能为教师培训提供崭新的理论与成熟的实践模式。一方面，从教育哲学、教育文化学、教育心理学诸学科出发，以教育的本性、教师的本性、学生的本性、课程的本质等最基础的问题为研究基点，揭示教育智慧和智慧型教师的核心内涵、表现特征与实践操作样态，探索教师专业发展的支撑性理论，解决教师专业发展的深层理论问题。另一方面，追踪智慧型教师的成长轨迹，探索教师专业发展的规律和培养模式，形成教师专业发展的实践模式。

第四，注重研究方法的创新。将理论研究与扎根性研究结合起来，建立教育理论研究者与教育实践工作者之间融通的话语系统，打破传统的、单向度的以思辨为主的研究范式，主要开展动态的、探索性研究，在研究中发现课堂教学重建及教师素质提高的新理论和新方法。

本丛书力图将教育智慧和智慧型教师问题的探讨置于当前教育转型的大背景下，从哲学、社会学、教育学、心理学等多学科多角度进行广泛的审视和思考，期望在这样的过程中能触及教育现实的一些真问题，并做出力所能及的回答。

本套书的出版得到了教育科学出版社的大力支持，责任编辑刘灿、樊慧英同志做了大量工作。前辈学者吴也显教授、刁培萼教授、同事吴安春博士与我一起策划、组织了整套书的编写，在此一并表示衷心的感谢。

2005年1月3日

于中央教育科学研究所

目　录

前 言

“教育应该是什么样子?”“教师是谁?”这两个难题是教育的两个本体性难题，所有的教育问题都从之所出又向之所归。这两个问题是难题而不仅仅是问题。问题是一个疑惑，而难题则是一个处境。问题是知识性的，而难题则是存在性的。问题指向解决，而难题指向追问。事实上，在不同的历史时期，人们的确在心理倾向和知识架构上“合理地”认为教育的本质问题与教师的本质问题已经确定无疑，并将这种本质性认识作为教育实践的最终依据，即我们已经找到了关于教育、关于教师的终极答案，剩留的问题仅仅是如何把这种本质性认识通过教师的实践理性转化为现实的教育行为。这种确定性的寻求无疑是从教育的本性出发的，因为只有经由一个业已建立的教育的形而上学体系，教师教育行为的合理性才是可能的；但同时这种确定性的寻求又是对教育本性的一种疏离，因为它以教育、教师总会有一个确定无疑的本质作为不证而明的前提。由此并不难看出，教育工作者试图一劳永逸地把握住教育的确定本质，即便在推动教育实践品质方面有所成就，也难免有虚假之虞。近现代以降的教育学话语是由控制教师教育实践的一系列客观性知识所构成的。这一话语方式通过学校教育的制度化拒绝了教师对于教育实践具体事件的认识与解读。也就是说，“范式性认识”虽然为教师提供了构成体制与计划的一般的普遍性原理，但它不能应对每一个教师心灵深处所抱持的存在论问题——“教师是怎样一种角色?”“教师意味着什么?”“为什么我（您）是教师?”

作为一个难题，“教育应该是什么样子?”“教师是谁?”是有待追问的。教育工作者总须从反思自己的生存处境出发来审视其教育行为的合理性。教育工作者并非毫无根据地“接受”那些关于事物的本质性知识，而是要在具体的生存处境之中不断地体认教育的“为何”和“何为”。确定性的教育本质、教师本质的寻获是线性的，即以自律或他律的形式获得，并用以指导自己的教育实践；生成性的教育本质、教师本质的追问则是对抛性的。对抛性的教育本质追问不是去建构一个关于教育本质的概念性认识，而是去建立教育行为与教育工作者之间的生命性联系。“我”（教师）在其中（教育）不断地生成着，“教育”说到底不是“我”怎样去认识它，甚至也不是“我”怎样去“完成”它，而是“我”如何不断地去“创造”它。教育不是“我”的工作和职业，而是“我”的生命场域，“我”就在“教育”之中。“我”反思教育也就是不断地反思“我”的处境，而“我”对“我”自身不断地反观自问，也就是“我”对于如何参与教育的一种存在论追问。“我”的确可以通过对教育本质的认识来指导“我”的教育实践，但“我”并不是把关于教育的客观知识“复制”到实践中来。实践是“我”的实践，是作为整体的“我”的一种参与，“我”参与教育实践，并非“我”的知识、情感、理智分门别类地参与其中，而是那个由知识、情感、理智等共同构成的整体的“我”“活生生”地处于“教育”之中。由此教育不再是“我”谋划的一个职业，而是“我”的处身。“我”对于处身其中的“教育”的体认，既是“我”对于“教育”的反思，也是“我”对于自身的反思。“教育”离不开“我”，“我”也离不开“教育”。此处有一个深刻的悖论：我们永远不可能有对我们“处身”的绝对客观的理解，因为我们就身处其中。这也决定了我们对教育的理解永远是一个历史过程。

“我”参与“实践”。但并非所有“实践”着的“教育”都可以称得上是“教育实践”。只有当实践具有了教育意义时，实践才被称为“教育实践”。所以“我”对于“我”自身以及对于“我”所身处其中的“教育”的反思，说到底也就是对于教育的本体意义的反思，它与“我”是如何体认“教育”的息息相关。“教师是怎样一种角色?”“教师意味着什么?”“为什么我（您）是教师?”这种存在论追问本质上也就是对“教育应该是什么样子?”这一难题的存在论追问。而“教育应该是什么样子?”的这一追问也只有与“教师是谁?”这一本体论追问才有实践意义。因此，笔者认为，“教育应该是什么样子?”与“教师是谁?”这两个本体性难题其实是一个问题的两个方面，两者不可须臾相离。已有的诸多对教师本质的追问之所以显得“事发突然”，概因为仅就教师而论教师，置“教育应该是什么样子?”这一教育的本体性难题于不顾。笔者并不是说已有的诸多教师研究没有意义，而是说一旦教师教育研究离开了对教育何为的本体论追问，哪怕这一研究在推动教师的教育实践方面是如何地卓有成效，这一所谓“成效”也将注定归于虚与委蛇。

教师的教育实践品质是“多因素决定”（over-determined）的。也许没有哪个词能像“多因素决定”一样更能恰当地表现教育实践影响因素的复杂性。这些因素既包括教师的观念，以及贯彻这些观念的知识结构与能力结构、教师的性格与道德结构，也包括教师身处其中的具体的教育环境，甚至还包括受教育者对于“受教育”的参与程度。但其中起决定作用的无疑是教师的教育观念。这一观念并不仅仅表现为教师的教育概念框架和信念体系，更重要的是表现为在具体的教育环境中教师对其教育观念的诠释，即教师的实践智慧。培根（F. Bacon）的“性格决定命运”的名言几乎尽人皆知，但这一名言的前几句却出人意料地展示了观念对于一个人的指示作用。培根说，要注意你的观念，这会变成你的行为；要注意你的行为，这会变成你的习惯；要注意你的习惯，这会变成你的性格。性格决定命运。追根溯源，决定命运的关键因素其实就是一个人的观念。对一个教师来说，他的教育观念对其教育行为的指导意义，无论怎样夸大都不为过。教师的教育观念的结晶就表现为教师的教育哲学。

教育的全部现代性问题当然不能完全归咎为教育观念方面的问题，但其根本症结仍在于我们的教育观念出了差错。问题并不在于教师是否拥有教育观念，而在于教师拥有怎样的教育观念，这才是审视当下教育，审视当下教师教育哲学的真正支点。从我国的教师教育实践来看，教师教育要么简单地从属于政治实践从而失去其自为性，要么用理论的逻辑简单地取代生成的实践从而失去其多元可能性，要么用工具理性简单地取代价值理性，总之教师教育似乎仍未获得其真实的自我。如果我们的教师教育研究没有首要地反思我们所处于其中的那种教育观念，所谓的教师教育也就只有买空卖空。浮泛地谈论教师的专业结构之所以实践意义有限，正是因为这些貌似专业的表述最多造就几个教师专业化的信徒，但并不增益教师对教育何为、教育为何的本能渴求。当下教师教育研究最令人沮丧之处就在于这些研究似乎并没有兴趣追问教师正当的教育观念的养成，而是在教师的教育技艺特别是教学技艺层面上喋喋不休，床上架床。或许这些教师教育的理论研究工作者可以煞有介事地批判教师教育观念之追问是某种“醉醺醺的思辨”，但教师教育观念的守望者可以同样甚至更为合理地批判那些所谓专业研究者的信口开河。陷于这种无休止的争论无异于黑格尔（G. W. F. Hegel）所谓的“恶的无限”。当下真正地催逼着我们的教师教育研究课题并不是要为两者之争划上句号，从而一劳永逸地解决这些争端，而是要为当下的教师教育研究找到它的“根”。当下教师教育研究的每个命题几乎都被夸大为提升理论研究的实践品质的生长点，这要么是无知，要么是矫情。没有“根”的所谓生长点只能是宣讲的口号或者宣传上的权力话语。如果我们尚不能找到教师教育观念养成的根据，那么我们将无望地陷于口号层面的夸夸其谈和技艺层面的简单重复。需要强调指出的是，教师是谁、教师应该何为的实践品质归根到底系于教师的理论理性和实践理性的统一。这一立足于教师教育观念的观察方式，既可为当下教师教育研究追寻其根基，同时也将使其获得应有的高度。

近现代以降，随着教育在整个国民经济和社会发展中作用的日趋凸显，特别是随着教育的制度化和随之而来的教育的国家化，教师教育都倾向于从专业方面对教师提出要求，虽然在维度上有所差别。教师已经逐渐成为一个专门的职业行当。在古典时期，无论东西方，尽管存在文化差异，教师和哲学家一样承担着时代精神的反思与人类命运的思虑，而近现代以降的教师则只是在服务于某一个“特殊”的政治、经济或文化的目的时才突显出其职业特殊性。教师的尊严在于此，教师的功用亦在于此。教师只是各类专业当中的“某一”专业。在“专业”的幌子下，他只不过是作为“专业”的一种发挥着这个“专业”被赋予的功能而已。当下诸多教师教育研究也都从不同的角度来强调教师的专业修养、专业能力的重要性，并相应地提出了近乎一应俱全的应对策略。应该说，这一进路对于提高教师的专业能力，从而提高教育质量自有其成功之处。这一历史转向的影响同样至为深远。但这一将教师专业化的理论企图在本质上说到底也只不过是对“经验”的专业化描述，即用一套华丽的专业术语打造出一套富丽堂皇的概念网络，把我们只需通过经验便可获知的知识打扮得花枝招展。仅此而已。当下的教师教育研究可归于“常识”一路，原因似在于：第一，教师专业化的论证进路是知识论性质的，它的基本命题是教师的知识与能力结构已经不能满足于当下教育实践的需要，只有通过知识与能力的提升才能满足日益变化的实践需求，而知识与能力提升的关键在于有别于传统的教学方法或者研究方法的建立。围绕着这一论证的种种说法其实要么是无视教育工作者对其教育实践的直觉能力，要么是建构了某种宏大的知识网络之后又不可避免地回到常识的起点上来。这两者无论哪一种，都对专业化理论的崇拜者相当不利。第二，专业化理论并没有提供比常识更多的东西。如果稍稍注意下教师的实践经验所积累的广泛的智思成果，就可以发现专业化理论其实是将这些实践经验进行了知识论性质的理论架构。对这一问题的责难在于，“我们”有可能正是这样“做”的，但“我们”并没有能力这样“说”出来，而这并不意味着“我们”这样“做”时毫无依据，即专业化理论只是精心“论证”了教师教育行为的“合理性”，但并没有从根本上扬弃这种“合理性”。这几乎是一个只有量变没有质变的典型案例。第三，更为关键的是，专业化理论是从“效用”的角度来判断某种知识结构和能力结构的“好”或“坏”的。“有效”的就是“好”的，反之就是坏的。专业理论之所以将“效用”作为判断教育行为品质的指标，是因为它所建基的科学主义精神图景。科学主义所张扬的现代观念刻意地取消了“高贵”与“低贱”的差别，转而乞灵于所谓“进步”或“有效”。教育的意义因而不在于培养一个精神高贵的人，而仅在于塑造一个“有用”的社会个体。教师专业化理论之所以自认为是教师教育史上的一次“飞跃”，其背后的观念正是以“进步”与否取代了“好坏”之别。专业化是就专业自身而言的专业化，说到底是教师专业的自我主张和“自圣化”。专业化的本质是科学化。教师只有将教育归属于科学，并视是否满足科学性作为其教育行为的评价衡准，教育的专业化才获得其毋庸置疑的合法性。而自康德（I. Kant）开始，所谓的“科学”恰恰以自然科学为典型。韦伯（M. Weber）的科学中立论则撕毁了科学发展的最后一道障碍，使科学成为放之四海而皆准、价值无涉的放任之域。如此一来，“有效”与否自然地就成为科学的唯一衡准。它不关心善恶，只关心功用。这种价值无涉的恶劣张扬非但无助于教师对于教育的深刻反思，甚至完全排除了教师的实践理性以及他的“良心”。换言之，这种理论比之于常识尚有其不足之处。这一问题所面临的责难在于，如果我们已经被迫要“专业化”，那么也必须“在最重大的问题上专业化”（to specialize in the most weighty matters），而不是画地为牢式的、沾沾自喜的专业化。也就是说，当下我们最需要的是在关乎教育的根本问题如“教育何为”、“教师何为”等方面做到真正的专业化，而不是技术层面的专业化。笔者倾向于认为，即便专业化理论在当下具有某种现实针对性，而且的的确确可能起到某种提升教育实践品质的作用，但从根本上讲，技术化意义的教师专业化理论只能加深当下已经病入膏肓的虚无主义，对于教育的拯救非但无益反倒雪上加霜。图一现实之利乞灵于专业化无异于饮鸩止渴。此路不通。这是特别需要明辨慎察之处。

笔者认为，教师专业化理论并不是以谨慎的态度来反思教师、教育的为何、何为，而更多地表现出一种“致命的自负”。它自认为发现了关于教师职业的真理，并以之作为对教师的评价衡准。笔者并不否认专业化理论的某些洞见是深刻的，但同样我们也要认识到教师专业化理论所表现出的理论霸气掩蔽了它对于教师以及教育从容、优雅的反思。从专业化的角度对教师提出专业要求未尝不可，但教师专业化的前提却是错误的。因为教师专业化是在现代性背景下放逐了教育的普遍目的论而完成的，这使得教师专业以决绝的态度仅仅“截取”了教师整体素质的片段，并将之夸大为教师素质的全部。教师专业化理论发现了教师素质的不足这一点是正确的，尝试提出一些策略来改变这一现状的动机无疑也是正确的。但这一个“正确的”结论却有可能带来一系列错误的结果，它有可能使教师或教育在虚无主义这条道路上走得更远。教师专业化的针对性是正确的，但基于此的推论却未必正确。由于专业化理论的前提是错误的，这使它不得不从一个错误走向另外一个错误。教师专业化理论反对教条主义者，但教师专业化理论也同样有可能由于它的自负而造就一个新的教条主义者。在这里，笔者无意贬低教师专业化理论，也无意贬低教师专业化理论的研究工作者。我们要恰当地把教师专业化理论摆置在它应在的知识系统和框架中，而不是盲目地对其顶礼膜拜。也就是说，我们必须专业地反思教师专业化。

我们无论如何也不能忘记教师专业化所建基于中的那个虚无主义时代背景。只有在虚无主义的精神背景下，教师的工具化、教育的价值无涉才顺理成章。唯当教师的教育观念被认为是奢侈品或者无所取用之际，教育工艺学才大行其道。只有站在虚无主义的立场上，教师专业化理论才是可能的。因此，也只有站在拒绝虚无主义的立场上，对教师专业化理论的批判才一针见血。目前对教师专业化理论的批判尚不深刻，是因为这种批判并没有发现教师专业化理论的虚无主义精神实质；目前对教师专业化理论的批判尚未真正启动，是因为批判者对那个虚无主义的精神背景尚不自知。虚无主义这个问题之所以对教师专业化理论批判来说是至为重要的，是因为虚无主义已经作为一种深刻的观念甚至是信念构成了教师的教育哲学。当下我们并非缺少关于教师教育的知识、观念或者信念，而是恰恰相反。关于教师教育的知识已经如此众多，以至于剩下的任务只是如何去应用这些知识；关于教师教育的观念或者信念已经如此根深蒂固，以至于可以丝毫不加反思地接受。然而吊诡的是，没有一个时代像今天这个时代这样，关于教师，关于教育，我们积累了如此众多的知识；也没有一个时代像今天这个时代这样，关于教师，关于教育，我们知道的是如此之少。一方面是知识和信念的大量累积，一方面是信念、观念的苍白无力。一方面我们号称已经发现了教师教育的真理，一方面经过如此“教育”的教师似乎仍然无力应对层出不穷的教育实践问题。这一悖论性图景很值得细细玩味。

当下关于教师教育哲学的表述的确在某些层面已经复杂到完全专业化的程度。但稍稍推敲一下，便不难发现，如此众多的关于教师教育哲学的表述并不是什么复杂理论，而是对简单理论的复杂表述；并没有什么对教师教育的洞见，而是对洞见的画饼充饥。我们完全可以套用一句马克思（K. Marx）所引用的《伊索寓言》里的话，对那些信誓旦旦的专业化论者说，“这里就是罗陀斯，就在这里跳吧”。① 教师专业化理论所建构的教师专业性指标并非没有功能，但它所具有的也仅仅是功能的发挥而已。离开了对教育目的的反思，放逐了那个对教师来说本己的目标，功能也就仅仅是功能而不是价值。笔者认为，教师教育研究必须回到它的本体意义上来。熊十力先生曾警告近现代的学术研究者，学不究体，终成戏论。如果教师教育研究仅仅得出几个操作性指标而将其目的付诸阙如，那么教师教育研究就有可能南辕北辙。这是我们最为担心的。而我们越是担心的事，偏偏越最容易发生。

---

① 《伊索寓言》有一篇《说大话的人》：有个爱说大话的人，参加跳远比赛，因为缺少勇气，而遭到人们嘲笑，只好到外地去旅行。过了些时日回来便向人们吹嘘自己如何在各城市竞赛中取胜了，特别是在一个叫罗陀斯的地方跳得最远，没有一个奥林匹克选手能比过他，他还说那里在场的人们可以给他作证。在旁的一个人对他说道：“喂，朋友，假如这是真的，你也不需要什么见证，因为这里就算是罗陀斯，就在这里跳吧！”马克思曾在《资本论》第一卷引用这个寓言来表明，如果不考虑商品的流通过程这个前提条件，剩余价值就无法得到说明。

当前的教师教育研究是建立在科学主义基础之上的。科学主义的教育研究有两个典型的范式，一是数理统计，二是实验（经验）。这种研究范式并非没有意义。在必须产生新知识、创造新知识这一动机的推动下，归纳式的研究方式被普遍地认为比演绎更为有效。但这种研究方式却会因为纠缠于事实而失去了对价值的反思，从而也就失去了作为理论研究应有的高度。笔者无意贬损当下归纳式的教师教育研究，更无意借机哄抬演绎式研究的价值，但这种归纳式的教师教育研究如果像当年实证主义决绝地拒绝形而上学那样将教师教育哲学拒之门外，如果对教师教育观念的形成这一根本性的问题安之若素，那么这种教师教育研究就极有可能成为一个“工具箱”，而且也只能是一个“工具箱”。工具之为工具，并不仅仅在于它是否“上手”，而在于它是否具有完成正当目的的价值。仅仅完成一个特定的（设定的）目的，是工具的功能；为了完成一个正当（自然正当）的目的，是工具的价值。笔者认为，当下教师最为缺少的并非技艺，而是对技艺所完成目的的反思；最为缺少的并非知识、信念，而是对知识和信念的深刻体认。仅仅着眼于对教师教育技能的训练，是一种本末倒置的短见。我们把本已稀有的智力用于对那些细枝末节问题的考察，如果这不是智力的障碍，也一定是智力的浪费。当下作为权力话语的教师专业化理论并没有为教师提供一个合理的指向，因为它只涉及功能，并不涉及价值，因此也就失去了价值导引的高度。教师专业化理论并非没有发现问题，也不是没有解决问题，但仅仅是在技艺层面发现问题和解决问题。

哪怕仅仅是对常识的提升，教师专业化理论也应该以谨慎的态度去询问教师真正关心的问题究竟是什么，并且应该在此基础上进一步追问：教师真正应该关心的问题究竟是什么？“教师应该关心什么”这个问题是一个非常值得追问但同时又被当下教育理论付诸阙如的问题。我们的教师教育，特别是高校教师作为“专家”对实践工作者的理论支持，之所以都是形式上的、走马观花式的、水过地皮湿式的，根本的原因即在于高校的理论专家们并不真正关心实践工作者究竟关心什么、缺少什么、应该得到什么。笔者认为，教师真正应该关心的问题不是技术、技能、技巧，虽然这些素质同样是成长为一名优秀教师的必备要素，但它们并不是核心的、根本的；教师真正应该关心的问题是他的教育观念以及他的教育观念如何与他具体的教育实践相结合，即他的教育观念的正当性、教育观念的来源以及教育观念的作用机理。虽然教师在教育或教学技术、技能、技巧方面有所差别，但这并不是根本的差别。因为造成这些技术、技能、技巧有所差别的关键因素尚在于教师的观念，即教师的观念是构成这些差别的原因。如果借用教师专业化理论的术语，我们可以说，教师新手之间的差别或差距主要表现为他的技能和技巧，而对于一个技术熟练的专家来说，技术、技巧不再是他们之间的主要差别，而是支撑着这些技术、技巧，作为“背景”的教育观念。一名优秀的教师之所以是优秀的，并非因为他的某种特别的教学技能，而是因为他对教育的独特理解，即他的教育哲学。观念构成了他教育行动的灵魂，从而教育观念对于一名优秀的教师来说就具有了标志性意义。如果我们尝试着去学习这些优秀教师的教育观念，就要去追问这些观念是怎么来的，他为什么会有如此的教育观念；“我”想成为一个什么样的教师？“我”可不可以成为“他”那样的教师？“我”如何才能成为“他”那样的教师？“我”应该成为一个什么样的教师？这些由“我”提问的问题就绝不是一个知识性的问题，而是一个关于“我”的成长的存在论问题。“我”和“他”其实一样，“我们”都以理解教育的样子去“创造”、“生成”教育，“我们”都在教育之中；但“我”和“他”又不一样，“我们”对教育的理解千差万别。因此，同侪之间的学习不仅必要，而且必然。教师的学习可以分为三个境界，末者学习技术、技能，或低阶知识，即学习关乎“他者”是怎样教育、怎样教学的陈述性知识；次者学习高阶知识，即“他”何以如此教育、何以如此教学的程序性知识；达者学习观念，即“他”为什么会有这样的教育、教学。末者貌似，次者形似，达者神似。对于教师的成长来说，这三个境界是递进式的。前者自然地构成后者的条件，而“观念”则是教师教育的既从之出，又向之归。

科学主义崇拜是当下教师教育最成问题之处。在科学主义打造的“全景监视”中，成为一名技术熟练的专家已经成为教师的集体无意识。意识形态化了的科学主义认为，教育的本质已经被发现，教师的主要任务由此不是反思教育何以可能，而是作为一名执行者去实施那个业已被算计好了的教育目的。这样一来，技术主义已经不再是技术，而成为政治。专业技术政治剥夺了教师反思其观念成长的可能性，而把教师塑造成为仅仅听命于技术评价的工匠。虽然教师专业化理论表面上以教师的专业化扬弃了教师的工匠化，但教师专业化的目的仍然是要把教师培训为“泰罗制”里的那个工作机器，只不过对工作机器的要求更为精致化、精细化、标准化而已。它让工作机器比之于工作目的更关心工作程序，比之于实践品质更关心工作方法。这正是近现代教师教育最为突出的政治情状。

近现代教育与古典教育的“古今之争”在教育领域尚没有得到足够的重视。处身于近现代教育之中的教师尚没有能力对近现代教育尖锐的扭转做出深刻的反思。出于普遍宇宙目的论背景的古典教育被出于算计的近现代教育彻底地颠覆。近代以降教育话语之争之所以愈演愈烈，根本的原因就在于古典时期那个整体的教育已经被割裂成碎片，整全的教育意蕴分崩离析。“诸神逃遁”之后便是“诸神之争”。教师身份就如此这般地在纠缠勾斗中摇摆沉浮。教师对教育整体意义的理解既归于分裂，也就丢弃了教育智慧。如果说当今教师最为缺失的是什么，笔者认为一是灵气，二是实践理性。所谓灵气是教师完整人性的投入，充满灵气的教育或教学是以自由的、生动的、活泼的方式进行他的个体化言说，而不是教条刻板地把教育和教学模式化。所谓实践理性是教师对教育本真意义以及当下生存处境的理解并以之作为行动指导的自主自觉。失去了灵气和实践理性的教师虽忙碌而无所得，虽勤奋而无所成。培根曾从方法论的角度将理解自然的方式分成蚂蚁式的、蜘蛛式的、蜜蜂式的三种。他认为实验家像蚂蚁，只会采集和使用材料；推论家像蜘蛛，只凭自身的材料织网；上述这两种方法都把实验和理性分开来了，是不可取的方法。真正的哲学应该把两者结合起来。培根说，对科学必须依据的观察资料，我们既不应该像蜘蛛，从自己肚里抽丝结网，也不可像蚂蚁，单是采集，而必须像蜜蜂一样，又采集又整理。无独有偶，教师要像蜜蜂一样勤恳恰恰成为近现代教师教育最为重要的一个隐喻。蜜蜂的勤奋之喻，蜡烛、春蚕的献身之喻，共同建构了教师所有的荣誉和追求。这个隐喻具有一定程度的虚假性，因为在“蜜蜂”隐喻中，唯一得到关注的是教师的勤奋而不是教师的思想方式。当然更值得注意的是，为什么这个关乎“勤奋”的隐喻恰恰被引为教师之喻呢？合理的解释在于，教师被认为与其他职业一样，都必须具有高效的生产性。教育在近现代以后被认为是一个生产部门，它所培养的受教育者也被视为产品，教育从而与它的传统铿然断裂了。在整个教育的发展中，无论从哪个角度讲，近现代教育都因此显得十分怪异。它一方面与社会生产而不是精神生产勾连起来，一方面与科学有效而不是德性品质勾连起来。它由此既是对历史的割断，又是对历史的扭转。在这一意义上，近现代教育失去了源头。

提出这一问题，并不是批判近现代教育不够聪明，恰恰相反，近现代教育非但不是不聪明，反倒是太聪明了，它像狡猾的狐狸那样在任何一个细节上费尽心思、斤斤计较。它为了当下，拒绝了没有意义的过去与难于把捉的将来。为了有效性，它营造了一个无所不包、事无巨细的技术体系，但它并不关心这个体系的正当目的；它使教师以标准化程序贯彻它所发现的那个确定无疑的教育本质，却从来不反躬自问它对于本质的发现能力；它使任何一个满足现实需求的教育规则合法，却从来不追问这种规则是否合理。在当下，反思教育的科学主义是令人尴尬的，教育如想获致本真意义，竟然不得不与当下流行的种种意见进行激烈的抗争。只有通过抗争，本真教育的显露才有可能。本真教育竟然必须以对当下教育的批判为前提条件。作为知识分子，我们很渴望能够从容地反思，优雅地反抗，但今天，为了回归本真，我们不得不首先进行批判——历史的碱壳太过厚重了。而批判当下的教育，则意味着我们必须走向教育的源头。只有在源头，只有本真的教育意义得以发现，只有教育的本真意义在教师那里得到了真正的理解，“教师是谁?”这个问题才有可能在合法性的网罗中到达那个合理之域。

笔者认为，当下教师教育研究所急需的不是技术，而是思考的高度。教师之为教师，并非如当下教育专业理论所认为的那样，必须画地为牢式地建立他自己的职业规范，而是只有当教育的意义彰显之时，教师之为教师这个问题才有意义。所以当我们追问“教师应该何为”这个问题，首要地须以教育本真意义的探寻作为起点。当古老的教育智慧被彻底无望地损毁，教育智慧的回归这个问题才是催逼性的。哲学家海德格尔（M. Heidegger）曾说过，什么召唤思？是我们尚无思。无思召唤思。无思的处境催逼着我们找寻、靠近教育智慧。追寻、靠近教育智慧，不是占有教育智慧。教师只能是教育智慧的追求者，而不是教育智慧的占有者。追求教育智慧的过程，也就是教师不断成长的过程。教师不是真理的代言人，更不是真理的化身，其使命不在于将已知的知识传播给受教育者，而是要与受教育者一起去探索未知的真理。

柏拉图（Plato）在《理想国》里面给了我们这样一个思想线索，即为了达成良好的社会秩序，实现社会公正，我们需要那些最聪明的人管理我们，我们也需要那些最聪明的人“教育”我们。同时，我们也希望我们的教育能够“教育”出聪明的人。在这一意义上，教师就“不得不”做个聪明人，哪怕他并不足够聪明，他至少也必须懂得聪明的价值，并努力使自己变得聪明起来。只有想变得聪明的人才有可能是聪明的，而只有聪明的人才能“教育”出聪明人。一个聪明的人是能够认识到自己的无知、能够意识到其存在界限的人。一个人只有意识到自身的无知，才有可能对知识、真理葆有本能的渴求，才能不停地、虔诚地追问。在这个过程中，他才有可能变得聪明起来。如果教师依然以启蒙的心态面对受教育者，从而拒绝与受教育者一道成长，那么他就无法建立那些专业化论者所渴望已久的真正权威。一名教师离开了强硬的教育制度依然能够唤起受教育者的精神冲动，依然能够赢得受教育者发自内心的尊重，此时他才是一个真正意义上的教育者。对此，教师不得不察。

正如诸多卓有见识的教育家所强调的那样，教师教育哲学的重要性几乎是不言而喻的。教师的教育哲学并非由一系列抽象的概念组成的僵死的框架，而是充满了生机、灵动的生命体认。教育哲学是追问之学，而非答案之学。它事于追问，而不事于回答。所谓哲学，在词源学意义上即“爱智慧”，爱智慧并非智慧，但爱智慧却是追求智慧的必要前提。只有当教师有朝一日发现他近乎本能地渴望教育哲学时，他才会变得聪明起来。如果不避简单武断之嫌，笔者认为只有一个爱教育哲学的教师，才是一个聪明的教师。这也是我们从教育哲学的角度观照教师观念成长的关键所在。

第一章

当代教育的精神状况

教育的时代已经结束，这并非因为无教育登上了统治地位，而是因为一个时代的象征已经清晰可见，在这个时代中，可问之物重又打开了通向所有事物和所有命运之本质的大门。

——海德格尔

我们谈及当代教育，但我们并非仅仅把教育摆置在一个具体的时间境遇中，而是试图用“当代”来标画教育的历史性断裂。那个发生在我们生存于其中的时代的教育，在精神层面上不同于以往的任何历史时期。当代教育不意味着古典教育的延续，而是对古典教育所进行的一次彻底的反动。所以当代教育不是一个时间维度的概念，而是一个理念维度的概念。所谓的当代教育，非常触目地发生着某种非常特别的东西，这就是科学主义与虚无主义的共谋。科学主义与虚无主义是当代教育最为突出的精神特质。今天教育所发生的一切问题，都建基于科学主义与虚无主义精神之上。这才是当代教育的根源。如果我们仍希望对当代教育问题有所觉察，就必须深入到当代教育的精神层面，无论在一个科学主义泛滥的时代反思科学是多么的艰难。当代教育无疑在给予着，但同样也在剥夺，甚至在某种意义上讲当代教育正是以剥夺的方式给予。我们因此就不得不以悲剧的心态来审理科学主义为当代教育所打造的喜剧效果①，以期为当代教育的拯救探索一条道路。

---

① 与相信社会在不断地进步一样，我们也相信教育在不断地进步。近现代教育从夸美纽斯（J. A. Comenius）开始就被这样一种盲目的乐观主义所笼罩着。在某种意义上，教育的现代性本质上就是“自圣化”与此岸的自豪感，这使得我们即便深陷教育的危机之中仍不自知。对危机置若罔闻是危机中至为危机者。

第一节 教育科学的兴起与反省

海德格尔曾认为，科学是现代的根本现象之一。[①] 如果考虑到正是虚无主义与科学主义的共谋打造的唯理智主义、个体主义根深蒂固地影响着西方人的精神世界，即虚无主义是如何地引发了当代科学主义的生产而科学主义又如何彻底地推进了虚无主义，那么科学主义就不再仅仅作为现代的根本现象之一，它其实就是整个近代社会的精神根源。近代科学从真理发生的形式上已经彻底地从正确性方面来谈论真理，而一旦如此，科学就不再是科学，而变成了哲学，变成了一种世界观。现代人已经习惯于科学作为生存的尺度，并将其作为生存的信仰。在这一意义上，科学在今天已经形而上学化了。我们就身处于科学的时代之中。

在一个科学成为主宰的时代，教育何为？那些以教育为志业的思想者和实践家必须产生这样的疑问，并由此一问，才可进入教育的反思与重建之中。在今天，我们也把教育称为科学，与社会其他领域都自称科学一样。“教育科学”这个称呼背后所隐藏的正是已经作为形而上学的科学所产生的宰制性力量。在今天，教育不仅以科学的方式来构造它的加工流程，也以科学的精确、实证、效率原则来引领它自身的精神。教育一旦科学化，教育便丧失其自身，因为它变成了科学，便不再是教育。当然，我们可以无视科学与教育精神上的冲突而将教育科学化，事实上当代教育正是将自身让度给科学而将科学视为信仰的。但如果我们尚对教育有所虔诚，我们就必须在大谈所谓教育的科学化之时，再前行一步。

当代研究者钟情于大谈特谈所谓科学，但究竟什么是科学，却常常模棱两可。究其原因，并非不能把握科学的一般性特征，而是对作为人的存在方式的科学在人的生存样态中的意义和位置不甚了了。按照海德格尔的主张，要理解科学的本质，必须依靠对于形而上学发展的洞见。不了解形而上学，也就无法理解当代所谓的科学。

科学并非如人们俗常地所认为的那样是一组真命题相互联系而建立起来的整体，而是人的活动，因而也就是存在者的存在方式。科学乃存在者的“利用”，它是人对于科学所把捉的对象试图有所作为的行为方式。海德格尔说：诸种科学都是人的活动，因而都具有人的存在方式……科学研究并不是人这种存在者的唯

① 海德格尔．海德格尔选集：下［M］．孙周兴，选编．上海：上海三联书店，1996：885.

一可能的存在方式，也不是其最切近的可能的存在方式。① 所以欲试图把握科学的本质，首要的倒是须描述那个对科学有所作为的人。正是因为人理解事物的方式的转变，以及事物从上手状态到现成状态的转变，科学才从中产生出来。科学用于对存在者存在方式的筹划，对存在者的科学筹划可以使人明确地领会存在者的存在方式。所以科学是关于现实之物的理论。② 科学调节并摆置着现实之物，现实之物之现实性在于它被确定为存在者可以观察、跟踪的杂多对象。存在者将现实之物分类描述从而达到将其摆置为对象的目的，亦从而产生了相应的科学部门。杂多的对象通过相应的科学部门被专题化成为对象，世界的整体性正是通过科学的有所作为而分崩离析。

分崩离析并非一蹴而就。由于对世界“看”的方式的转变，科学对于整体世界的解构经历了漫长而深刻的变化。古代科学（episteme）、中世纪科学（doctrina）和近代科学（science）是三种连贯但完全不同的存在方式。对于古代人，现实是一种活动，而对于今人，现实则是一种确定的对象。在尚有宇宙论背景的古典哲学视域内，科学作为对事物现成性的领会，它所关注的是事物自身的过程，而对于现代人，现实却是在其对象性中进行确定的。由此，理解科学的关键并不在于浮泛地把握科学的一般性特征，而在于了解在那样一个特定的精神状况下，形而上学的发展是如何将科学的特征不断地呈现出来的。例如，问题的关键并不在于今天的科学是事实的而古代的科学是思辨的，而在于各个时期的人们为何不同地领会事实并建构科学的概念框架；问题的关键并不在于今天的科学是实验的、经验的而古代的科学是理论的，而在于实验是怎样确立的以及实验的真正目的是什么；问题的关键并不在于今天的科学特别钟情于计算和度量，而在于古今在计量方式上究竟存在着怎样的不同。我们今天所大谈特谈的所谓科学，并非古代科学、中世纪科学，而是指近代科学，因为只有近代科学才彻底地改变了以往人们观察世界的方式，并以暴力的方式褫夺了自然之作为自然，从而也就剥夺了人们对于自然与秩序的敬畏。古典智慧正是因此而丧失。

近代科学不同于古典意义上的科学，其基本的特征是精确化、实验化和专门化，其中精确化又是近代科学筹划自然的最为基本的方式，实验化和专门化则是为了达到这一目的的手段。近代科学之所以追求精确化，是因为它只有通过简化的方式才能理解自然。近代科学对于自然的简化主要是通过数量化的方式来完成的。在近代哲学的起源处康德那里，数学一开始便被认为是真正科学的前提，而

① 海德格尔. 存在与时间［M］. 陈嘉映，王庆节，合译. 北京：生活·读书·新知三联书店，1987：15.

② 海德格尔. 海德格尔选集：下［M］. 孙周兴，选编. 上海：上海三联书店，1996：956.

康德的这一思想则承继伽利略（Galileo）。数学由于着眼于量的规定从而数学的实践就将自然的丰富性抽象为数值。哲学的观念由此而发生了深刻的变化。胡塞尔（E. Husserl）的研究表明，数学在剥夺自然的可直观性并将其打造为一个抽象普遍的世界方面，有两种开辟道路的方式：一是通过在时空的形状方面观念化物体的世界，数学创造出一个在方法论上普遍地对于每一个人来说可以清楚地规定的观念对象的无限的总体；二是通过接触和指导测量的技艺，再次从观念存有的世界降到可被经验地直观的世界。① 作为世界，作为一切物体的普遍的构型，自然在近代以后成为可用分析的方式加以观念化的一切形式的总的形式。自然通过观念的构成而被掌握。真正的自然的无限从而被理解为一种纯粹的直线的无限。当近代科学宣称它有能力摆置自然时，真正的自然已被消解。胡塞尔在对自然的观念进行批判的时候深刻地指出："最为重要的值得重视的世界，是早在伽利略那里就以数学的方式构成的理念存有的世界开始偷偷摸摸地取代了作为唯一实在的，通过知觉实际地被给予的、被经验到并能被经验到的世界，即我们的日常生活世界……伽利略的后继者，近几个世纪以来的物理学家，也都很快继承这种代替。"② 自伽利略起，理念化的自然就开始不知不觉地取代了前科学的直观的自然。而伽利略之所以钟情数学方法的建立，则是为了在无限进步的过程中用科学的预言来取代最初在生活世界实际地被经验到的和可被经验到的领域中的预言。伽利略作为发现和掩盖的天才，当他从数学化的观点考察世界的时候，就已经抽象掉了生活着的人的主体性，抽象掉了一切精神的东西，一切在人的实践中物所附有的文化特性。从而，自然成为研究的题材，物体则成为具体的对象。随着数学化被认为是不证而明的，直观的自然渐为自然的因果观念所取代。一切事件都被认为可以一义性地和预先地加以规定。科学宣称它所追求的是精确的真理，正是这种观念支配了那种远远超出科学本身范围的哲学的和世界观的实证主义基础。一旦有生命的东西被科学化和实证化，生命就不再是生命而成为物体。而一旦生命物体化了，追求精确的所谓严格就不再是去发现生命的本质，而是对生命的强硬剥夺。这一点对于我们理解当下教育具有极为关键的意义。不了解这一点，就无法解释为何面对生命的教育反倒是对生命的压制，就不能解释现代教育究竟在何种意义上"目中无人"。这不仅是教育隐藏至深的危机，在胡塞尔看来，也是西方哲学和人性的总体的危机。胡塞尔指出："在十九世纪后半叶，现代人让自己的整个世界观受实证科学支配，并迷惑于实证科学所造就的'繁

---

① 胡塞尔．欧洲科学危机和超验现象学［M］．张庆熊，译．上海：上海译文出版社，1988：38－39.

② 胡塞尔．欧洲科学危机和超验现象学［M］．张庆熊，译．上海：上海译文出版社，1988：58.

荣’。这种独特现象意味着，现代人漫不经心地抹去了那些对于真正的人来说至关重要的问题。只见事实的科学造成了只见事实的人。公众的价值判断的转变，特别是在战后，已是不可避免的了。我们知道，这种转变在年轻一代中简直发展成为一种敌对情绪。我们常听到有人说在人生的根本问题上，实证科学对我们什么也没说。实证科学正是在原则上排斥了一个在我们的不幸的时代中，人面对命运攸关的根本变革所必须立即作出回答的问题：探问整个人生有无意义。”① 当我们试图反思科学时，不应满足于反思各门学科（当然包括教育学）的科学性，更重要的是要去反思科学对于人生已经意味着什么，以及能够意味着什么。这才是我们去理解所谓教育科学的起点。

当近代科学宣称它对于自然摆置的胜利，哲学也就终结了。终结不是结束，终结意味着一个新的开端。哲学新的开端意味着一个由哲学开启的时代已经与智慧诀别。哲学之终结在西方显示为一个科学技术世界以及相应于这个世界的社会秩序的可控制的设置的胜利，哲学之开端则显示为根植于西方欧洲思维的世界文明之开端。在古希腊，哲学（philosophia）这个词源于 philosophs，即“爱智慧者”。爱（Phile）意味着应和，所谓应和，是与智慧的和谐；Sophon 则指“一即万有”。如此所谓哲学也就是去追求那个杂多中的“一”。“一”即世界的整体性。因此哲学说到底是对世界整体性而非日常世界世俗事物的观照。我们所谓的哲学的终结恰恰是指世界整体性的丧失。而世界整体性的消失，恰恰又是通过科学的专门化和对事物的强行摆置来完成的。对此，海德格尔指出，哲学在其历史进程中试图在某些地方表达出来的东西，也即关于存在者之不同区域的存在论，现在被诸科学当作自己的任务接管过去了。诸科学的兴趣指向理论，而理论则是关涉分门别类的对象领域的必要的结构概念的理论。“理论”在此意味着：那些只被允许有一种控制论功能而被剥夺了任何存在论意义的范畴的假设。表象-计算性思维的操作特性和模式特性获得了统治地位。② 海德格尔认为，近代科学的本质在于“研究”。作为研究，认识对存在者作出说明，说明存在者如何和在何种程度上能够为表象所支配。当研究或者能预先计算存在者的未来过程，或者能事后计算过去的存在者时，研究就支配着存在者。可以说，在预先计算中，自然受到了摆置，在历史学的事后计算中，历史受到了摆置。自然和历史便成了说明性表象的对象。这种说明性表象计算着自然，估算着历史。只有如此这般地成为对象，如此这般地是对象的东西，才被视为存在着。唯有当存在者之存在在这种对象性中被寻求之际，才出现了作为研究的科学。而研究则首要地意味着知识的

① 胡塞尔．欧洲科学危机和超验现象学［M］．张庆熊，译．上海：上海译文出版社，1988：5.
② 海德格尔．海德格尔选集：下［M］．孙周兴，选编．上海：上海三联书店，1996：1245.

专门化。科学通过它对自然的专门化提供了一个异乎寻常的世界图像。科学如欲达到知识的专门化，就必须将世界的整体性分解为杂多，而这必须以牺牲“无”为对象。“无”不可对象化。科学如欲保障其成立，就必须首先将“无”分有化。“无”一旦消失，“无”被分有所“虚化”，这也就造成科学主义的所谓“虚无”。

在科学身上一直存在着一种两重性的东西：一方面科学被视为文明发展的结晶甚至是最高成就，另一方面科学也被视为推动文明发展的核心力量或终极力量。它既是最高成就，也是最高推动。这就使得它与文明之间存在着某种程度的“通约”性。科学的因而就是文明的，文明的因而就是科学的。而当科学成为一种现实之物的理论，现代文明也就等价地以摆置物的方式来摆置人。物的可用性与人的可用性从而是等量齐观的。科学以其宰制性来摆置自然，科学同样也以其所特有的专横规则来调整着社会的内部关系。现代社会正是在科学的引导下，它的经济-技术体系、政治与文化才构成了具有强烈异质合成色彩的强大的功能网络。科学的工具理性以其强大的力量在整个社会领域造就了经济管理的精神风气，从而整个社会在经济原则的驱动下放肆地发泄着改造自然、呼唤革命、打破与摧毁的激情和狂喜。以工具理性为精神引导的资本主义的工业化文明以它摧枯拉朽的革命方式，破坏着传统社会对自然、对秩序、对价值序列的崇拜。被技术官僚体系所武装起来的现代教育以盲目的乐观主义态度面对它在精神文化生产方面的胜利。然而，所谓教育的胜利只不过是科学的胜利在教育领域的拓展或延伸。教育的现代性，只不过是科学所造就的现代性。而科学所造就的现代性思维方式，一开始就面对着不可克服的二律背反。一方面，理性被简单地等同于高效率生产，在这里，所谓的理性只是理智；另一方面，消费则被非理性的冲动所驱使。科学（工具理性）作为“朝向无意义目的的功能手段”，强化了对自然的盲目主宰，而与人的存在相关联的实质性反思却再无地盘。以马克斯·韦伯为代表的现代性社会学家把一切都导向相对主义，任何种类的道德实质都中立化，科学所带来的正是经济-技术思维的无价值理性的疯狂。一方面，以科学为动力的现代性产生了经济技术思想，即与经济学、技术和实证主义相关联的抽象理性；另一方面，现代性则保持着对主观与审美的着迷。这两种思想是如此极端而又如此矛盾地统一于现代性思想之中，以至于现代性充满了太多的奇幻色彩。这是一个极端世俗而又充满极端魅惑的时代。那种在科学那里作为实现目的的手段的东西——技术——却已经成为近现代教育的目的。因此所谓的用心良苦的教育，也只不过是科学实现它暴力统治的手段。手段以及与之相邻的手段的精神（经济原则、实用原则）占有了教育并成为教育的时代精神。

近现代教育的生发已经不可遏抑地居于科学时代的图景之中。教育不得不面对科学。教育要么以其传统的沉思性和追求智慧的方式反叛科学，要么以其现实的有用性依附科学。但无论怎样，教育都无法从科学所构造的坚硬的精神立场中脱离出来。在与科学的勾斗纠缠中，由于对其使用价值的过分关注，由于对传统教育精神在培育具有精神人格而非培养有用的人方面的质疑从而失去了对科学批判的精神基础，近现代教育已经彻底地失去了它审慎地对待科学的态度而一劳永逸地依附于科学之中。教育失去了批判科学的能力，却张扬了依附科学的能力。教育认同科学，并将自己打扮为科学。教育由于依附于科学而获得科学的庇护，它不仅在教育领域引介和倡导科学精神，也以科学的价值来作为自身的价值规准，从而又进一步加深了科学对整个社会领域的普遍影响。教育必须参与科学并以妥当的方式加强与科学的“共谋”，已经成为教育获得其现实合法性的理论共识。近现代教育由于依附于科学，已经没有能力获得它的“自我”。它的“自我”是来自科学方面“被给予”的“自我”，而不是它的“自我”本身。而由于失去了“自我性”，教育就更加无望地系于科学。由于近现代教育自视为是科学的并不得不是科学的，因此它的命运就与科学的命运紧密相连。于教育而言，对科学的任何批判都有可能“殃及池鱼”，而对科学的任何褒扬则是对其自身的“锦上添花”。这种失去自我的依附性难免太过于尴尬。但尴尬似乎正是近现代教育不可不依从的命运。其处境几乎注定是尴尬的。更为可悲的，是近现代教育却以其尴尬为荣。当它信誓旦旦地宣称它自身的价值，当它自以为是地宣扬它不可或缺的“身份”，都难免不是充满讽刺意味的一厢情愿——它所宣称的价值其实是科学的价值，它自身只是在推动科学价值时才有价值；它所宣扬的“身份”其实是科学的身份，它自身其实已经在身份认证中缺失——教育所不应释怀的只能是，它的一切均拜科学所赐。作为这种依附的结果，近现代教育不加选择地接受了科学知识的宰制而放逐了智慧的追寻。

在古希腊，知识与智慧是和谐并生的。没有知识就没有智慧，而追求智慧意味着探索真理。而对现代人来讲，知识与智慧则是矛盾的。马利坦（J. Maritain）认为，“知识”一词具有三种意义：在一种优先的意义上，知识意指遵循严格与稳定方法的认识。这种知识并不完全，但它为确定性所武装，并且能在把握真理的道路上前进不止。在这种意义上，智慧包括在知识之内，并且是知识的最高领域。在一种居间的意义上，知识指与我们理解的最高领域相对立的东西。在这种意义上，知识意指与智慧相矛盾的科学，它与我们的理解中的那些更少受到称赞的领域相关联。智慧是关乎存在的本体论知识，并且是最深刻和最纯粹意义上的知识，但第二种意义上的知识或科学意指对直接的或外在原因的细节性认识。我们正是在这种意义上谈论“科学或专门科学”的。在第三种和最低层意义上，即在一种非古典的意义上，“知识”一词不再意指理解的一种严格的和完善的样式，而是认知的一种方法，它力求了解事物的细节，喜好研究创造物的特征，力求了解它们并达到与它们的类的特征的契合。在这种意义上，知识更是处于智慧的对立面。[①] 古希腊人的智慧，是理性的智慧，它不是渴求达到一种拯救智慧的哲学智慧，而是带有它自身秩序的下界的、尘世的、严格的哲学智慧。而从16世纪起，构成现代世界特征的倒转开始了。中世纪的理智秩序崩溃了。现代世界已经不再是一个智慧的不同形式间保持和谐的世界，而是一个智慧和科学相冲突的世界，而且科学在这个世界上已经取得了对智慧的胜利。而自18世纪以降，人们则认为科学本身就是智慧。随着人对世界的认识力量的日益扩展和完善，人也能日益有效地控制人的实践的周围世界，而这个周围世界也在无限的进步中不断扩大。这也涉及对属于这个实在的周围世界中的人类本身的控制，即控制他自己和他的伙伴。人拥有了更大的驾驭自己命运的力量，从而能获得更加完善的、对一般人来说可理性地思考的幸福。这一切都在理性的范围内，对于人来讲，它们显然是理性的结果。因此人成为上帝的仿效者。席美尔（G. Simmel）将这种现代人的生存心态称之为“此岸的自豪感”。科学之所以能够凌驾于智慧之上，关键因素在于人类欲望的张扬，欲望和贪婪使人类的精神转向借助于物质控制方式和理智控制方式实现对物的拥有。谦逊的行为和对作为最高知识的哲学的寻求，已让位于对财富的利用和一种普遍的暴食。作为其结果，科学和金钱统治的警钟在现代社会诞生的同时也被敲响了。依附于科学的教育一定是功利主义的，而且从来也都是功利主义的。

诗人艾略特（T. S. Eliot）曾对这个教育的功利主义时代一针见血地批判道：个人要求更多的教育，不是为了智慧，而是为了维持下去；国家要求更多的教育，是为了要胜过其他国家；一个阶层要求更多的教育，是为了要胜过其他阶层，或者至少不被其他阶层所胜过。[②] 因此教育一方面同技术效力相联系，另一方面同国家地位的提高相联系……要不是教育意味着更多的金钱、更大的支配人的权力、更高的社会地位，或至少一份稳定而体面的工作，那么费心获得教育的人便会寥寥无几了。在今天，依附于科学的现代教育已经参与到科学功利价值对救赎价值的反抗之中，并自觉地将其实现为其中的部分。自培根的功利主义以来，教育即自觉地将生命实体化并将生命改造为可资利用的资本，从而教育的伦理不再是对人的完美德性的允诺，而是工业伦理在教育领域的具体实践。对教育来说，致命的并不仅仅是人的可利用性，而是通过教育“人”的丧失。而这一切，正是通过教育对科学的依附来完成的。舍勒（M. Scheler）说：“我们所谓之

---

① 马利坦．科学与智慧［M］．尹令黎，译．上海：上海社会科学出版社，1996：8.

② 艾略特．艾略特诗学文集［G］．王恩衷，编译．北京：国际文化出版公司，1989：119.

‘科学’，历史地看，其起源要归功于惊叹而赋有敬畏感的形而上学精神与追求把握物质有用的规则的渐进接触。在自由人阶层与手艺人阶层的缓慢融合中，这种接触已表现出来。只有两者的结合才能产生‘科学’的独特成果。没有第一个因素，科学就只能永远停留在收集手工活经验的规则上；离开第二个因素，科学就永不会接受如此富有成果的力学原理——认识兴趣限于宇宙的可动点与可控点的力学原理。看来，只是在近代，科学才更多地记起自己的‘下层’出身部分，忘了自己的高贵祖先。是该提醒科学的时候了：倘对事物没有敬畏举止，推动它自身进步的生命刺激也会立刻中断；也是该劝告科学的时候了：它不会那么快就进入某些人在宇宙面前的精神状态。”① 是到了该提醒一下科学的时候了。我们反思科学，亦在提醒当下的所谓教育科学：我们今天，是不是还有“教育”？

第二节 教育的二律背反：科学与哲学之争

1935年11月，胡塞尔应“布拉格人类知性研究哲学协会”的邀请，在布拉格德语大学和捷语大学作了系列讲演。报告伊始，胡塞尔忐忑不安地说：“我很清楚，在这向科学奉献的地方，连我这个系列讲演的标题‘欧洲科学的危机和心理学’也会遭到反对。我们真的有理由谈论科学的危机吗?”② 半个多世纪以后，当我们重拾这个问题的时候，我们所遭遇的困难绝不比胡塞尔所遭遇的更小，甚至更为艰巨。思想无疑可以是清明的、睿智的，但似乎终究难以抵抗人类日益张扬的欲望的冲击。在这一过程中，哲学不断地放弃自我，而科学则不断地吞食，直到最终实现了对哲学的取代。胡塞尔当时的判断对当代来说差不多成了预言。哲学没有抵挡住科学的颠覆而屈从于怀疑论、非理性主义和神秘主义。科学则由于它的形而上学化将整个古典智慧连根拔起。这个没有深度、没有彼岸的时代实在令人沮丧，也难免引起如政治哲学家施米特（C. Schmitt）的道德义愤。然而义愤终究还不是理性。我们不应该满足于对这个时代的煞有介事的指责。我们要做的事情还很多，比如当荷尔德林（J. C. F. Holderlin）质询“在贫困时代里诗人何为”时，我们应该去直面这样一个对我们来说的存在论疑问，我们，你或我，何为?

哲学，这个在古希腊承载着人类理性、秩序和尊严的思想方式，命运多舛、乖张。那个曾经在她的目的论怀抱里养育的科学，如今不仅已经卓然自立，而且

① 舍勒．舍勒选集：上［M］．刘小枫，选编．上海：上海三联书店，1999：731.
② 胡塞尔．欧洲科学危机和超验现象学［M］．张庆熊，译．上海：上海译文出版社，1988：3.

完全颠覆了哲学的统治；哲学不仅容忍了科学力量的勃发，而且由于她的屈从甚至助长了科学的更一步强大。在今天，如果哲学欲重新获得已逝的尊严，就必须与科学搏斗；甚至只有通过与科学的搏斗，哲学才有可能获得她的自我。我们已经生活在一个科学的时代。科学天生没有能力理解人，科学也天生没有能力理解生命。我们已经在这个时代生活得太久。科学离生活太近了，近得令人窒息。当科学已经成为了当代人的生活方式和尺度，我们可还有智慧？

反思一个时代的精神状况，本质上是反思一个时代的形而上学。近现代哲学自康德以后，形而上学便被各种各样的逻辑实证主义谋杀或阉割。而当哲学发展到海德格尔，肯定、接受形而上学又被重新确定为哲学的进步。如果我们仍然需要肯定形而上学，那么哲学的无所取用就不再是我们在一个科学主义昌明的时代里否认哲学的终极理由。形而上学依然会因为它关乎人类的命运而成为人类生存智慧产生的必由之路。在亚里士多德（Aristotle）那里，形而上学被认为是“第一哲学”。所谓“第一哲学”，本质上表现为两重性的东西：一方面是“作为存在者的存在者的知识”，另一方面也是关于存在者的最高领域的知识，从而形而上学是关于作为存在者的存在者的根本知识和总体知识。每个形而上学问题总是包括形而上学问题的整体。它总是这个整体自身。形而上学的追问由此必须就整体来进行，并且这一追问必须由领悟者或发问者来完成，因为对整体的追问总是已经包括着存在者的本质处境。形而上学是在人对存在的发问中进行的，所以形而上学是“人”即存在者的基本事件。形而上学不是一个外在于人的体系或学说，而是在人对存在的领悟中发生的基本事件。形而上学也不是一个外在于人的指导人如何去生活的方法论，而是关涉人为何生活的本体性思虑，由此形而上学属于“人的本性”。形而上学既不是学院哲学的一个部门，也不是任意心血来潮的一块园地，形而上学是人内心的基本现象。对形而上学的探讨也就是对人的心灵能力的探讨，这一点在康德那里已经得到了奠基。然而，康德哲学的折中性和不彻底性则启发了其后的逻辑实证主义对形而上学的拒斥。所以康德哲学既为人的心灵通向智慧开辟了一个可能的途径，也因为它对形而上学模棱两可的态度而成为一个不祥的开端。形而上学说到底也就是去究问人存在的内在依据。形而上学并不是一般意义上的“学”，而是寄托着人对于其生存本质的领悟。海德格尔正是在这一意义上才认为形而上学是人类生存的基本事件。① 形而上学存在的意义正是为了唤起人类对其生存意义的洞见。没有形而上学，也就没有人类的生存智慧。形而上学蕴藏着人类对世界本原的体悟，并以此作为生存的依据。而在亚里士多德那里，全部本原的共同之点就是作为存在、生成、认识的起始。在本原

---

① 海德格尔．海德格尔选集：上［M］．孙周兴，选编．上海：上海三联书店，1996：130.

的追问那里，显示着我们对求索依据的各种“变式”——什么是存在的根据？什么是如此存在的根据？什么是真实的根据？海德格尔认为，根据意味着可能性、依据和证明。形而上学之所以作为根据，是因为一种形而上学基本立场的本质性因素包括：①人之为人的方式和样式，亦即人之为其自身的方式和样式；自身性的本质方式，这种自身性绝不与自我性相等同，而是根据与存在本身的关联而得到规定的；②对存在者之存在的本质解释；③对真理的本质筹划；④人据以在有些地方成为尺度的那种意义。① 形而上学归根到底是人对其自身存在意义的把握。在这一意义上，无论我们如何拒斥形而上学，无论形而上学是怎样被科学的暴政所湮灭，形而上学总是顽强地坚守着人类思想的最后一块领地。在这一领地，蕴藏着人类的全部智慧，以及在贫困时代里人类的希望。

我们沉思我们所生存于中的时代，我们在生存于中的时代里沉思。而所谓沉思，就是敢于使自己的前提的真理性和自己的目标的领域成为最大的疑问。当今时代是科学的时代，因此我们对科学时代的沉思也就是去追问现代科学的形而上学基础。正是这一基础，奠定了科学时代的一切生存样式。科学把整个世界表象化，由此世界成为图像而人成为主体，主体精明地算计它对世界的渴求并渴望它的欲求通过科学对世界的表象化摆置得到满足，而科学在满足主体欲望的同时，也进一步加强了主体对科学的崇拜。这是近现代社会最奸狡最惊心动魄的“共谋”。人，作为主体，在遗忘了它的存在根基的同时，也把其欲望的实现打造为另外一个“根基”。这与其说是“根基”，倒不如说是对根基的破坏，因为在满足着欲望的主体的视域内，自然已经不再是人类获得秩序的依据，而只是作为对象、作为贮藏资源的场所。世界不再是温暖的、有机的“家园”，而是变成了计算和工作进取的冰冷对象；不再是爱和冥思的对象，而是计算和加工的对象。这一剔除自然的过程既疯狂，又阴险。海德格尔对此批判道：“由于今天的思想总是愈来愈坚定、愈来愈专一地成了计算，所以它投入了所有可用的力量和‘旨趣’，计算人如何能够马上在无世界的宇宙空间中立身。这种思想就要把大地之为大地抛弃掉了。作为计算，这种思想愈来愈迅速和狂热地趋向于对宇宙空间的征服。这种思想本身就是那种能够把一切逐入虚空之中的力量的爆发。从这种思想那里产生出来的剩余，毁灭性机械之运转中的技术过程，只不过是把疯狂打发到无意义之极致的最终的阴险过程。”② 近现代科学前所未有地增益了人类关于如何处置自然的知识，但同时也逃避了思想，甚至也逃避它对于逃避思想这一事实的追问。科学的计算性思维精于算计，但它对利弊的权衡从来只涉及如何从自

① 海德格尔．海德格尔选集：下［M］．孙周兴，选编．上海：上海三联书店，1996：914.
② 海德格尔．海德格尔选集：下［M］．孙周兴，选编．上海：上海三联书店，1996：1092.

然当中获取最大的利益，权衡前途更为远大而同时更为廉价的多种可能性，但对人类存在起决定作用的那些思想却从不涉及，并且以这种投机和疯狂自得其乐。

崇拜科学的现代人把科学视为一种世界观，并以这种强力的世界观为依据行使着对自然的宰割和对人性的剥夺。但现代人似乎忘掉了科学的起源，即科学本身其实恰恰就是某种世界观的产物。作为世界观的产物，科学从来没有能力担负起世界观的使命。因此说到底现代人对科学的崇拜只是对科学的迷信。韦伯的科学中立论将科学从价值审视里解放出来，科学因为价值无涉反倒成为价值关涉的尺度。然而，即便是韦伯也不得不承认科学对于世界观的无能为力。只不过韦伯不是为了承认科学对于世界观的无能为力，而是要把世界观从科学那儿剔除出来以便为科学严守价值自由扫清道路。韦伯认为，哲学只应限于纯粹形式的认识论和规范论；实质的形而上学，对于客观价值秩序的任何实质性认识，已由康德一劳永逸地抛弃了，哲学也绝不可能给予和确立“世界观”。从而，一种世界观理论应取代那种以人生观、认识和智慧为基础的科学地或哲学地确立起来的世界观。如果说世界观有相对于科学的重要之处，那也只是“仅就侍奉某种神”而言的。现代人在科学崇拜方面继承了韦伯，但在科学的世界观方面又恰恰抛弃了韦伯。现代人之所以完全无视由于抛弃了韦伯而带来的一系列矛盾，一定有一种特别的东西发生了。这种特别的东西正是我们在反思科学之际需要反思的。我们批判韦伯，是因为韦伯使科学流于放任，但毕竟在韦伯那里还有道德的涌动、对知识的虔诚以及对“某种神的侍奉”；然而，仅仅通过批判韦伯从而批判今天的科学是不可能的，因为在韦伯那里尚存的对科学可能有所反拨的希望已经破灭了。科学是否有能力作为世界观，是个问题。舍勒从四个方面详尽地批判了科学作为世界观的不可能性。首先，科学是分工的，而世界观则是统一的；科学的获得是分门别类的，只有科学活动，没有统一的“科学”，而世界观的获得则没有“分工”。其次，科学的结论是或然的，而世界观则是确定的。再次，科学之所以价值自由，在于为了把握自己的对象，它必须任意地撇开所有价值，“好像”并不存在自由的人和自由的原因。最后，科学主要涉及的是感觉及对其环境的可能自由的运动和统治行为，而不是“人类”的组织；科学宣称对整个人类“普遍适用”，世界观在本质上则是个人决定的。① 科学既然本质上无力成为世界观，何以近现代以后科学竟然成为形而上学，或者意图成为世界观的尺度？如果这个问题不解决，那么我们对当下科学主义的批判依然归于失效。那么科学的形而上

① 舍勒．舍勒选集：下［M］．刘小枫，选编．上海：上海三联书店，1999：1045.

学究竟是如何可能的?①

首先，科学前所未有地引发了人类的骄傲信念。哥白尼（N. Copernicus）的日心说非但没有损伤人的尊严，反倒出人意料地使人的自尊复活了。新的宇宙学确立和巩固了人类理性的力量。因此，哥白尼的革命不仅是科学的革命，更为重要的是人的思想发展和价值体系的一场革命。人类的骄傲信念——人作为万物之灵，能够客观地描述、解释和控制存在的万物，能够掌握有关世界的唯一真理自此开始兴起。康德的“哥白尼式的革命”则解决了一个由哥白尼本人的革命所引起的人的问题，人一劳永逸地成为为“自然”立法的“主体”。②“主体”由此被认为是宇宙的知识的发现者和创造者，科学知识则被视为人类文化最高、最独特的成就。其次，科学已经成为一种取代宗教的新的信仰形式。在科学最初兴起的年代，科学即宣称其乃是神授才智的表现形式从而拥有内在的道德价值，自然规律的发现（主要通过实验）必然会导致对上帝意图的发现，这就形成了道德法则的基础。③ 培根认为，人对自然的控制和统治乃是道德的至上命令。在逻辑实证主义者看来，自然科学不仅是唯一种类的科学，而且也是在认识上唯一有意义的文化。因此，哲学不能从任意思辨中构建它的“世界观”，这种“世界观”必须从经验科学中得来。所以，虽然表面上看，实证主义者不是贬低而是抛弃了形而上学，但实际上实证主义者所追求的正是形而上学所追求的——最大程度的普遍性。实证主义者认为实证主义应当成为整个文明世界统一的一般世界观，应当成为中世纪的天主教的类似物。以“反形而上学，统一科学”为精神纲领的维也纳学派宣称其共同目标是排除“精神上的强烈不安”，并寻求一个受启蒙思想所感召的世界观，彻底实现一切生活的现代化。最后，科学已成为一种新的意识形态。在法兰克福学派看来，科学之所以是一种意识形态，是因为科学技术在发达工业社会已具有了“统治的功能”和“辩护的功能”，实质地起到了掩饰多种社会问题、维护现有社会统治和导致社会堕落的意识形态作用。科学的神话的实质是“理性的神话”。而社会中的人是理性的人这一理念本身就具有浓厚的政治色彩，它意味着在一切理性框架内处理一切理性问题的技术理性的意识形态与现存的权力结构的结盟已经产生了相关的正确性标准，正是这种“价值-科学整合”为一切价值判断提供了文化参照标准，其他一切价值只有参照这一价值规准才能对自身作出价值证明。这就是科学之所以能够作为意识形态掩

① 关于这一问题更详细的论述，可参见拙文《存在的遗忘与形而上学的终结》，载于《哲学研究》2005 年第 6 期。

② 康德．纯粹理性批判［M］．蓝公武，译．北京：商务印书馆，1982：11.

③ 托马斯·L. 汉金斯．科学与启蒙运动［M］．任定成，张爱珍，译．上海：复旦大学出版社，2000：6.

饰真正社会原因的根本所在。正因为科学本身就是一切价值的价值标准，所以科学的原理实际就是社会统治原理的形而上学基础。对此，霍克海默（M. Horkheimer）和阿多诺（T. W. Adorno）指出："工艺上的合理性，就是统治上的合理性本身"。[①] 因此，在科学和技术的物质的先验论中其实潜藏着一种由阶级利益和历史状况所决定的世界设计，在这种设计中，对自然的控制和对人的控制始终联系在一起。威廉·莱斯（William Leiss）认为科学的进步有助于建立一种独特的自我控制，控制的真正对象不是自然而是人。[②] 所以，虽然包括韦伯在内的现代性思想家一再宣称科学是中立的，因而是超越一切价值之上的，但科学由于已经以先验的方式弥漫于一切制度、组织形式和精神文化中，已经实现着一种未公开承认的政治统治的特殊形式，所以现代科学技术其实具有明确的政治意向性和意识形态功能。科学之所以宣称是中立的，是因为它是超越于一切价值判断之上的；科学之所以宣称它并不作价值判断，是因为它本身就是价值判断。把世界设想为价值中立的，这是人为了一种价值而为自己确定的任务。技术成了现代的时代精神、"拥有权威"，意味着现代国家的统治超越"善恶"理念，具有"非政治化"的专政法权。[③] 工具理性并非全然不关心本身是否合理，而是当它的根本任务在于"为人们在任何时候选定的目的寻找手段"时，已经将自身彻底合法化。

海德格尔敏锐地发现，现代科学的本质和现代形而上学的本质是统一的。[④] 由于现代科学的本质冒充为形而上学，并且这种冒充由于根深蒂固而被无可置疑地加以确认，所以形而上学通过它对存在者的思考方式而设置了对存在领域的界限。它以去蔽的形式掩蔽了存在与人本质的原初关联。海德格尔正是在这个意义上揭示形而上学遗忘存在的真相的，他说："形而上学本身唤起并且加固了一个假象，仿佛它追问并且解答了存在问题似的。而事实上，形而上学绝没有回答存在之真理的问题，因为它从未追问过这个问题。形而上学之所以不问此问题，是因为它只是通过把存在者表象为存在者去思考存在。"[⑤] 唯当形而上学总是只考察与处理存在者，存在就被付诸遗忘了。此在的无家可归状态，正是建基于存在者之离弃存在。[⑥] 所以，虽然科学在究及个别存在者方面大有值得称道之处，而且事实上也成绩卓著，但存在者的整体敞开状态即存在本身则一直不为人所知。

---

① 霍克海默，阿多诺．启蒙辩证法［M］．洪佩郁，蔺月峰，译．重庆：重庆出版社，1990：113.
② 威廉·莱斯．自然的控制［M］．岳长龄，李建华，译．重庆：重庆出版社，1993：108.
③ 刘小枫．刺猬的温顺［G］//萌萌．启示与理性．北京：中国社会科学出版社，2001：47.
④ 海德格尔．海德格尔选集：下［M］．孙周兴，选编．上海：上海三联书店，1996：885.
⑤ 海德格尔．路标［M］．孙周兴，译．北京：商务印书馆，2000：436.
⑥ 海德格尔．海德格尔选集：上［M］．孙周兴，选编．上海：上海三联书店，1996：382.

反倒是，存在者越为人熟悉，存在者整体的敞开状态就越是隐而不彰。存在者的个别属性越是为人熟知，存在者整体的敞开状态越是少见动作。由于这种根本的误认，并以误认本身即是确认，所以“遗忘”本身反倒为被遗忘状态自行拒绝。由于存在的遗忘，它便让在其通行之物中的历史性的人寓于他所现成的东西。如此人类就只得根据总是最亲的需要和意图来充实他的“世界”，以他的打算和计划来充满他的“世界”。于是，在遗忘存在者整体之际，人便从最亲的需要和意图中取得其尺度。他固守其尺度，并且不断地为自己配备新的尺度。由于“主体”并未考虑尺度之采纳的根据和尺度给出的本质，所以他愈是独一地把自己当作主体，当作一切存在者的尺度，他就愈加离题千里。科学化了的形而上学把人作为主体放在世界面前，又把世界作为对象放在人面前。人作为主体认识、测量、征服、制造对象。在人怀着制造的意愿贯彻对象制造之际，一方面存在转嫁到“存在者”的物性本质上，一方面“存在者”的物性本质又成为了加工和制造的材料。物失去了物性，人则失去了人性。失去了物性的“物”被抽象化为技术制造的材料；失去了人性的“人”则变成了用于高级目的的人的材料。在现代性中，无论是科学、技术、文化、精神或心灵、逻辑，只有在这个意义上，才能得以深刻地说明。无论对现代任何事物本性的思考，都不得不坐落在这一世界图景之中。而这正是现代性的真正危机所在。

科学无力成为世界观，亦无力成为形而上学。但科学竟然可以成为世界观，成为形而上学。这不仅荒谬，而且疯狂。舍勒认为，“科学的形而上学”是一个根本不能设想的最为荒谬的观念。① 科学从原则上放弃了自明的、直观的知识，以利于可能考察无限的“偶然事物和事件”，并由此有利于演绎一个无限秩序，在这些可能的演绎中，任何一个“命题”仅仅在一个包括原因和结果的本质上不可封闭的系统中形成一个“部分”。同时，虽然科学号称以发现真理为己任，但其实从原则上已经放弃真理，因为对真理的放弃有利于仅仅在归纳上得出可能的似真性结论。而科学所撇开的这些东西恰恰包含着形而上学的唯一可能的问题。形而上学成立的可能性正是科学通过抛弃以保障自身成立的那样一种可能性。科学与哲学的斗争是如此尖锐，以至于只有当科学有所抛弃，形而上学才有所成就。这对形而上学来说已经足够尴尬。而这一切则足以使科学完全以志得意满的心态取得对形而上学的完胜。舍勒认为，形而上学如欲在今天取得对科学的独立性，就必须在两个方面把握住自身：“一方面，哲学并非仅仅要为任何实质的价值域和文化域提供‘基础’，同样也并非仅仅要为任何实质的存在域提供‘基础’……相反地，哲学必须以独立的事实认识，去探究一切实质的存在域和

① 舍勒．舍勒选集：下［M］．刘小枫，选编．上海：上海三联书店，1999：905.

实质的价值域，它们所包含的精神行为方式所具有的纯粹存在联系和价值联系，以及本质状态和本质联系……另一方面，哲学完全不依赖于科学，因为科学作为整体只不过是诸区域中的一个区域，其实甚至从一般认识价值的广泛区域来看，科学作为整体也仅仅是认识价值的一种方式；此外还有自然的世界观、哲学本身、形而上学、宗教……提供对它们的本质领悟和'基础'……但是，根本说来，只有哲学才有权决定：一种形而上学不仅作为癖，而且作为一种自发的、以自明性和真理为目标的关于绝对实在和绝对之善（或恶）的认识，是否也是可能的"①。在科学主义时代里，这两个任务对于哲学来说差不多是不可完成的任务，因为科学似乎已经僭越了哲学将这个任务承担了下来。科学已经把哲学逼至墙角。

在科学与哲学的纠缠勾斗中，教育几乎不假思索地接受了科学，并且义无反顾地依附于科学。究其原因，是因为科学在最大程度上满足了人类的实利需要而哲学却无所取用。目前教育中发生的一切，从理念到制度，从知识到课程，从流程到评价、管理，都不同程度地科学化了。在教育领域所发生着的科学的上升、哲学的下降，并非仅仅意味着教育接受了科学放逐了哲学，而是根本地意味着教育精神的沦落。我们所期许的也并非教育对哲学投怀送抱。对教育来说，虽然在今天教育精神的发现必须直面科学与哲学之争，但教育面对科学与哲学之争的目的并非在科学与哲学之间做出取舍，而是它必须重新发现自己，回到它自己的原初之所。而为了达成这一点，教育就不能不是哲学，如果我们的教育尚对教育智慧有所希图的话。教育必须学会沉思自身。依附只带来合法，沉思才能寻获本原。在一个思想贫困的时代里，教育的沉思是教育智慧显豁的唯一正途。正像海德格尔所认为的那样："在与其时代的关系上，尽管沉思始终比以往习常的教育更暂时、更宽容、更贫困，但深思的贫困是对一种富足的允诺，它的宝藏在那些永远无法算清的无用之物的光芒中闪烁。随步履开始之处的路段不同，随步履所踏过的路途不同，随途中对可问之物所做的远眺不同，沉思之路在不断变化"。②我们必由此而前行，虽然我们并非无所顾忌。

第三节　现代性背景下当代教育价值批判

追问当代教育不能不问及教育的价值，因为当代教育的危机归根结底是教育

---

① 舍勒．舍勒选集：下［M］．刘小枫，选编．上海：上海三联书店，1999：908－909.

② 海德格尔．海德格尔选集：下［M］．孙周兴，选编．上海：上海三联书店，1996：977.

价值的危机，即教育所追求的目标体系的危机。当代教育价值失序主要表现为，在人与自然、人与社会、人与其自身的关系维度，教育的工具价值对内在价值的僭越，现实价值对于理想价值的放逐。在人与自然的关系维度上，现代教育的价值失序表现为占有式关系取代生存式关系；在人与社会维度上，现代教育的失序表现为个体主义的张扬取代“公共善”的价值求索；而在人与其自身的关系维度上，现代人已经失去了其反思能力，其存在的整体性已经裂为碎片。这就是现代性背景下教育总体的价值危机。当然需要特别指出的是，对教育价值的批判从来不是孤立的，正如笔者一再强调的，当代教育已经彻底地依附于科学，因此，对教育价值的任何批判，其实都与对科学的批判结合在一起。由于当代教育的价值根本上就是科学所赋予的教育的“功能”，所以我们所要做的就不仅仅局限于对当代教育价值的批判，而且也试图找寻导致当代教育价值偏失的那些根源。在并不严格的意义上讲，本书所事于的正是对当代教育价值的批判，这种批判甚至成为写作的初衷与动机，它一以贯之地贯穿本书思想与言路的始终。但笔者仍然期望能对当代教育价值进行某种系统化的审理，即便这种所谓的审理并不“新鲜”。

传统哲学对于哲学问题的审视有三个基本的维度，即人与自然的关系，人与社会的关系，人与其自身的关系。现代人所理解的“美好生活”，也就是能够“很好地”分门别类地处理这三个层面的关系。如何处理这三个层面的关系，因此也就成为教育的根本任务。在此，笔者并不着意于批判这种思维方式所导致的片面化，这不是本文的任务。我们毋宁聚焦于这样的问题，即科学主义与虚无主义所产生的价值问题是如何地在教育之中得到显现，教育又是如何地在面对这种价值偏失时不仅无动于衷，而且推波助澜。

教育价值偏失之一是人与自然的价值失和。在这一层面上，哲学上有两种截然相反的价值追求：人作为自然之物，需要虔敬地对待自然；而人同时又作为自然的最高成就，他又狂妄地对待自然。教育由于依附于科学，彻底无望地选择了后者。所以教育所追求的价值，也就是科学对待自然的原则。教育将科学对待自然的原则作为其追求的价值。在这里，教育不仅是依附者，而且是一个能动的依附者。

“自然”（nature）在拉丁文中最初指诞生、生长。亚里士多德认为“自然”有七种含义：生成或生长；所由生长的种子；自然物生长的源泉；自然物的基质；自然物的本质或形式；一般的本质和形式；自身具有运动本原的东西的本质。[①]“自然”因而意味着持续生产着生命的东西。希腊人将“自然”等同于

① 亚里士多德．形而上学［M］．吴寿彭，译．北京：商务印书馆，1996：126.

"存在"或"最高的显现者"。[①] 亚里士多德总结说，"自然是一种原因，并且就是目的因"。[②]"自然"在希腊人的思想中是事物的严格秩序（physis)，它比约定俗成的法规（nomos）重要。只有合乎"自然"才能达到道德和智力的完善。对人和自然加以明确的区分，始自近代哲学。从笛卡尔（R. Descartes）开始，存在者被把握为客体——可以被测量、计算之"物"；能对客体测量和计算者则被称为主体。这种哲学的致思方式是在主观性中寻求它的最终根据。[③]"客体"(object) 来自拉丁文的 ob - jectum，意思是被扔到或被放在面前的东西——从而是一种需要加以征服、操纵和变形的障碍物。当且仅当真理转变为表象的确定性之际，我们才达到了作为研究的科学。自然最初被认为是人们取法的意义之源，西方古典哲学的"自然正当"与中国传统文化中的"天人合一"、"道法自然"殊途同归。随着主体哲学的兴起，人们相信通过数学以及实验的方式完全有能力去破解宇宙的神秘，人类积累的生产生活的经验也使人类确信他们足以发现自然的发生发展规律并为其所用。培根将这种理解、占有自然的欲望表述为"了解"(自然）是为了"控制"(自然)。自然由此成为人类改造与克服的"对象"。到了现代社会，自然不仅是"对象"，而且还是人类的敌人。为了更好地生存，人类就必须向自然宣战，并对其"立法"，而所谓对自然的"保护"，则是建立在自然是欲望满足的资源这一哲学基础之上。从亲和，到对立，再到敌对，"自然"角色的转换背后隐藏着人类改造自然、占有自然、控制自然的良苦用心。人类渴望欲望的满足，而人类积累的占有自然、控制自然的知识与能力恰恰提供了满足这一需要的途径。这恰恰也成为当代教育价值的基本取向，即教育成为满足人类欲望的"上手工具"。在近代教育史上，"自然教育"差不多成了一种教育理想的代称，昙花一现。而今天人们所指的"自然教育"，则出于人类生存对于环境保护的需要，与古典意义的"自然"已经相去甚远了。

对自然的征服一是经由技术，二是经由知识。知识与技术在希腊哲学之中是两种截然不同的东西。然而在现代性背景中，知识与技术的共谋则在于它们同时都是科学的知识与技术。技术决定了人自我认识的方式、对存在者的存在的设计方式、对存在者的真理的本质的限定方式以及人据以取用存在者的真理的"尺度"的方式。[④] 现代技术的本质由此是"座架"(Ge-stell)。所谓"座架"，是指

① 海德格尔．荷尔德林诗的阐释［M]．孙周兴，译．北京：商务印书馆，2000：61.

② 亚里士多德．物理学［M]．张竹明，译．北京：商务印书馆，1985：65.

③ 胡塞尔．欧洲科学危机和超验现象学［M]．张庆熊，译．上海：上海译文出版社，1988：97.

④ 冈特·绍伊博尔德．海德格尔分析新时代的技术［M]．宋祖良，译．北京：中国社会科学出版社，1993：73.

那种将人聚集起来，使之去订造作为持存物的自行解蔽的东西的促逼着的要求。① 座架摆置人，它挑动人把一切在场者当作技术的持存物来订造。座架是一种解蔽方式。但作为一种解蔽方式，座架总以自然的可计算性、可谋算性为前提，总是以本真的物性和人性的丧失为前提。海德格尔由此认为人所信奉的现代技术本身正是“最高的危险”。② 对于技术来讲，只有在事物被理解为可控制、可操纵与可预见之际，它才显示为价值。因而唯当世界中已经包含了机械装置，科学才把世界纳入其概念构造中，从而通过技术控制自然，通过医疗、教育、国家政治而控制身体和心灵的目的才是可能达到的。③ 技术不仅控制着自然，并且这种控制也日益深入到人的控制领域。这也就是哈贝马斯（J. Habermas）所认为的技术力量的倒置——技术由本来在人和自然的关系中解放人类的力量，变成一种政治统治的手段。其次是知识。在西方乃至世界整个近现代哲学中，知识论发展的每一步都试图通过知识来获得生存的价值规范并实现个体的完全社会化。这一观念认为，在每个实际、稳定的和真实的世界的知识体观念背后，都存在着一整套生产这类观念的未经分析的社会组织化方法，知识的掌握不仅仅在于理解那些整体化的纯粹的知识，而关键在于进入并理解社会规范。这也就是教育学界屡屡诟病知识论却又屡屡将其前门赶出又后门迎回的根本原因所在。在知识论所关涉的知识的来源、知识的真伪与知识的价值这三个问题中，知识的价值问题又因为其特有的实践意义而成为知识论的核心。对这一核心问题的追问，近代哲学将其表述为“什么知识最有价值”，而教育哲学亦由此而坚守那些被认为最有价值的知识。

“什么知识最有价值?”这一设问的实质是知识世界的价值颠覆。科学知识的价值颠覆，按照舍勒的知识分类学，乃宰制知识或成效知识对于本质知识或教化知识、形而上学知识或救赎知识的颠覆。④ 成效知识和宰制知识是实证的专业科学知识，这种知识的最终目的是要从整个有序地围绕在我们周围的现象的时空关系中寻找出规律来，并应用于对世界的宰制；本质知识是一种同宰制知识刚好对立的知识，亦即哲学知识；形而上学知识乃实证知识与哲学知识的综合成果。舍勒认为，在这三种知识中存在着一种十分明确和显而易见的客观等级秩序即价值序列：首先是统治知识，即有助于实用地改变世界和我们由此能改变世界的可能效能的知识；接着从这种统治知识到“教养知识”，通过这种教养知识，我们

① 海德格尔．海德格尔选集：下［M］．孙周兴，选编．上海：上海三联书店，1996：937.
② 海德格尔．海德格尔选集：下［M］．孙周兴，选编．上海：上海三联书店，1996：944.
③ 舍勒．舍勒选集：下［M］．刘小枫，选编．上海：上海三联书店，1999：1011.
④ 舍勒．舍勒选集：下［M］．刘小枫，选编．上海：上海三联书店，1999：1059.

把自己的精神位格的存在和所在扩展和发展成一个小宇宙，并由此至少按其结构性的本质特征，以我们一次性的个体性方式，试图分有世界的总体性；然后从“教养知识”进一步到“拯救知识”。而在现代性中，知识被认为是工具性的、可资利用的“实体”，知识与知识的拥有者的关系是手段与目的的关系。在学校教育中，知识被认为是满足个体与社会需要的手段与工具。因此可以理解的是，以实用性地改变世界为目标的效能知识日益得到片面化的发展，而教养知识和拯救知识则越发变得无足轻重。

教育价值偏失之二是人与社会的价值失序。在这一层面上，教育价值的偏失集中地表现为自由主义的兴起。教育中的自由主义是教育价值反思最为吃紧之处。目前，自由主义在教育领域所带来的一系列问题还没有引起人们足够的重视。而人们之所以身处教育的自由主义之中又能对它产生的恶果安之若素，恰恰就是因为教育对它所处的现代性背景不加任何思虑。

正如人们已经看到的那样，有各种各样所谓的“自由主义”，但“自由主义”之作为自由主义，则在于无一例外地坚持相对主义。无疑，在积极意义上，自由主义确实看到了生活价值、目的之间的冲突这一人类生存的无奈本质，但它对这一无奈本质的解决却无奈地诉诸明智的经验理性，从而这一自由主义的方案只能是从多元到多元，从无奈到无奈，从“问题不可解决”到“不可解决问题”。自由主义有两个基本信念：世界本来就是多元的（事实判断），世界也应该是多元的（价值判断）。因为世界本来就是多元的，所以一元只能是一种政治理想而不是政治实践；因为世界应该是多元的，所以一元要么是不可能的，要么只是借助于暴力与欺骗。自由主义由此根本不需要论证，它只是一种自由实践的常识。秦晖先生就认为，自由主义所需要的唯一“论证”，就是论证不应压服别人（价值判断），也不可能说服别人（事实判断）。前一判断是基于人性“恶”（人的德性有限），压服制度终会导致以恶压善，“善人专制”是靠不住的；后一判断是基于人性“愚”（人的理性有限），“说服”到头来终会导致弄巧成拙，“智者设计”也是靠不住的。① 但问题在于，承认人的德性事实上是有限的，是否就是承认存在的就是合理的，从而也就承认恶的存在是必要的？承认人的理性是有限的，是否就是承认一元价值只能是一种暴力方式的生产，从而也就承认价值的分崩离析值得追求？对自由主义这种不可克服的内在矛盾最尖锐的反问在于，相对主义是不是就是一种绝对主义？这是自由主义不得不面对的一个内存的逻辑矛盾。如果不是知识论地而是政治哲学地去反问，这种反诘可以理解为何以相对主义的自由主义可以成为一种普世价值。因为相对而具有普世性？这话类似

---

① 秦晖．实践自由［M］．杭州：浙江人民出版社，2004：180－200.

于说世界上存在着一种“方的圆”。但价值相对主义从来不只是逻辑的，它更重要的是实践的。作为一种政治、伦理实践，自由主义已经在某种程度上摧毁了教育之作为教育的根基。因为如果教育的价值是相对的，那就意味着教育所坚持的价值之间是无高下之分的。如果教育价值无高下之分，对学生进行“教育”也就失去了意义。杜威（J. Dewey）的教育哲学最成问题之处就是他没有考虑到，他的自由主义理想一旦成为学校教育实践，那么教师对于学生的价值批判与价值引导便不再可能。而“范跑跑”事件，则在另一个层面证明了，如果教育价值放逐了它应该坚守的完美与卓越，“教育”便不复再为“教育”。

自由主义的价值怀疑论与自由主义的价值相对论其实是一个问题的两个方面。因怀疑而相对，因相对而怀疑。认识论意义上的怀疑论在反对独断论的过程中起到了重要作用。对知识的进步来讲，怀疑或许是种美德，它提醒人们对于谬误的警惕，而不是将知识视为一种信仰。欧克肖特（M. Oakeshott）区分了“信念论政治”和“怀疑论政治”两种极端的政治类型，在他的分析中，基于现实条件而不是哲学理念乌托邦的怀疑论似乎更具有亲和力。① 然而进入价值论领域的怀疑论却表现出与价值独断同样的危险。自由主义坚信个体价值选择的权利并视之为自然权利（natural rights）。个体选择的任何价值都是相对的，根本就没有一个人类休戚与共的可以共同承担的绝对价值。自由主义的政治与伦理的文化由此是种怀疑论的致思路向。在怀疑论者看来，任何价值都不具有绝对的真理性，因此也就没有必须遵守的责任与义务。在这一点上，怀疑论的自由主义是反理性甚至反伦理的。胡塞尔对此曾经批判指出，“怀疑理论要求一种怀疑的实践，指的是，一种反伦理的实践”②。然而，伦理的责任与义务却并非来自于对经验的抽象，而是一种先验的规定，正是这些先验的规定为伦理的实践性提供了价值引导。胡塞尔指出，伦理学“最本质的理论基础不在认识及情感功能的心理学，而在某些先天的规则和理论，这些先天的规则和理论与其独特的意义相一致，适合充当一切伦理以及逻辑评判的理性规范，充当任何理性实践的指路明灯”③。怀疑论者宣称，对先天的规则和理论的怀疑是理性，然而其悖谬之处恰恰在于，要求借助理性的意义表达出来，而同时在其内容上一般恰好是放弃理性。

教育价值偏失之三是人与其自我的价值失当。在这一层面上，教育价值的偏

① 参见：欧克肖特．信念论政治与怀疑论政治［M］．张铭，姚仁权，译．上海：上海译文出版社，2009.

② 胡塞尔．伦理学与价值论的基本问题［M］．艾四林，等，译．北京：：中国城市出版社，2002：16.

③ 胡塞尔．伦理学与价值论的基本问题［M］．艾四林，等，译．北京：中国城市出版社，2002：13.

失主要表现为人的片面发展，与人的自我整体性的丧失。马克思对人的全面发展的研究无疑是深刻的，他认为人的片面发展的根本原因在于社会分工。但如果这一深刻的观点被原封不动地复制到教育研究中，就不免失于肤浅。原因在于如果教育已经是社会生产的一部分，而且教育的精神和实践已经为社会产生所决定，所谓教育的能动作用也就只能仅仅表现为使人的片面发展不显得那么片面而已。笔者倾向于认为，现代性中人的发展的问题本质上并不是片面与全面的问题，而是"人"已经消失或异化的问题。如果我们没有对"人"的全面理解，那么无论社会生产如何为人的全面发展创造了事实上的条件，仍有"人"不复为"人"之虞。因此，我们有必要回到"人"之为"人"这个起点上来。

在教育现代性中，人已经被"物"化了。"人"不仅被认为是某一特殊之"物"，也以"物"的方式受"教育"。教育的"拟人化"和"拟物化"是等量齐观的。这是迄今为止"生命"最高程度的异化。首先，近现代教育中的生命异化为生命机体，生命的本质异化为生命的属性。在近代世界观中，"生命"已经不再是本原现象，而只是机理过程与心理过程的综合。活的生命体被看成一架"机器"，生命"组织"则被视为一批有用的机件。既然人的生命只是机件的组合，那么对人的各个部件的逐一训练过程也就是人的生命的生长过程。反过来，人的生命的生长过程也只有通过对各个部件的训练才能达到完美的程度。教育领域的官能训练说和各种行为主义理论都可以在这一点上找到思想渊源。其次，近现代教育中的生命价值异化为生命的有用价值。在传统教育伦理中，生命之所以是必须尊重的，是因为生命是独特的；在现代教育的伦理中，生命之所以是必须加以规训的，是因为生命是有用的。在传统教育中，教育倾向于从人的独特性、从人在宇宙中的位置方面来关怀人；在现代教育中，教育倾向于从人的有用性、从人力资本方面来算计人。有用价值凌驾于生命价值之上，这就是现代教育伦理的基本性质。在今天，教育利用它的技术本质空前地发掘了人的"质料"价值及其有用价值。受教育者所能够学习得到的东西，被限定于"有用"的东西即那些能够带来明显的实利效果的东西；受教育者又以其所学的"有用"的东西，将其自身改造为被社会所承认的"有用"的人或"成功"的人。最后，近现代教育中存在论意义上的生命异化为科学意义上的生命。现代教育说到底是从生命的现实性而非存在的可能性来理解人本身的。由于现代教育致力于对生命的控制和预测，所以无论是教育的科学方面或生命哲学方面，都需要提供关于人的生命成长方面的确定性。科学需要确定性来寻找建立因果关系，并以从果到因回溯式的逻辑方式来创造"因"的方面以求其观念中的"果"；生命哲学则需要确定性来防卫生命的不可预计性以及现实生活的生命层面上的冲突。生命哲学认识到，生命不是控制性认识的一个客体；如果使生命受制于手段－目的的结构，就必然使之死亡；处于动态的创造性之中、处于生命之流（柏格森，H. Bergson）的生命，不仅对接纳性认识开放，而且对直觉的参与和神秘的结合开放。然而，近代生命哲学不能认识到的是，如果生命是科学的、确定性的，那么生命的精神价值又何以产生？那些大张旗鼓的各种生命哲学似乎并没有真正触及生命的本体论价值问题。受机械论哲学的影响，近现代教育其实就没有真正"遭遇"过"生命"问题——虽然它常谈及生命，但它要么从错误的有机世界机械论形而上学出发，要么通过投射式的"移情"来理解生命现象。由于近现代教育的哲学基础在理解"人"的方面总是企图把人禁锢在不属于人的范畴，如机械的、生物的、心理学的和社会学的范畴，所以，现代教育在对人的理解方面阻隔重重；而且由于这些哲学基础已在教育领域成为事实，所以教育无法脱离其"非生命"以至"反生命"的一面。

在现代性中，人的生命已经不再是一个整体的存在，而是一个裂成碎片的断裂。而现代教育也不再以人的精神生命，以"人"的整体性为主要的价值取向。教育为了成为满足社会需要以及本质上人的欲望需要的工具，也就只有把受教育者手段化、工具化。"人究竟是谁?"这个问题在现代性中已经越发地尖锐。

第四节 现代性背景下教师身份之究问

"教师是谁?"不是一个知识或形而上学的问题，而是一个政治哲学的难题。在现代性背景下，这个难题变得尤为尖锐。后现代主义哲学所造就的不确定性深刻地影响到教师的生存心态以及教师的自省能力。道德裂成碎片，内在权威丧失，功利主义膨胀，国家与个体之间的矛盾日益突显，在这一背景下教师的身份问题已经前所未有地突显出来。教师的身份问题古已有之，这个问题的确在某些方面得到了某些解决，但今天这个纠结更为复杂，而且还将以更为复杂的面目延续下去。教育曾经一度为"什么东西可以信心十足地教给学生"所困扰，教育也曾为解决这一问题付出了悲壮的努力。虽然教育的每个历史最终都提供了不同的知识类型，但这些知识类型都被那个特定的历史时期确定为具有确定性和真实性的东西。但在诸神不和或者诸神逃遁的现代性精神背景下，更困扰当前教师的问题却是"信心十足地教意味着什么"。① 每一个教育工作者，无论教育理论研究者还是教育实践工作者，都不得不面临这一难题的催逼——我是谁？我们是

① 大卫·杰弗里·史密斯. 全球化与后现代教育学［M］. 郭洋生，译. 北京：教育科学出版社，2000：15.

谁？教师是谁？我们究竟在何种意义上是“教师”？

如果说教师的身份在古代社会尚有其确定性的话，那么今天教师的身份则处于前所未有的分裂之中。国家、教师群体和个人对教师身份的理解是如此相左，以至于教师已经很难再获得一个统一的身份证明。在当下，合法性与合理性之争不仅尖锐，而且深刻。“我”想做的未必是“我”能做的，而“我”必须做的未必是“我”应该做的。由于价值立场、历史使命、实践境遇、解释框架的不同，国家、教师群体、教师个体对“教师是谁?”这一难题的解读，都表现出各自的求索路向和价值旨归。这三方对教师的要求，既有伦理精神方面的一致或暗合，也有价值诉求的相隔或对立。从而，“教师是谁?”的追问就不仅仅是一个教师的域内身份问题，而是一个全面深刻的教育问题。

“教师是谁?”这一问题的提出从本质上讲是教师所面对的国家与个体之间矛盾的充分显现。国家与社会、教师群体、教师个体对“教师是谁?”这个问题的提出和解决处于一个顽强的张力关系之中。“教师是谁?”的问题，本质上也就是教师如何面对国家与社会的价值规准与其自身教育理想之争的问题。而这一矛盾的彰显，既是个悖论，也是个生存的深渊。由于现代性中现代教育制度所引发的教师个体日常生活的转变，教师教育生活的外延性和意向性之间不确定的交互关联性极速增长。① 这种高风险后果（high consequence risks）的复杂性对教师而言可谓前所未有。如何走近教师个体与国家之间的矛盾关系，由此成为追问教师身份的必须和必然。反思个体与国家的关系，也成为教师的自识的应然选择。他必须直面作为国家基层工作人员承担国家政治制度的社会功能以及他只能利用国家所赋予的有限方式与手段来完成这一目的的“双重困境”。布迪厄（P. Bourdieu）所谓的“位置性痛苦”（positional suffering）与吉登斯（A. Giddens）所谓的“本体性焦虑”交织成教师身份追问情感与理智的复杂纠缠。市民社会的兴起使个体摆脱全能国家的控制、肯定个人自由成为可能，但它也唤起了社会运作方面的阶层对立；国家意志保障了良好社会秩序的形成和公民的合法权利，但同时它天然具有的扩张性也吞并了个体的独立与自主。这是教师自我反思所必须遭遇的一个更像是悖论的矛盾。

从国家与社会的角度讲，“教师是谁?”本身并不能成为“问题”，对“教师是谁?”的追问在实质上也就只能是一个假问题或伪问题。因为在国家和社会的立场上，教师的身份是确定的，根本不具有其自在生成性和自识性。教师是谁?教师是国家和社会的代言人。国家和社会作为一种权力构成，以“认同”教师

---

① 安东尼·吉登斯. 现代性与自我认同［M］. 赵旭东，方文，译. 北京：生活·读书·新知三联书店，1998：1.

的形式，即通过选拔、甄别的方式，使与其利益追求一致的社会个体成为教师。换言之，教师之作为教师，是说教师能否满足国家与社会的需要，能否完成国家与社会交与的代言任务。在这一意义上，教师身份从而其实践品质不可能不倚托于政治和权力。这也就决定了教师自身在其身份认定方面的失语，即教师身份的获得并非通过教师自身的理性反思，而是通过政治权力的认同。“认同”和“身份”在英语里是一个词——identity，因“认同”而获得“身份”，为了获得“身份”，必须得到“认同”。国家和社会坚硬的毫不退却的价值立场，足以摧毁任何对于政治权力权威的怀疑或反对。为此，国家与社会从潜在教师的生产，到教师身份的生成，再到教师的培训、再生产，制定了全面的监督监察和约束评价机制。教师只要在这个范围内“理性地”行使国家和社会赋予的代言使命，教师之作为教师的问题便不言自明。那个在传统政治哲学视域中作为“守夜人”的国家，在现代社会中已经成为“人类事务中不具人格的和最高的仲裁者”，相应地它也成为教师自识与反省必须首先遭遇的政治原则。

这一意义上的教师，是国家政治意识形态架构下的坚定的社会公民。教师被要求以国家与社会的名义行使对受教育者的教化之责，教师因此拥有超出其个人权威之上的国家意志的影响力。教师被国家与社会培养为“专家”，而“专家”则是以“专门教育”或“专业教育”的社会身份参与福柯所谓的社会控制的盯人技术体系。在这一盯人技术体系中，教师由于国家与社会所赋予的合法性而拥有毋庸置疑的身份感。教师无须对其身份有任何的困惑，因为他的教育行为并不触及对教育目的的任何反思。这种意义上的所谓教师仅仅是社会权力重新分配的结果。对于人类的“有限性”、“缺陷”或“内在的不完善性”的认识，最终把教育者（专家）带入权力领域，他们教化人类，使人类通过专家的教化力量臻于完善，这正是专家所欲实现的人类的“公共利益”。由于教师是这一“公共利益”的直接承担者，从而教育也就成为社会权力结构中不可或缺的要素。掌权者必须懂得什么是共同利益（人类的共同利益、整个社会的共同利益或委托于他们统治的那一范围内的共同利益），他们还必须了解最适合于这种共同利益的人类行为模式。他们必须知道如何来诱发这种行为，如何使其延续。为了掌握所有的技巧，他们必须运用其他人没有的某些特定知识。权力需要知识，知识赋予权力以合法性和有效性（两者中有着必然联系）。拥有知识就是拥有权力。产生于这一社会整体结构的新型权力具有两个显著特征：牧人式的权力（pastoral power）、改造思想的权力（proselytizing power）。[①] 牧人式的权力之所以能够形成，在福柯（M. Foucault）看来正是由于个体处理自身日常事务的无力感，这种

① 齐格蒙·鲍曼. 立法者与阐释者［M］. 洪涛，译. 上海：上海人民出版社，2000：63.

权力的统治目的在于对被统治者进行适当的、全面的指导。能够进行这种知识统治的统治者，不是国家，因为国家没有能力，而是由国家所生产的教师或专家代行统治。在那些知识由既定的圣贤、教师或专家集团所控制的地方，他们的统治力度和统治范围依赖于普通人由于无知所产生的不确定感或被剥夺感的严重程度，而且，还依赖于前者激发或强化后者的这种不确定感或被剥夺感的能力，换句话说，依赖于他们造成的对他们自己所控制的知识的社会必要性。

教师受国家之托行使着对被统治者的监督权和教化权，并将这种权力的实现视为达成社会公共利益的崇高使命。但这种公共使命的神圣难以掩盖其内在的尴尬，即教师的权威并非来自于他自身的德性或知识，而是来自于政治意识形态的合法性。在行使这个权力的时候，教师其实并不是他自身。他缺场，而国家在场。他并非作为一个真实的人在对学生施加着影响，他只是在尽职尽责地扮演着某种角色。他每天工作，但他并不是他自己。他甚至将这种异化视为理所当然。他的确在“教育”学生，但本着国家利益的需要，他教育的目的只在于使学生学会服从。这个观点或许是隐含的，甚至是无意识的，但却毫不含糊。本能与动机服从（听命于）公共利益的需要（公共利益是由统治者来界定的），对一个生活在精心规划、彻底全面地理性化的社会中的公民来说，服从是一种最必不可少的技能。教师给学生传授的不是知识，而是一种循规蹈矩的、有规则可循的、在总体上行为具有可预测性的氛围，只有在这种氛围中，才能导向一条通往知识的道路。在此，这种氛围才是至关重要的条件。为了满足社会利益，个人所必须具备的一种能力就是服从纪律。由此，不难理解，为什么近现代教育独一无二地依附于科学。近现代教育打造了科学与群众的联盟，并把它的精神建基于科学与群众的联盟之上。由于依附科学而丧失了对本真教育的反思能力，所以哪怕教师是如此执著地贯彻那个国家设定的教育目的，教师还是泰罗制里那个傻且可爱的工人施密特。

从教师群体的角度讲，“教师是谁?”涉及教育在整个国家和社会发展中的作用和使命，从而涉及教师的职业尊严问题。在教师作为一个重要的社会因素构成意义上，教师群体试图去赢得它与其他社会职业相比应有的尊重，而这一尊重的获得，是与教育的历史使命承担、与其社会责任成就紧密地联系在一起的，或者说，后者直接构成教师尊严的充要条件，从而可以理解的是，教师群体往往利用职业特征比较的方法来表明其特殊性——特殊任务、特殊素质、特殊的职业道德。可以说，教育含义的特殊性构成了教师含义的一般性。教育的国家与社会职能担当无疑与国家、社会的政治经济诉求相一致，这决定了教师群体在社会身份取向上对国家与社会价值的遵守。但与国家和社会的政治、经济立场的决绝相比，教师群体似乎更倾向于对教师伦理或教师道德的强调。显然，在世俗化过程中，教师会同时面对政治、经济、道德方面的挑战。但由于国家、社会立场的首要性与教师职业伦理的第二性之间总会存在着差异，这似乎为教师群体的教师身份寻获提供了可能的空间。

从教师个体的角度讲，“教师是谁?”涉及教师对其社会身份的自我理解、自我认同、自我规约的安身立命问题。诺齐克（R. Nozick）在《无政府、国家与乌托邦》一书的开篇就提出：“个人拥有权利。有些事情是任何他人或团体都不能对他们做的，做了就要侵犯到他们的权利。这些权利如此有力和广泛，以致引出了国家及其官员能做什么事情的问题。”① 而且个体充分的自我意识的发展也是作为伦理普遍物的国家的必要条件。然而在现代社会中，个体自然意志与国家普遍意志的矛盾日益突显。在一定意义上讲，教师自身对其社会身份的理解所面对的正是他的利益特殊性（权利、自由等）与国家普遍意志的矛盾。在这里，不能简单地将教师群体理解为教师个体的物理集合，也不能简单地把教师个体等同于教师群体的单子因素，如亚当·斯密（Adam Smith）所认为的集体理性是个体理性行为的必然结果。教师个体对教师身份的理解与教师群体相比，具有更多的情境性、个体性。甚至在某一意义上讲，教师个体对其教师身份的理解与教师群体的理解可能是冲突的。教师个体是在“我”的意义上理解其身份的，而教师群体所关注的则是“我们”。前者对教师教育行为的影响是直接的，后者则是间接的。前者更多地体现为教师作为一个“人”与教师作为一个社会成员之间的冲突，后者则更多地体现为行业特征和行业冲突。由于教师对其教师身份的理解是与其自身的教育理解以及他的自我意识紧密地结合在一起的，所以个体教育意义上的教师身份理解这一论域更为多元和深刻。目前教育界所讨论的“教师是谁?”的问题也主要是在这一层面上展开的，作为教师的“我”是怎样看待“教师是谁?”的问题的。

立场的不同决定了视野的不同。视野的不同则决定了结论的差异。如果不满足于三方纠葛的公开化，稍稍深入到各种表述深层的理念之域，就可以发现三方观点实则基于两类视野。国家与社会、教师群体之间虽然在表面一致之下仍然存在着教师群体对其自身价值的诉求，但由于教师群体是基于与其他诸社会成员的特殊性方面提出其价值诉求的，并不触动国家与社会对教师身价认定的权威性，从而两者具有“天然”的相倚关系。在这一点上，两者显然有别于从自身的生存境遇来追问其身份的教师个体。如果说，国家与社会、教师群体之间是弱张力关系，那么国家与社会、教师群体的共同体与教师个体之间则是强张力关系。这

① 诺齐克. 无政治、国家与乌托邦［M］. 何怀宏，等，译. 北京：中国社会科学出版社，1991：1.

种强张力关系构成了教师身份追问的复杂的现代性。如下三组相互矛盾的身份构成了教师自我认同的两难。

两难之一：教师究竟应该是做哲学家，还是工匠？

对教师个体而言，他所追求的教师的最高境界是做一个追求智慧的哲学家；而对国家与社会、教师群体而言，教师的安身立命之所则在于他必须是一个脚踏实地、按照国家与社会的价值意向按部就班地行为的工匠。作为一个哲学家，教师必须在存在论意义上去理解教育，并以教育的本真意义为价值规准来要求他的教育实践；作为一个工匠，教师所做的则必须无条件地听从国家与社会的身份安置，并心安理得地接受国家与社会的教育规范制约。

对国家与社会来说，教师的“教育”能力是一种技能，这种技能与手工艺者、军人、工人的技能在完成国家与社会分配的社会职责方面并没有实质的区别，唯一可能的区别在于它是一种可以去影响其他技能形成的技能。这足以表明教育的技能并非普遍技能，也并非优于其他技能的技能。普遍的技能只有管理的技能，即对所有其他技能安置使其各司其责的技能。这样一来，教师也就只能是工匠。而对教师来说，由于“人”是天然地需要“教育”的，只有在对“人”有着深刻理解的基础上，即在对人的实存、对人的自然禀赋、对人的潜能、对人之为人的意义有着比一般其他工匠更深刻的理解的基础上，教育才是可能的。这就决定了教师作为一个工匠的同时，必须是甚至必须首先是一个哲学家。他必须首先以一个哲学家的身份，才能去把握哪些东西是有益于人的，而且是有益于所有人的。对国家和社会或者对曾经的城邦来说，工匠之间的各司其责能够一劳永逸地确保其“健康”，但显然“健康”的正义绝不同于德性的正义。健康的正义由于是各司其责、不假思索的，因此它缺乏美德和优秀。而企图追求卓越，也就只能在以追求德性为己任的教育的价值引导下方为可能。所以教师作为哲学家，不仅必须，而且必然。

古典意义上的教师曾经以哲学家的身份对自己提出教育要求，毕竟“教育在最高意义上就是哲学”①，只有哲学家才能获得他的思想和实践的自由，而这一切显然只有在宇宙目的论的本体论背景下才是可能的。换言之，只有那些最聪明的人、最有德性的人，才能做教师以身教人。中国传统哲学常将能为师者称为君子，天、地、君、亲、师五伦也表明教师的价值担当。政治哲学家施特劳斯

---

① 施特劳斯．什么是自由教育［G］//刘小枫，陈少明．古典传统与自由．北京：华夏出版社，2005：6.

（L. Strauss）认为，所谓教育就是与那些德性最卓越的人进行心灵的交流。① 近现代以降，教育已经不再是从“人之为人”的意义上的价值引导，而成为整个社会机器的动力性或补偿性构件；对人的机械论理解直接导致了教育建构的程序化和机械化，从而教师也就不再是“道”的追求者，而成为人力资本的培训者。

成为哲学家意味着教师反思能力的获得，成为工匠则意味着教师反思能力的剥夺。教师成为哲学家还是工匠之所以是一个存在论上的抉择，是因为教师对正义的追求在某些紧急状态发生的时候，往往与国家和社会的要求不睦。对国家与社会来讲，为了确保国家与社会发展的长治久安，“民可使由之，不可使知之”的管理信条具有不可置疑的普适性，不仅适用于一般的社会成员，也同样适用于对一般社会成员进行影响的教师。作为“人类灵魂的工程师”，教师是一般社会成员的“牧羊人”；而对国家与社会来讲，正如粗鄙的色拉叙马霍斯（《理想国》中与苏格拉底辩论的一个“智者”）所坚持的那样，国家则是教师（曾经的哲学家）的“牧羊人”。这就是说，教师的正义来自于他对国家和社会的忠诚，教师的正义只有在有益于国家和社会的时候才是正义的，而且只能通过这种方式获得正义，并由此而获得因为国家和社会的认同而带来的利益。康德所谓的在国家与个体之间相互尊重的前提下既张扬个体理性又限制个体理性的“启蒙”，由此看来也还是一种形而上学假设。

两难之二：教师应该是知识分子，还是社会代表者？

个体意义上的教师的教育行为的合理性与合法性之争是教师身份追寻中一个回避不了也挥之不去的问题。这是一个关涉教师是哪种意义上的“教师”的关键问题。这一纠缠使教师在反省其身份的时候面临他的法律身份、现实身份与理想身份之间的重重矛盾。

所谓合理，是指教师的教育行为基于自然正当而获得其教育权利的内在性，这是教师作为知识分子的内在本然追求；所谓合法，是指教师的教育行为必须基于法律规范从而获得法律承认，这是教师作为制度化利益代理人的外在必然要求。从程序的角度讲，合法性的成立通常需要“说理”，所以在某种意义上讲，合理性就是合法性。然而，当强令者试图通过其合法的统治信仰的形成以树立人们对于合法化的信念时，合法就未必再是合理的。那么教师“教育”的合理性究竟在哪里？归根结底，教师是“依据”怎样的价值体系进行教育呢？

教师之为教师，究竟是基于他的教育理想来筹划他的教育行为，还是基于法律、契约身份来满足社会制度的既定规约？在现代社会里面，这无疑已经成为一

---

① 施特劳斯．什么是自由教育［G］//刘小枫，陈少明．古典传统与自由．北京：华夏出版社，2005：6．

个关乎教师命运的生存论问题。在古典哲学里，由于一个充分的目的论宇宙观的观照，作为“士”的教师在沟通这两方面并没有遭遇太多的阻隔，因为他本身即是社会规范的制定者和真理的代言人。然自近现代以降，随着教育的不断制度化，教师成为构成教育制度的主体因素从而其行为规范无可置疑地来自于法律和契约。在这样的历史境遇下，教师的教育理想本身就不再是其教育的“原则”，而成为一个“问题”，即教师教育理想的合法化问题。

作为教育，必须如此、必然如此的一套价值体系是为教育理想，因此教育理想是基于自然正当的，它不同于社会化的教育理念或者个体化的教育理论。教师的教育理想对教师来说是存在性的，而教师因之以改造其教育行为的教育制度（合法化制度）对教师来说则是知识性或客观性的。这要求教师完成其教育行为时，不仅要本之于他所理解的本真的教育，更多的是要“审时度势”。当然，教师有可能将教育的外在要求内化为其自身的价值规准，但如此一来，“教育”究竟在哪里就变成了一种不容触碰的“悬搁”。这个问题可以更集中地表述为，教师在今天还有没有教育理想？他的教育理想对其教育来说意欲何为？当教师的教育理想遭遇坚硬的社会现实，教师是选择规避还是勇敢地面对？

当合法的未必合理，合理的未必合法，教师必然面对一种艰难的选择，即“我”的教育义务究竟是来自于教育本身内在的真理性，还是来自于法律或契约的许可？教师究竟是某种教育精神或教育理想的苦苦守望者，还是教育法令、教育政策的坚定执行者？教师个人理性的彰显无疑提高了教师的自我意识和自我价值，但教师的个人理性一旦进入社会领域，便必然会遭遇一系列问题：人与人之间的选择一定是奉行“针锋相对”的策略性思维吗？人们之间到底有没有相互的信任和自愿的合作？道德伦理等非理性因素在集体的选择中有什么作用？对个人的价值又有什么意义？福利经济学已经发现了个人理性彰显会导致公共产品提供不足这一“市场失灵”的恶果，而对教育政策的无条件接受又会反过来剥夺教师的个体理性，从而使教育失去它的理想。对这个问题的任何非此即彼的回答都可能具有简单化的倾向，因为教师的处境本身就是一个不可回避的矛盾。对教师个体来说，这两种立场之间的冲突有时是温和的，是教师自身通过自己的意志努力和认知顺应可以调适的；有时则非常尖锐，它关涉教师对其教育行为的最终取舍。

两难之三：教师应该是政治家，还是教育家？

在古典哲学时期，教育由于在最高意义上就是哲学，而哲学则由于对美好生活的追问，教育与政治的关系是统一的，它们有着共同的价值期待，即培养公民完美的德性，造就为城邦服务的温良的社会成员。苏格拉底（Socrates）对前苏格拉底哲学的反拨之意正在于充分认识到教育本身即作为一种政治参与（或者作为政治导向)。近现代以降，完全制度化的所谓“教育”已经成为国家控制思想的源头，“教育”有着强烈的意识形态的色彩，这决定了教师身份的政治归属——教师作为政治家的社会责任参与；而另一方面，“教育”又是作为个人幸福的源头，这决定了教师身份的教育取向——教师作为教育家的终极使命担当。当教育遭遇政治，当教师的教育身份遭遇政治身份，一个很尖锐的问题便突显出来，即教师抑或教育是否拥有其内在真理性？是否拥有其内在的独立性？

仅仅指出当下教育对政治的依附并不困难，雄辩地证明教育的应然价值及其他相对于政治的独立性也不困难，甚至可以更容易地博得教师的同情甚至尊重。然而姑且不论教育对于政治的独立性是否真的可能，假设教师真的可以独立于政治之外，那么他“教什么”，又“怎么教”？如果排除了国家意志控制之下的知识、课程、教育理念，还能剩下什么是教师可以倚助的？如果教育价值本身并非不证而明，那么教师如何获得其教育实践的合理以至合法？也就是说，教师如何才能信誓旦旦地知道他对受教育者产生的影响是“他的”而且是“好的”？是不是真的有可以从政治中挣脱出来的“我”的存在？教师当然有“权利”去反思国家制定的思想标准，然而如果这些思想标准已被质疑为虚假，我们的思想中还能剩下什么是真正“为我所有的”？

反过来，如果教育仅仅依附于政治，成为一种文化再生产、阶级（或阶层）再生产，从而成为国家意识再生产的单一手段，教育作为教育，它自身的价值又何在？我国在探讨教育本质方面曾经历过五十余年“悲壮的努力”，然而其收获的却仅仅是“无心插柳柳成荫”的意外所得。吊诡的是，教育在本质上可以是政治，可以是经济，可以是文化，教育可以是任何其他，但却唯独不是“教育”的真实自我。作为教育的“教育”，其本体究竟何在？教师教育行为的合法性究竟是应该来自于本真的教育还是来自于国家意志？作为一种现实活动的教育，是具体的、情境的，抽象的教育研究并不意味着教育自身的抽象。教育不可能游离于既定的社会政治思想的框架之外。虽然教育与政治之间存在着价值诉求上的一致性——比如对美好生活的向往，对稳定的社会秩序的追求，等等，但正如社会与个人之间永远不存在绝对的一致性一样，政治与教育也并不具有完全的对等性。

如果有这样一种教育，对这种教育来说，学习只是单纯的个人兴趣，教育的过程就是鼓励学生理解社会生活中的相互依存关系，教育的首要任务是帮助学生在权力框架内理解社会的建构，而并非进行善恶的灌输或引导，施蒂纳（M. Stirnen）相信这种教育就是解决教育与政治之间矛盾的途径。当施蒂纳指出解决问题的关键不在于不要政治的轮子，而是要以一个轮子去取代它时，施蒂纳无疑是正确的。然而，在教育已经国家化的精神状况下，如此这般的教育如何可能？施蒂纳提出的问题是深刻的，但对问题的解决却是有待论证的。这也是自由主义教育哲学不得不直面的尖锐问题。

长期以来，对教师身份的“应当如何”、“如何才能”的规范性以及在学校教育的特定境遇中“教师何为?”的制度论追问，在某种意义上遮蔽了“教师意味着什么?”“为什么我（您）是教师?”的存在论追问，以至于那些最为明智的教师专业化研究由于已经预先设定了教师身份，而对教师作为教师的本体性追问实质上付诸阙如。仅仅关注教师作用、地位、培养培训的这种宏大叙事的研究并没有着力于探究教师的存在论依据与其本真性意识。教师的身份追问在庞杂的探究中依然迷雾重重。“我为什么要做教师?”“我算是教师么?”“在受教育者面前，我对他究竟意味着什么?”这些存在论疑问一直逼问着每一个希图对其身份有所反思的教师个体。

按照一般的说法［比如施瓦布（K. Schwab）］，教师是以经验反思为基础，面向儿童创造有价值的某种经验的“反思性实践家”（reflective practioner）。教师的教育实践是包括了政治、伦理价值的实现或丧失的文化的、政治的实践。教师的反思说到底是对教育实践的政治、伦理、文化价值的反思。如果“教育”依然被认为是达到“善”的必要手段，那么教师的道德哲学就不能不是对普遍知性的达到的一种正确和详尽的引导。教师因此需要把日常理性中已经包含的道德法则在哲学层次上加以提升和论证，以便能对任何一种教育行为的纯粹道德内涵进行判断。教师当然可以和任何普通人一样，通过自己的朴素理性和健全知性，就足以在其教育实践中作出价值判断，但仅凭其普通的道德理性知识还不足以区分哪些行为是“出于义务”（而不仅仅是“合乎义务”），哪些行为是出于“爱好”。只有那些真正“出于义务”而不仅仅是“合乎义务”的行为，才具有真正的道德内涵。所以教师的教育行为如果仅仅“合乎义务”，只能算是“合法的”，而不是“有德的”。在康德看来，哲学的道德理性至少包括三个层面的内容：只有意志的出于义务的行为才具有道德价值；这种行为的道德价值不在于其结果，而只在于其意志的准则（动机），因而这准则只能是意志的先天形式原则；义务就是一个出自对法则的敬重的行动的必然性。① 这样，教师所面临的就主要是一个普遍的立法原则的问题，而不是作为代言人去做那些出于意识形态需要的合乎义务的事情。

教师作为一个“有理性的存在者”，有其不仅按照法则运作，而且按照对法则的表象来行为的自由意志，这就是他的实践理性。所谓自由的意志，也就是意志为自己立法，即把个别意志建立为普遍意志的法则。正是教师的这种自由意志

① 康德. 道德形而上学原理［M］. 苗力田，译. 上海：上海人民出版社，2005：15.

构成了教师关于教育理解的先天综合命令。马克思主义认为，人是类存在物，不仅因为人在实践上和理论上都把类——他自身的类以及其他物的类——当作自己的对象；而且因为——这只是同一事物的另一种说法——人把自身当作现有的、有生命的类来对待，因为人把自身当作普遍的因而也是自由的存在物来对待。①康德的伦理学也表明，只有自由的道德才是真正的道德，道德本身不是自明的，自由才是自明的。世界的最高价值是人的价值，人的价值首先是个人的价值，而个人的价值就在于人的自由。真正的自由是自己为自己立法、自己为自己负责的“义务”。虽然正如一些理想主义的批判者所正确认识的那样，教师作为感性与理性的双重存在，不可能完全做到摆脱感性，在现实生活中也绝不可能做到完全基于自由意志行事，但显然“合乎道德”并不等于“出于义务”，即“为道德而道德”，“为义务而义务”，世俗中没有一个人可以做到这种现实性并不能影响它作为评价每一个人的道德价值的绝对标准的必然性。

但一旦教师希望成为一个有理性的存在者，便必然遭遇个体自由与法博弈的深渊。如果教师不能成为一个有理性的存在者，教师就无法在真正意义上成为教育的主体，他不仅不是一个真正意义上的教师，甚至是一个完全没有个体自由的依附者；而教师的个体自由又必须通过教育世界里的“法”来保障，否则一旦教师的个体自由充斥教育世界，那么这个世界必定沦为个体意志、价值相对主义泛滥的场所。这是一个悖论，一个深刻的生存论意义上的悖论。在这一意义上，选择教师这一职业本身就意味着对自身智识的挑战。更严重的是，这一悖论所导致的后果，并不仅仅是影响教师自身，还直接影响到教师所施加影响的对象。但教师并不能在这两者之间进行抉择。悖论拒绝抉择。这一悖论本身已经确立了教师无从选择的地位。在康德那里，解决这一悖论只有一个方案，那就是一个所谓世界法的建立。对黑格尔来说，个体真正自由和权利的实现，也必须抛弃其片面性和主观性，将片面的、幻想的、纯粹个体的、不以任何其他集体或全体利益为转移的权利，统一于一个兼顾他人、家庭、社会和国家的感情、利益、需要、道德、伦理的全面的、实在的、复杂的宪政体制之中。而这对教育而言，显然是一个遥不可期的乌托邦。失去了古典目的论哲学背景的现代教育，根本没有一个可以超越于政治、经济、文化、种族的世界法可言。

在今天，我们还没有能力创造一个教师“共同体”。如果这一共同体是可能的，那么它就可以在为社会提供共同利益的同时，同时为集体内的成员提供排他性的公共产品，如此教师意志的自证性也就是可能的。如果教师能自觉地坚守

---

① 马克思，恩格斯．马克思恩格斯选集：第一卷［M］．中共中央马克思、恩格斯、列宁、斯大林著作编译局，译．北京：人民出版社，1995：45．

“共同体”的道德和智识规范，那么不仅教育世界“法”的创立尚有一线生机，而且教师也就可能在完成公共职责的同时与国家保持利益的均衡状态。对国家来说，这个伟大的利维坦①也就无须出于建构秩序的目的特意地安排教育与诸社会因素之间的关系，这个“共同体”会有足够的自我约束力来自觉地反思它在整个社会秩序中的使命和位置。而在今天，教师依然还是一个依附者，教师还只是在个体意义上反思他成为一个真正教师的可能。教师共同体的建立似乎仍然是一个遥不可及的梦想。

我们没有一部教育世界教师可以共同遵守的“法”，也没有一个引导教师实践行为的“共同体”。所以在今天“教师何为?”问题的提出，与其说是出于国家与社会的自觉，不如说是出于教师的“自然”。而“教师何为?”问题的解决，与其说是出自于教师的“自觉”，不如说是出于国家与社会的“自然”。对教师来说，提出“教师何为?”的问题，是面对一个难解的生存论问题；对国家与社会来说，解决“教师何为?”的问题，是面对一个社会制度的秩序化问题。对前者而言，提出“教师何为?”的问题是基于其个人生存境遇的个体化反思；对后者而言，解决“教师何为?”的问题则是基于对教师制度化群体的身份认证。问题的提出者恰恰不是问题的解决者，而问题的解决者并不认为“教师何为?”自身成其为问题。这可能就是“教师何为?”这个问题当下最为深刻的吊诡之处。

我国教师教育的理念走过了一条漫长而艰辛的路程。从老黄牛式的教师，到教科研合一型教师，到专家学者型教师，再到当前的智慧型教师，这些教师教育的理念虽然在对教师知识结构、能力结构要求上多有不同，甚至表面上看起来有质的不同，其实都是在一个“家族相似”的观念指引下的不同流变。这一教师教育观念的流变表明了国家教育的确在不断地提高对教师反思能力的要求，表面上看起来是对真正意义上的教师虚席以待，但其实教师在这一表面上看起来非常严肃甚至非常神圣的反思中已经哑然失语。他的历史记忆与国家教师教育哲学的筹划并不相合。国家教育并不是不要求教师的反思，这使得它多多少少带有正义的性质，但“利维坦”所要求的教师的反思，与其说是教师对教育价值的理性反思，不如说是教师在具体的教育情境中对教学操作性知识的理智反思。国家鼓励教师的理智反思，并把这种理智反思等同于理性反思。在这里，理智反思仅仅局限于如何更好地落实制度化利益，而价值反思却充满了危险。教师为了“身份认同”，会主动放弃或者被引导着放弃价值反思。

---

① 利维坦（Leviathan）的字面意义为“裂缝”，在《圣经》中是象征邪恶的一种巨型海怪。英国政治思想家托马斯·霍布斯于1651年出版了《利维坦》一书，以其喻指国家（政府）。后来政治学界、社会学界和一些经济学者用“利维坦”来代指专制政权这种政府类型。

教师关于教学的工艺性知识常被认为是价值中立的。自韦伯以降，科学知识即被认为是价值无涉的。既然是价值无涉的，那么教师工艺性知识的掌握对于国家教育来说不仅丝毫不构成挑战，而且还能形成对国家意志的坚定支撑。由于人不再被认为是目的而只是一个承担的要素，国家当然可以合情合理地鼓励教师去掌握那些关于教学的工艺性知识，并以此作为对教师评价的价值指标。但由于工艺性知识是价值无涉的，国家已经变相地将教师从价值反思领域里驱逐出去。教师可以反思教学，但不可以反思教育；教师可以反思教学工艺，但不可以反思教育目的。教师的理性自由由此并不是教师从教育那里领受到的，而是国家赋予的。赋予的反思是有限的反思，赋予的自由是有限的自由。一旦教师反思的范围被划定，教师就被一劳永逸地囚禁在教育教学的部门性知识上，对教育的整体性知识的求索则付诸阙如。

问题还不限于此。国家教育其实已经把教师对工艺性知识的掌握打造为意志形态，这也就是福柯所谓的“全景监视”。国家教育已经不再对那些悖于它预设规则的教师施以放逐，而是以鼓励技术知识的方式“温和地”将教师纳入它的监视体系之中。技术本身已经成为政治。工艺性知识被认为是价值中立的，完全不适用是非善恶评判。既然技术可以超越是非善恶的价值判断，那么技术也就是是非善恶判断的依据或者标准。换言之，工艺性知识是居于是非善恶之上的知识，它成为判断是非善恶的合法性依据，它本身并不受是非善恶判断的局限。这样一来，关于教学工艺性知识的掌握，就不再仅仅是价值无涉的，反倒是最有价值的。这也就是自斯宾塞（H. Spencer）以来关于“什么知识最有价值”所给出的最终的价值裁决——科学知识最有价值，此外无它。可以说，科学知识以它虚假的中立性温和地剥夺了教师进入政治哲学反思之域的可能性。科学知识在教师教育领域行尽了劝告、警告、劝慰之能事，而教师则在科学知识的宰制中满足于理性反思之虚、行工匠之实。

“教师是谁?”这个问题在今天仍然有待提出，对“教师是谁?”这个问题的回答在今天仍然尚存疑问。教师职业的选择本身已经决定了对这个问题的理性承担，他不得不去思考这些问题并以这种思考的方式继续他的身份。无论提出还是回答，都在某种程度上启示着教师理性的渐趋成熟。启示意味着我们前行在路上。游走于个体自由意志与国家意志之间的教师，一旦公共知识分子与国家决策者、政治策论家的对话交往机制得以建立，仍然还会有美好的想象。

第二章

教育智慧探源

我们所能知道的，不过是我们什么也不知道。这乃是人类智慧的顶点。

——列夫·托尔斯泰

追寻是一种态度，也可以是一种理智。但所有这里的态度和理智还断断不是智慧。如果我们把智慧型视为一种可以限定的教师类型，视为一种可以通达的品质，那么笔者将反对“智慧型教师”这一说法。笔者宁可认为所谓智慧型教师乃是一种在教师身上所体现出的追求智慧的决心。我们不能成为哲人，但我们可以热爱哲学。我们将永远不能现实地成为一名智慧型教师，我们亦不会最终拥有智慧，但我们将永远走在追寻智慧、追求教育智慧的路上。

第一节　智慧的意蕴

智慧在某种意义上是不可言说的，因为智慧并非一个现成的、有待反思者摆置的东西。我们可以把一种智思状态或者境界称为“有智慧的”，但这并不意味着我们已经确切地知道，那就是——智慧。所以我们对智慧的探寻只是或者也仅仅只是“勾勒”。智慧在探寻中生成。一想到“智慧”，似乎一下子便遭遇奥古斯丁时间问题①的尴尬。对智慧，我们都有种理智的直觉，但一旦试图要把捉智

① 奥古斯丁（St. Augustine）在其《忏悔录》中有个有趣的“时间之问”：“时间究竟是什么？没有人问我，我倒清楚；有人问我，我想说明，便茫然不解了。”

慧究竟是什么，无疑是一种智力挑战。这也许是我们在探寻智慧的时候，必须持有的一种谨慎的态度。与究竟什么是智慧相比，笔者更关心的是人们如何谈论智慧。谈论的方式本身之所以比谈论究竟什么是智慧更有价值，是因为谈论方式是存在论意义的，它不仅涉及对智慧的理解，也关涉对智慧的态度。

关于什么是智慧，我们似乎已经知道很多。智慧这个概念在今天的使用，也大有泛滥之嫌。这个定义极为严格的概念，几乎与所有的事或物都能联系起来，比如树的智慧、鱼的智慧、计算机的智慧、茶杯的智慧、人的智慧，等等。如果仅仅把智慧认为是“好”的，万事万物都蕴藏着“好”的道理，理解这些道理就是智慧，那智慧如斯之滥用倒也有合情之处。但合情并不意味着合理。如果我们尚对智慧这一承载着人类尊严的概念有所敬畏，我们就需要对目前不知所以的所谓智慧做些清醒的反思。事实上从人类走向明智的那一天开始，人类就从来没有终止过对智慧的探求。探索智慧的角度千差万别，智慧的意蕴也迥然不同。概括起来，智慧的寻索大约有如下路向：一是知识论进路的，一是人类学进路的，一是宗教进路的，一是形而上学进路的。现简述之。

知识论进路的智慧探求是将智慧视为知识的一种高阶存在方式，并且认为通过知识可以获得智慧。知识论进路的智慧在东西方文化类型中都有所体现。在东方，“智慧”或单一的“智”字在先秦时已经出现，先秦诸子已大量使用“智慧”或“智”，但微言大义，其用法虽精微，含义却并未得到进一步解释。例如，老子讲：“智慧出，有大伪。”① 孔子说：“务民之义，敬鬼神而远之，可谓知（智）矣。”② 孟子认为：“虽有智慧，不如乘势。”③ 直到汉初的贾谊，才第一次对“智慧”做出明确的界定：“深知祸福谓之智，反智谓愚；亟见窕察谓之慧，反慧谓童。”④ 即智慧是指人们对未来祸福的深刻预见和敏捷评察的思维能力。荀子说：“所以知之在人者谓之知，知有所合谓之智。”⑤ 所谓“知有所合”，是指知能合于物。可见此处智慧是指对关于事物的真理的掌握。在西方，智慧被认为是一种抽象逻辑思维能力，如推孟（L. M. Terman）所言。而心理学家加涅（R. M. Gagne）更是明确地认为，所谓智慧是个体运用概念和规则解决问题的程序性知识。这种知识论的智慧观虽对智慧的获得途径言之凿凿，并且此种对智慧的理解也对智慧的获得贡献良多，但如此之比附、窄化，常失之牵强。需要特别指出的是，此种智慧观对近现代教育哲学颇具影响。近现代教育正是在

① 老子道德经河上公章句［M］．王卡，点校．北京：中华书局，1993：73.
② 论语译注［M］．杨伯峻，译注．北京：中华书局，1980，61.
③ 四书全译：孟子［M］．刘俊田，等，译注．贵阳：贵州人民出版社，1988：392.
④ 新书校注［M］．阎振益，钟夏，校注．北京：中华书局，2000：304.
⑤ 荀子集解：下［M］．王先谦，撰．北京：中华书局，1988：413.

将知识理解为智慧的进化之阶的意义上，重视知识的发现和授受的。在某种意义上，无论何种意义上的“应试教育”，都归根结底地以这种知识论的智慧观作为终极的理论依据。

人类学进路的智慧探求是将智慧视为一种人类对其所生存的外部环境的适应能力。这方面最重要的代表是皮亚杰（J. Piaget）。皮亚杰从生物进化的角度将智慧的本质理解为“适应”。首先，智慧是生物性的，是最高度发展的心理适应形式。皮亚杰认为智慧并不是一种特殊形式的结构过程，本身也不是一个孤立的、截然不同的心理过程，而是从知觉、习惯和低级的感觉－运动机制中产生出来的一切结构过程所趋向的那种平衡形式。[①] 其次，智慧具有适应性。他认为智慧是一切适应过程的扩展和完善，智慧的逻辑运演使外界同思维之间构成了一种灵活易变同时又有持久性的平衡。[②] 最后，智慧还具有逻辑性，智慧的发展是阶段性的，并可以通过恰当的形式加以训练。在他那本影响深远的著作《智慧心理学》里，皮亚杰所谓的适应也就是“同化”和“顺应”的平衡：同化使刺激适应内部图式，内部图式是同化的出发点；而顺应使内部图式改变以适应现实。为此他在人类学意义上提出了智慧起源的四概念论：由原始进化来的先天图式，通过同化、顺应而与环境保持平衡的不断发展，促进人类和个体智力的发展。根据这一理论，皮亚杰划分出了儿童智力发展的四阶段，并由此而发展为结构主义的发生认识论。在反省皮亚杰发生认识论的基础上，新皮亚杰主义者将智慧视为认知发展到一定阶段和程度后出现的后形式运算思维，认知发展理论由此更为精细和深入，如帕斯科尔·莱昂（Pascal Leon）的智慧的“心理力量的增长观”，克拉尔与华莱士（M. E. Krahl & C. Wallace）利用信息加工理论对皮亚杰“逻辑结构”的细致化，布鲁纳（J. S. Bruner）在继承皮亚杰理论的基础上，对儿童心理编码能力的发展进行了研究。随着对儿童智慧形成研究的不断深入，认知发展理论也得到了进一步的深化。如费尔德曼（R. S. Feldman）认为智慧是一种超越普遍性的认知与发展过程，发展过程不仅存在于那些人类所有个体都可以掌握的普遍性认知成就中，也存在于那些没有或不能被所有社会个体都获得的认知领域里。罗比·凯斯（Robbie Case）则更为详尽地研究了儿童不同阶段的认知功能以及阶段转换的过程。迈克尔·西戈（Michael Siegal）认为智慧是人的现实能力与潜在能力的统一体。

对 20 世纪影响巨大的实用主义虽然并没有如结构主义那样明确地指出智慧

---

① 彼阿热．智慧心理学［M］．洪宝林，译．北京：中国社会科学出版社，1992：5．（彼阿热是皮亚杰当时的译法）

② 彼阿热．智慧心理学［M］．洪宝林，译．北京：中国社会科学出版社，1992：7．

是人与其外部世界平衡的结果，但其精神实质却是恰恰在于将智慧视为人与外部世界平衡的过程。实用主义认为，知识是控制现实的工具，现实是可以改变的；实际经验是最重要的，原则和推理是次要的；信仰和观念是否真实在于它们是否能带来实际效果；真理是思想的有成就的活动；理论只是对行为结果的假定总结，是一种工具，是否有价值取决于是否能使行动成功；人对现实的解释，完全取决于现实对他的利益有什么效果。实用主义最重要的代表人物之一，著名的教育哲学家杜威在解释人与外部环境的作用方面，与结构主义所持的生物学立场竟然惊人地一致。杜威从进化论的角度出发，认为观念是可易的、动态的、具有工具性的指导效能，以使人更能适应外在的环境。在杜威的哲学体系里，“经验”和“历程”是两个非常重要的核心概念。杜威认为，经验并非纯粹指个体的认知，而是指个体在环境中对某一情境的整体反应。从而杜威的哲学从一开始就有了生物学色彩。照杜威的看法，经验是一个单一、动态性的有机整体。在人与环境的相互作用中，人对环境加以作为，而环境对人有所施为，两者交互反应，构成了人类经验的来源。人类经验具有扩张性、生长性、相关性与预测性的特点。至于“历程”，杜威认为，经验在发生上有着先后顺序，而且是连续不断地成长。从生物的演变来看，个体是在一个发展的历程中；从发展本身来看，生物个体之发展就是它自身的目的；历程是发展的各个阶段之延续性的结合；生物个体在自身发展以外，再没有一个外在的目的。由于不同的环境，而有不同的交互活动，经验与生长的发展，是不可能外在地预设一个固定目的的。可以看出，正如人们所熟知的那样，杜威正是以实用主义哲学为蓝本创制了他的教育哲学。杜威认为，教育是一个社会在其发展与存在中不可或缺的一种历程；教育不是“成果”，它自身就是一种历程。个人始终是与其所处的环境交互活动的一个有机体，个体经验的成长与发展，不能离开社会环境，而教育的意义则在于儿童经验的重组，经由渐增的个人效能的媒介，而赋予更多的社会化价值。由于教育所产生的经验情境是一个不确定的、变动的经验情境，是由个体与环境连续不断交互作用的一种历程，所以外在、预定的目的未必就符合现实经验情境的需求，也未必适切当时的经验情境。杜威由此提出了著名的“教育无目的论”，他认为教育除了自身的情境是产生目的的必要条件之外，经验的成长本身或经验的重组本身，就是教育的目的。构成杜威教育哲学框架的“教育即生活”、“学校即社会”、“教育无目的”、“从做中学”等观点正是在这一精神基础上产生的。

结构主义与实用主义对20世纪世界教育的影响是如此的巨大，以至于杜威的教育哲学观念在某个特定的历史时期竟成为衡准。如果我们不特意去考察结构主义与实用主义的差别，而是关注其观念的一致性，就可以发现这种人类学进路的智慧观其实在某种意义上已经将智慧让渡于人类的现实生存，因为他们事实上都将智慧理解为一种人类生存与发展的必然。笔者无意贬低结构主义者和杜威在儿童智慧形成方面所付出的巨大努力，也无意对两者的教育贡献特别是对提升儿童生存品质方面的贡献视而不见，但就对智慧的认识而言，两者尚有欠深刻。虽然杜威的无目的论在某种程度上回避了这一提问的责难，但综观而言，智慧如果是种可以期图的、甚至是必然形成的东西，那么如果我们不是在降低智慧的价值，就是对我们自身的生存有限性完全漠然置之。

三是宗教进路的智慧观。宗教进路的智慧观是基于对人类生存价值与意义的洞见，它所提出的普世价值在真正意义上启示着人类的希望和未来。与世俗智慧不同，宗教进路的智慧观提出超越人世的神圣价值，智慧不是来自于俗世生活而是来自于世尊或神的启示。在印度佛学中，“智慧”是梵文“般若”和“若那”的音译，它一般是指一种破除人生迷惑、破除“我执”的能力，包括判断、辨析、洞察、彻悟。“若那”泛指一切有分析和有决断性的认识能力，最高者谓“般若”。般若，是大智慧，不是世俗间的知识或智慧，而是以如如智，照如如理，理智一如的真智慧。般若功德，以劝受持。抛却世间一切苦，成就一切圆通，就是智慧。在基督教看来，什么是智慧呢？保罗说，“我们也讲智慧，但不是世上的智慧”，因为“这世界的智慧，在神看是愚拙”。① 基督教认为智慧以灵明为居所②，源于对神圣的敬畏，“敬畏神是智慧的开端”③；《圣经》在另一处又强调，“敬畏耶和华是智慧的开端，认识至圣者便是聪明”④。智慧乃神的赏赐，智慧意在破除人类心中的邪恶、骄傲与狂妄，只有敬畏神才是通向智慧的唯一正途。宗教智慧观空灵玄妙，非有慧根而不可知。所以虽然宗教进路的智慧观对于世俗生活颇多启示，然终究归于信则有不信则无。无论释家、道家还是基督，其智慧观都是在启示世众弃绝智慧，只有弃绝世俗自以为是的所谓智慧才会通达神圣，而敬畏神圣则是通向智慧的唯一保障。无疑，这种智慧观对当下盛行已久的人类中心主义来说，本身就是一种拯救的力量，当然也是一种警告。

四是形而上学进路的智慧观。哲学（由于学科的分化，今天的哲学如果不特指，即指形而上学）与智慧之间的天然关系在哲学的起源处已有所崭露。哲学从一开始便被理解为“爱智慧”。对智慧的认识决定着对哲学的看法。亚里士多德说：“由于我们所探求的是这种科学，就要去解决这样的问题：关于什么原因、什么本原的科学才是智慧。如若有人接受我们对智慧所作的判断，事情也许

① 《圣经·哥林多前书》(2：6，3：19).

② 《圣经·箴言》(8：12).

③ 《圣经·箴言》(1：7).

④ 《圣经·箴言》(9：10).

会由此变得更明显些。”① 哲学只说希腊语。当我们谈及哲学之时，首先遭遇到的问题并不是哲学是种对智慧的爱，而是“哲学”揭示了希腊人的生活方式。在古希腊，一个重大的生存方式的变革是理性在城邦中得以诞生，建立在理性基础之上的智慧之爱从神话、本能中脱颖而出，哲学因而得以开端。赫拉克利特（Heraclitus）最早使用了“智慧”这个词，他说，智慧就在于说出真理，并且按照自然行事，听自然的话。② 政治哲学家施特劳斯认为，发现自然乃是哲学的工作，第一位哲学家就是第一个发现自然的人。③ 而一旦自然得以发现，自然与习俗、与祖传的权威、与神话的对立便不可调和。哲学家所热爱的智慧是把自然视为权力和标准，而理性（reason）或理智（understanding）则是发现自然的唯一通路。这样一来，哲学进路的智慧观自其肇始便与理性或理智捆绑在一起，这一观念对后世哲学的发展产生了极为深远的影响，一直到现在，只要我们一谈起哲学，便不可避免地进入希腊人理性主义的视野。

亚里士多德在《形而上学》中首次对“智慧”提出了一个确切的定义：“智慧就是有关某些原理与原因的知识。”④ 原理或原因，在亚里士多德那里，也就是本质或者本原。亚里士多德认为，求知是人类的本性⑤，关于事物的原因或原理的知识才是真正的知识，只有认清一个事物的本质之后，才可以说认识了这个事物，由此我们也就可以顺利解决与该事物相关的其他问题。他说：“认识是我们研究的目标；人们在掌握一样东西的‘为什么’之前，是不会认为自己认识了它的。所以很明显，我们对于产生、消灭以及每一种自然变化也必须这样做；认识了它们的本原之后，我们就可以试着拿这些本原来解决我们的每一个问题了。”⑥ 对事物原因的追问，亚氏提出了著名的四因说。如果说前苏格拉底哲学的任务是把哲学从人导向自然，苏格拉底的哲学是把哲学从天上拉到了人间，那么亚里士多德则把哲学的对象概括为整个世界。从此，哲学成为了一个包罗万象的学问，直到现在我们在谈起哲学的时候还认为哲学是“科学之科学”，这里面无疑渗透着亚氏的重大影响。正因为哲学是究问事物本质之学，是本体之学，亚氏才将哲学视为智慧之学。智慧是最真实、最可知的知识，最可知的知识是关于

---

① 苗力田．古希腊哲学［M］．北京：中国人民大学出版社，1989：496．

② 北京大学哲学系外国哲学史教研室．西方哲学原著选读：上［M］．北京：商务印书馆，1981：25．

③ 施特劳斯．自然权利与历史［M］．彭刚，译．北京：生活·读书·新知三联书店，2003：82－83．

④ 亚里士多德．形而上学［M］．吴寿彭，译．北京：商务印书馆，1959：3．

⑤ 亚里士多德．形而上学［M］．吴寿彭，译．北京：商务印书馆，1959：1．

⑥ 北京大学哲学系外国哲学史教研室．西方哲学原著选读：上卷［M］．北京：商务印书馆，1981：133．

原理或原因的知识。他说："哲学被称为真理的知识自属确当。因为理论知识的目的在于真理，实用知识的目的则在其功用。从事于实用之学的人，总只在当前的问题以及与之相关的事物上寻思，务以致其实用，于事物的究竟他们不予置意。现在我们论一真理必问其故……这样，凡能使其它事物产生真实后果者，其自身必最为真实。永恒事物的原理常为最真实原理，它们无所赖于别的事物以成其实是，反之，它们却是别的事物所由成为实是的原因。"① 人类的求知从感觉开始，继而记忆、经验，最后从经验上升为知识和技术。人之区别于动物即在他具备动物所不具备的经验、知识与技术。虽然技术是从经验中产生出来的，但技术高于经验，因为经验是关于事物的个别知识，而技术是关于事物的普遍知识。智慧是由普遍认识中产生的，而不是由个别知识中得来。制作与智慧同样知晓关于事物的本质，但哲学的智慧却在制作的功用之外。哲学这门学问本身所探求的知识总是较之为应用而探求的知识更近于智慧，因为它只是为自身之故。

在苏格拉底那里，智慧是种理性认识能力，它通过对生活的省察来导向善，并在这一过程中发现自身的无知。能发现自己的无知是最大的智慧。到了柏拉图，他认为整个城邦得到和谐发展和稳定秩序的前提是每个人都得到自然赋予他们的那种幸福，完善的城邦基于公民的智慧、勇敢、节制与正义的品质。城邦的正义是由于城邦里各等级的人自然地各司其责，而一个城邦拥有节制、勇敢和智慧的品质来源于个人灵魂里与国家相同的那些品质。柏拉图将人的灵魂分为三个部分：理智、激情和欲望，理智是智慧的，为整个灵魂而谋划，在三个部分中起统领的作用。而在城邦里，智慧则属于"哲学王"。他说哲学家是爱智者，但他不是爱智慧的某一部分，而是爱智慧的全部。哲学家专注于真理，这些真理并不是对某一具体事物的认识，而是对事物本身（理念、原型）的把握。这样，基于德性论，柏拉图建构了他心目中正义的城邦。亚里士多德继承和推进了苏格拉底和柏拉图的理念，智慧得到了进一步的区分，从而奠定了整个西方哲学智慧论的基调。在某种意义上讲，如果说柏拉图的理念论引导了西方哲学一千多年的话，那么亚氏的智慧论则是包括现代哲学在内的后亚里士多德哲学的源头。

哲学（philosophia）是爱智慧。在苏格拉底那里，智慧既是 sophia，也是 phronesis，如色诺芬（Xenophon）所指出的那样，苏格拉底对智慧（sophia）和明智并未加以区别，而是认为，凡是知道并且实行美好的事情，懂得什么是丑恶的事情而且加以谨慎防范的人，都是既智慧又明智的人。② 将理论智慧和实践智慧区分开来是亚里士多德的独创。亚里士多德将人类活动分为理论（ theoria）、实践（praxis）

① 亚里士多德．形而上学［M］．吴寿彭，译．北京：商务印书馆，1959：33.
② 色诺芬．回忆苏格拉底［M］．吴永泉，译．北京：商务印书馆，2001：116.

和制作（poiesis）三种，分别对应的理智能力是智慧（sophia）、实践智慧（phronesis）和技艺（techne）。相应地，亚氏也把学科分成理论之学、实践之学和制作之学。理论之学包括数学、物理学和第一哲学；实践之学包括政治学和伦理学。制作之学亚里士多德主要谈到了诗学。其中，理论之学和实践之学区分的关键在于事物自身是否流变，前者考察的事物是不流变的或者流变根据在事物自身，其目的是形成关于这些事物的确定性知识；后者考察的事物是流变的，主要靠经验来积累。在《尼各马可伦理学》里，亚里士多德区分了三种生活：享乐生活、政治生活和沉思生活。这三种生活与三种学科之间基本是对应关系，理论之学是沉思生活的结果，政治之学可以激发德性意识，而制作之学价值最低。这三种生活“都以某种善为目的”①。沉思生活所追求的善是通过知道和惊赞神的至乐和至善来实现对神圣幸福的分享；制作以作品为目的，活动本身只是手段，所求之善是外在的；实践以活动本身之善为目的，这种善是内在的。而对人来说，最高的善就是幸福，幸福是一种总体的善，而非某种最好的单一的善或各种具体善之外的另外一种善，这也就是所谓人的德性充分展开达到的一种和谐状态。

与亚里士多德的学科分类相联系，人的德性也包括两个方面：理智德性和伦理德性。理智德性包括理论智慧（sophia）、理解（seenesis）和实践智慧（phronesis），伦理德性包括慷慨与节制等。理智德性是求真的德性，其方式包括技艺（techne）、科学（episteme）、实践智慧、理论智慧和努斯（nous）。努斯、科学以及两者的结合——理论智慧是沉思性的理论活动。技艺和实践智慧则分别指导外在器物的制作以及指导伦理和政治行为，属于实践活动。伦理德性是人的灵魂中感觉欲望部分的良善，它既通过每一个行为来养成，又能帮助我们确定行为的正当目的。而实践智慧作为一种特殊的理智德性，它既要为伦理德性的实现确立正当的手段，也为实现普遍的总体的善提供设计。相对于伦理德性来说，实践智慧具有对伦理德性的整合功能，“德性无明智（即实践智慧）则盲，明智无德性则空”②。在谈到实践智慧的意义时，亚里士多德指出，“明智（实践智慧，引者注）在于深思熟虑，判断善恶以及生活中一切应选择或该避免的东西，很好地运用存在于我们之中的一切善的事物，正确地进行社会交往，洞察良机，机敏地使用言辞和行为，拥有一切有用的经验。记忆、经验和机敏，它们全都或源于实践智慧，或伴随着实践智慧。或者，其中的有些兴许是实践智慧的辅助性原

---

① 亚里士多德. 尼各马可伦理学［M］. 廖申白，译注. 北京：商务印书馆，2003：3.

② 亚里士多德. 尼各马可伦理学［M］. 廖申白，译注. 北京：商务印书馆，2003：189.

因，例如经验和记忆，但另一些却是实践智慧的部分，譬如深思熟虑和机敏”①。实践是使人变“好”的活动，而实践智慧则是使人变“好”的一种具有普遍意义的个别智慧，即个别中求中道的智慧。

应该说，亚里士多德对理论智慧和实践智慧的区分极大地推进了在苏格拉底和柏拉图那里语焉不详的智慧论，对于丰富和发展古希腊的理性主义起到了巨大的提升作用，而且也引发了包括康德、马克思、海德格尔、阿伦特（H. Arendt）在内的哲学家的广泛争鸣。当代实践哲学的兴起，在很大程度上也与回归到亚里士多德的智慧论有关。虽然我们可以指出亚里士多德智慧论中的诸多问题，但无论如何也无法绕过这个起点，甚至在某种意义上来说，它至今仍是个顶点。形而上学进路的智慧观，无论是柏拉图还是苏格拉底，都会遭遇这样一个内在的矛盾，即如果认为智慧是可欲的，那么智慧就必然是现成的。而如果智慧是现成的，那么智慧的获得也就是必然的。这与哲学“爱智慧”的本性显然不睦。回到前苏格拉底的海德格尔哲学虽然由于回到了本源性的“思”，在某种程度上消解了这一矛盾，但海德格尔又恰恰指明了一条与西方理性主义的哲学进路非常不同的途径。这一问题甚为重大。除非在必要的时候，笔者并不区分实践智慧和理论智慧，而是试图回到智慧的那个本源。这并不是认为亚里士多德对实践智慧和理论智慧的区分不重要，而是亚氏实践哲学所牵涉的问题太过于重大，也许将改变整个西方哲学的书写。更重要的是，就笔者所把握的课题而言，当下的教师所缺乏的不仅仅是理论智慧，也不仅仅是实践智慧，而是缺乏智慧。

关于智慧，我们要说的东西可能很多，但我们所能说出来的东西可能很少。智慧在某种意义上是不可言说的。但这种不可言说性倒是有可能引起我们对智慧的“过度诠释”。笔者无意给智慧一个明确的定义，这不可能，似乎也没有必要。也许“勾勒”对笔者来说已经是勉为其难了。但为了问题展开的方便，笔者还是需要提供关于“智慧”的一般特征，哪怕这一做法其实并不明智。

其一，智慧具有多元性。就智慧本身而言，它可能是维特根斯坦（L. Wittgenstein）所谓的具有“家族相似”特征的一个谱系。如智力、能力、聪明、机智、明智等，虽然它们并不就是智慧，但都在某种意义上体现了智慧的某些特征。有时在相当不严格的时候，这些概念还有可能与智慧通用。就我们所滥用着的“智慧”概念而言，其维度也是多元的。例如，从文化类型的意义上，可将智慧分为东方智慧、西方智慧；从学科门类或活动类型上，可分为哲学智慧、科学智慧、宗教智慧，伦理智慧、道德智慧、诗性智慧等；从主体层面上，

① 亚里士多德. 亚里士多德全集：第八卷［M］. 苗力田，主编. 北京：中国人民大学出版社，1994：460.

智慧可以分为集体智慧、个人智慧等；从实践活动的角度，又可将智慧分为政治智慧、教育智慧等。

其二，智慧具有实践性。无论理论智慧还是实践智慧，作为“智慧”，它的品质总须在实践中得到表现。特别是智慧的成长，必须具有实践性和行动性。没有离脱实践的所谓智慧。哪怕是形而上学，如果仅仅是学院里的思辨，这种貌似智慧的东西其实只是知识的罗列或概念的编织。

其三，智慧具有整体性。如同我们已经认识到的那样，知识可以是追求智慧的一条通道，但智慧并不仅仅是知识，它还包括人的情感、态度、意志、信仰、德性等。正是在这一意义上，智慧才与机智、能力等区别开来。中国古代哲学把智慧称为一种人生的境界，其用义也许正在于此。

其四，智慧具有价值性。无论我们怎样言说智慧，我们总是认为“智慧”是“好”的，是值得追求的。在某种意义上，智慧可能会成为尺度，虽然我们并不能完全把握住智慧这一目标。

笔者并不担心对智慧问题说不明白，倒是担心我们已对智慧说得太多，以至于认为我们已经很有智慧。也许智慧本身就不是一件容易说明白的事，所以说不明白自在情理之中。但如果我们自认为对智慧问题已经有了足够的思虑，从而完全可以有资格对智慧问题说三道四，那倒是危险之中最危险的。近代以来，人类中心主义一次又一次损毁了对智慧应有的敬畏。这个打着求索智慧幌子的现代主义浪潮与其说是对智慧的追求，毋宁说是对智慧的破坏。在这一运动过程中，人自称是智慧的占有者，人因为拥有智慧而高居于自然之上，高居于万物之上。人肆无忌惮地摆置自然，贪婪地从自然中索取，竟号称他之所以有能力这样做是因为他有智慧。在今天，人越来越像一个智能动物，他有能力而没有内涵，有知识而没有境界。当智慧成为一种权利，所谓对智慧的寻求也就是对于合法性的渴慕。我们已经见识过足够多的权利话语之争。近代知识的每一次进步都被别有用心地夸大为要么是智慧的发现，要么是对智慧的一次紧逼。每一种学说似乎都信誓旦旦地表明这是对真理的又一次新的发现。如果这不是出于无知，那么就是出于无耻。我们的精神并没有由于这些所谓的智慧而得到提升，我们的灵魂也并没有由于这些所谓的智慧而得到拯救。我们仍旧在匍匐，或者在不可救药地堕落。

关于现代性，哲人们已经谈论得太多。在笔者看来，现代人的生存方式有两点是最为基本的：一是他生存的手段化。现代人把他自己以及他所生存的环境完全手段化了。他不仅把他生存于其中的自然视为外置于他的客观，而且认为可以通过主观的努力使自然屈从于他的生存。在此，他把工具、知识、德性、智慧都视为达成他欲望必须的手段。他当然与古人一样大谈特谈所谓的智慧和德性，但他所谈的智慧或德性并非源自他对其自然天性的认识，而是通过他对这些品质的掌握来更好地满足他的欲望。培根的“了解是为了控制”是这种手段化最赤裸裸的表达。同时，现代人也将其自身视为手段，甚至他只有通过自身的手段化，才能成就自身。“我”不是“我”，“我”只是“你”希望“我”成为的那个“我”，而“我”一旦成为“你”，“我”便放弃了对自身的责任。教育领域的所谓“认识你自己”、“成为你自己”，仅仅是这种手段化较为“文明的”表达方式而已。对此海德格尔指出，人本身及其事物都面临着一种日益增长的危险，就是要变成单纯的材料以及变成对象化的功能。① 在这里，并没有黑格尔所谓的人对自身的反思，倒是对反思的放弃，因为现代人愈是把自己客观化，他就愈与自己分离。现代人生存的另外一个特征是他的自圣化。自从伽利略宣称数学是打开宇宙神秘之门的钥匙以来，现代人已经把彼岸的神圣实现于此岸的狂想。哥白尼“日心说”的发现，达尔文（C. R. Darwin）的进化论本来可以有助于人类对其有限性的自识，但却出乎意料地强化了人类的尊严，因为人类竟然认为自己有能力去改造自然，只要手段正确，终究自然的所有奥秘会大白于天下。想想那些煞有介事的所谓终极的社会改造方案或者智力改造方案（比如教育），人类的狂妄由此可见一斑。自圣化带来两个可能的结果，一是不可救药的自以为是，一是病入膏肓的极度自卑。其实自圣化带来人类的自卑这点并不难理解，因为那些沾沾自喜一旦屡屡碰壁，人类就难免变得绝望，从而就可以堂而皇之地对他的生存无能为力。其实无论过度自信，还是极度自卑，都昭示着人类缺乏准确的自我意识。激情要么泛滥得不可收拾，要么干涸得一无所有。现代人其实也就是围绕着激情这种东西来回奔波挣扎着，他号称理性，但他贩卖的却是激情；他号称激情，但他对激情的限度一无所知。现代人基于欲望的精神背景狂热地批判理性主义，但现代人缺失的恰恰就是理性，缺乏对其生存的冷静自知。

但这绝不意味着理性可以不假思索地成为通向智慧的唯一方案。在今天，我们要么对哲学看得过高，要么对哲学看得太低。海德格尔试图通过对柏拉图哲学的批判走向比“哲学”更早的“思”。他曾经提醒把哲学看得过高会损毁那个“思”的本源，他说：“现在是人们切忌把哲学估计过高因而对哲学要求过高的时候了。在现在的世界灾难中必需的是：少谈些哲学，多注意去思；少写些文章，多保护文字。将来的思不再是哲学了，因为将来的思思得比形而上学更原始些，形而上学这个名称说的是同样的东西。将来的思也不会再像黑格尔所要求的那样放弃‘爱智’这个名称而自身变成绝对的知这样形态的智慧。这个思正下降到它的前行的本质的赤贫状态中去。”② 而现代人则常常把哲学看得过低，以

① 海德格尔. 海德格尔选集：上［M］. 孙周兴，选编. 上海：上海三联书店，1996：433.

② 海德格尔. 海德格尔选集：上［M］. 孙周兴，选编. 上海：上海三联书店，1996：405－406.

至于哲学被视为无所取用的东西而被人类的欲望所放逐。把那个“爱智慧”的哲学不多不少地视为哲学，这也许是我们正视智慧的必由之路。这很难，但如果我们尚且认为智慧是值得追求的话，那么我们必须把这种艰难视为一种荣耀。

思想越是贫困，对“思”的渴求就越是强烈。对“思”的渴求越是强烈，智慧之思的来由就越是久远。我们无知，但我们追求智慧。如此而已。

第二节 教育智慧的意蕴

政治哲学家施特劳斯曾经指出，一个社会的特征或者风格，取决于这个社会把什么东西看作是最令人敬重或最值得崇敬的。① 如果不惮将问题简单化，并且不惮来自于世俗意见的挑战，我们完全可以把人们究竟如何来认识教育的价值、究竟把哪些人视为是“受过教育”的人来作为评定当今教育存在方式的规准，并从而断定这个时代教育的精神品格。但是一旦这一批判进入我们的视野，当今教育的平庸也就展露无遗。从受教育者个体存在的角度讲，受教育者不是把智慧而是个人的社会生存能力视为可以追求的东西，并将社会生存能力的高低作为判定教育价值的尺度。从社会存在的角度讲，现代教育认为要建立起正当的秩序，最要紧的并不是品格的养成，而是如何设计出严格的科学的体制。从而可以理解的是，何以教育改革说到底都是体制的改革，而体制改革的目的则是提升学生的自我保全能力。如果我们的受教育者并不珍视智慧，那也就谈不上对智慧的爱；如果我们的教育认为提升个体的生存品质与提升受教育者的智慧并无关联，那也就谈不上把追求智慧作为其根本目的。所以笔者并不认为这是个缺少教育智慧的时代，而是一个完全没有教育智慧的时代。笔者说它没有教育智慧是因为它根本不把智慧作为应该珍视的东西。如果稍稍注意一下受教育者的生存品质，如果稍稍注意一下我们教育体制改革一次又一次的“崩溃式回归”，就可以发现我们现在所必须进行的工作是回到教育的原点上来，即我们是不是爱智慧，是不是爱教育智慧。

在我国，随着教育改革的进一步深化拓展，在对传统教育进行反思以及对当下教育进行批判的基础上，如何去探寻一种更“好”的教育已经成为中国教育理论工作者的主要课题。无论教育理论工作者提出的教育方案是如何的千差万别，其共通性是显而易见的，即不满意当下的教育而试图提出一种对当下教育的救治良方。这无疑为教育智慧的研究提供了契机。因为在某种意义上讲，教育智

---

① 施特劳斯. 自然权利与历史［M］. 彭刚，译. 北京：生活·读书·新知三联书店，2003：138.

慧已经不再是对教育、对教师的一种可能的技术性拯救，而是根本地关涉我们究竟应如何理解教育、如何理解教师的本体论问题。对教育智慧此一课题的触碰本身具有某种象征性意义，它在某一侧面表明了教育试图回到原点的愿望。可以说，对教育智慧的探索是当下教育拯救的一次集体突围。教育智慧毕竟不同于智慧，因为教育智慧的探寻必须基于教育世界的特殊性。而教育智慧对于教育世界来说则是对"好"教育的最高期望，它本身也成为判断教育是否是"好"教育的尺度。如同我们对智慧的言说一样，我们虽然不知道智慧那个最终的依据，但我们知道它是"好"的。虽然我们不知道何谓教育智慧，但我们知道如此这般的教育，如此这般的追求教育是值得的，是"好"的。对教育智慧的追求，并非智慧追求方式在教育领域的一种"演绎"，而是就教育的本然意义而论教育、就教师的本然意义而论教师的本体论求索，正像马克斯·范梅南（Max van Manen）所认为的那样，"教育的智慧和机智可以看作是教育的本质和优秀性"①。范梅南在这里所要表达的，并非智慧作为教育的本质，而是说智慧是教育价值追求的本然之意。

作为一种价值追求，对教育智慧的理解无论在理论层面还是在实践层面，都表现出丰富和多元的特征。由于对教育智慧的理解还远远没有成熟，所以目前教育理论界尚没有形成对教育智慧能够达成共识的意见。这似乎是有所欠缺，但欠缺恰恰是对富足的允诺。有必要首先去澄清目前教育领域关于教育智慧的若干观念，也许在其中会隐藏着理解教育智慧的线索。

目前在我国教育理论界，关于教育智慧的域外言说影响最大的无疑是范梅南的现象学教育学层面的教育机智论。在某种意义上讲，范梅南的学说引发了我国教育理论界对教育机智、教育智慧探索的热潮。范梅南的影响是如此巨大，以至于我国教育现象学研究、教育智慧研究到了言必称范梅南的程度。所以当我们试图对当下的教育智慧理论有所反思的时候，我们首先遭遇的就是范梅南。范梅南是从能够现象学地"看"的教育机智层面来考察教育智慧的。智慧的现象学考察是艰巨的，但教育机智的现象学考察则是可能的。范梅南的理论出发点是把教育机智理解为教育智慧的外在体现。他所说的教育机智，也就是那个不可说的教育智慧。范梅南认为，教育机智是教育的一种特殊品质，是一种能使教育生活充满活力的因素，也是教师在面对教育情境中随处可见的偶发性因素时所表现出来的一种积极状态。他说，"机智是一种教育学上的机智和天赋，它使教育者有可能将一个没有成效的、没有希望的、甚至有危害的情境转换成一个从教育意义上

---

① 马克斯·范梅南. 教学机智——教育智慧的意蕴［M］. 李树英，译. 北京：教育科学出版社，2001：173.

说积极的事件”①。一个没有教育机智的教师会无视教育的意外状态，以逻辑的方式强迫事实；相反，一个有教育机智的教师则可以对教育的意外状态善加利用，以事实的方式改变逻辑，这也就是范梅南的现象学教育学的实质所在。虽然教育本身是一个可以控制的过程，但如果不能对教育的意外状态予以关注和利用，这种所谓的教育也就只能是一种暴政，从而失去教育之作为教育的意义。对此范梅南指出，“在意想不到的情况下，教师应该马上知道该说什么或做什么，这样才能机智地修正偏差或重新将课堂引向具有教育意义的方向上来”②。教育机智的意义在范梅南看来不是要以巧妙的方法或技术传递教师的教育意志，而是要以儿童的成长为中心，理解儿童，尊重儿童。一个有教育机智的教师能在适当的时机，用适当的方式去加强经历的积极意义，化解经历的消极影响，从而帮助学生渡过成长危机。教育机智并非一套技巧，而是一种具有关怀品质的价值取向。所以教育机智的品质在某种意义上也就是教师的关怀品质，比如克制、坦诚、尊重、自信、幽默等。同时可以理解的是，范梅南在教学中为什么会如此看重教师认知的敏感性，比如积极的言语、恰如其分的沉默、眼神的接触、细微的身姿、对气氛的营造等。

范梅南对教育机智的现象学考察是细致入微的，同时也是引人入胜的。但如果仅仅满足于情感上的共鸣，范梅南对教育智慧的理解就会隐而不彰。笔者认为范梅南对教育机智的理解是基于其对机智的理解，例如范梅南曾不止一次地谈到机智对于教育理解的切合性、相关性。对教育机智说无论赞同抑或批判，都必须找到范梅南的那个所谓“机智”究竟是什么。范梅南认为，机智具有人际间的和规范性的特点，它是瞬间知道该怎么做的一种与他人相处的临场智慧和才艺，或者说机智是一种在复杂而微妙的情境中迅速地、十分有把握地和恰当地行动的品质和能力，这种品质和能力包括敏感、理解性、分寸和尺度感以及道德直觉（moral intuitiveness，即对什么才是最恰当的行动的感受）。在词源学上，机智（tact）来自于拉丁词 tactus，意为触摸、产生效果，而 tactus 又来自 tangere，意为触动。通过词源学考察，范梅南指出，机智并非一种知识的形式，而是一种行动，它是全身心投入的敏感的实践。为了区分机智（tact）的实践性和策略（tactic）的技术性，范梅南特意区分了虚假的机智与真实的机智，他认为真实的机智是指向善、指向对孩子好的事物，指向“他者性”的实践，虚假的机智则

---

① 马克斯·范梅南. 教学机智——教育智慧的意蕴［M］. 李树英，译. 北京：教育科学出版社，2001：172.

② 马克斯·范梅南. 教学机智——教育智慧的意蕴［M］. 李树英，译. 北京：教育科学出版社，2001：247 – 248.

是为了孩子利益之外的某种别有用心的捉弄和控制。① 在实践意义上，范梅南将机智理解为一种对他人的关心指向，机智之所以可能，正是在于人类具有运用感知、敏感、理解和与对方的经验相互协调的能力，这种能力来自于实践，同时又支配着实践。机智是一种实践中的规范性智慧，但这是一种非常微妙的规范，范梅南总结说，机智要求你知道他人是如何体验一个情境的。② 机智既如范梅南所理解的那样是一种规范，那么机智在某种意义上就是可考察的（特别地适于现象学考察）；如果机智作为智慧的外部显现，那么对机智的理解也就是对智慧理解的线索。我们不能不惊叹于范梅南的理解方式的有效性，但在阅读范梅南的过程中，笔者总是隐约地感觉到教育机智探索有可能仅仅是教育智慧探寻的"权宜之计"。笔者无意贬低范梅南的理论贡献，但我们也不能无视其理论的明显不足。

首先范梅南过分强调了机智的"灵机一动"。虽然范梅南为了回避这一点，屡屡强调机智也是一种规范，具有某种意义的可控制性，但"偶然性"显然并不构成智慧的普遍性。仅仅通过对"偶然性"的克服，是无法澄明智慧的内在性的。其次，范梅南也太过于强调情感的力量。正如我们所见到的那样，范梅南其实将教育归根到底地寄托于教师对学生成长的关心，这并非没有道理，但这个道理显然还不具有充分的说服力，而且也与范梅南所强调的教育机智作为一种"好"的教育品质的初衷相违背。最后，虽然对范梅南教育理论的批判来说并不是最重要的，但绝非毫无意义，那就是范梅南在视现象学为教育学具有本然价值的考察方式的同时，掩蔽了现象学的最为根本的精神，即胡塞尔所谓的"回归事实本身"。③ 如果不去沉思何种教育是"好"的，如果不对教育的本体详加考察，那么所谓的教育机智或者教育智慧就有可能只是对某种策略或技巧的巧妙运用。范梅南对偶然性的过度强调差不多已经证明了这一点。

范梅南在精心考察机智的历史诠释的时候，提到了赫尔巴特、詹姆斯（W. James）、加达默尔（H. -G. Gadamer）以及施莱尔马赫（F. Schleiermacher）

---

① 马克斯·范梅南. 教学机智——教育智慧的意蕴［M］. 李树英，译. 北京：教育科学出版社，2001：181.

② 马克斯·范梅南. 教学机智——教育智慧的意蕴［M］. 李树英，译. 北京：教育科学出版社，2001：195.

③ 笔者曾经谈到过现象学对于教育学的两个方面的启示：一是本体论意义的，一是方法论意义的。这一观点见诸笔者关于教育现象学的一系列文章，其中较为集中的论述见《教育现象学：问题与启示》（《清华大学教育研究》，2004 年第 1 期）。笔者对范梅南以及当下国内教育理论界现象学教育学的质疑可见《关于教育现象学的几个基本问题》（《当代教育科学》，2007 年第 6 期或人大复印资料《教育学》2007 第 9 期）。当然也有批评者认为笔者所理解的教育现象学是纯粹现象学的教育学，而不是教育现象学。范梅南把教育现象学等同于实践教育现象学，此说似有失公允。

的历史贡献。他唯一应该提到然而恰恰遗忘的一个人是亚里士多德。虽然我们并没有直接的证据表明范梅南是否阅读过亚里士多德关于智慧的相关文献（特别是《尼各马可伦理学》），但我们也能隐约发现亚里士多德对他的若干影响；如果范梅南仔细阅读并且深思过的话，他也一定能回避亚里士多德在理解智慧方面存在的问题。如果笔者的理解无误的话，那么范梅南所谓的机智也就是亚里士多德所谓的“明智”。尖刻一点讲，他们所说的都还不是智慧。区别在于亚里士多德承认明智不是智慧，但范梅南否认两者之间的差别。

亚里士多德将灵魂分为有逻各斯①的和没有逻各斯的两个部分。有逻各斯的灵魂包括思考始因不变的事物的知识，以及思考可变事物的推理。② 为了考察事物的德性，亚里士多德假定灵魂肯定和否定真的方式有技艺、科学、明智、智慧和努斯五种。在这里，我们需要特别地关注明智与智慧。亚里士多德认为明智是一种同善恶相关的、合乎逻各斯的、求真的实践品质。③ 明智不同于科学，是因为实践的题材包含着变化；明智也不同于技艺，是因为实践与制作在始因上不同。明智虽与善恶相关，但明智中并没有德性。在考察明智与智慧的区别时，亚里士多德指出，“智慧是科学和努斯的结合，并且与最高等的事物相关。所以，人们说阿那克萨格拉斯和泰勒斯以及像他们那样的人有智慧，而不说他们明智。因为人们看到，这样的人对他们自己的利益全不知晓，而他们知晓的都是一些罕见的、重大的、困难的、超乎常人想象而又没有实际用处的事情，因为他们并不追求对人有益的事务。另一方面，明智则同人的事务相关。明智的人会去‘考虑’。然而没有人考虑那些不变的事物，也没有人考虑不是实现一个目的的手段的事物，或实现一个不可实现的善的目的的手段。一个在一般意义上关于考虑的人是一个能够通过推理而实现人可获得的最大的善的人。其次，明智也不是只同普遍的东西相关。它也要考虑具体的事实。因为，明智是与实践相关的，而实践就是要处理具体的事情”④。如果我们再回过头去看看范梅南的“偶然性”，就可以轻而易举地发现那个实践的具体性也就是“偶然性”，而这个“偶然性”也就是明智关心的对象。亚里士多德将明智分为处理城邦事务的明智和处理具体事

---

① 逻各斯（logos）是古希腊哲学核心的概念，也是西方哲学史上最早提出的关于规律性的哲学范畴，基督教哲学将之称为“道”。其原意是“话语”，后引申为“思想、理性、理念”等，表示支配世界万物的规律或原理。希腊哲学家赫拉克利特最早使用了这个概念，认为逻各斯是一种隐秘的智慧，是世间万物变化的一种微妙尺度和准则。亚里士多德用“逻各斯”来表示事物的本质，后来由它而引申出“逻辑”这个概念，我们今天的各种“学”（－logy）也都起源于“逻各斯”这个词。

② 亚里士多德．尼各马可伦理学［M］．廖申白，译注．北京：商务印书馆，2003：166.

③ 亚里士多德．尼各马可伦理学［M］．廖申白，译注．北京：商务印书馆，2003：173.

④ 亚里士多德．尼各马可伦理学［M］．廖申白，译注．北京：商务印书馆，2003：176.

务的明智，前者主导性的明智是立法学或政治学，后者主导性的明智则是节制。无独有偶，范梅南事实上也将机智分解为社会机智和个人机智。在社会方面，机智表现为对“他者性”的关注；在个人方面，机智则表现为自信与克制。不难发现，范梅南的所谓机智也就是亚里士多德的“明智”披上了智慧外衣的一次翻版。范梅南强调机智是对偶然事件的善加利用，亚里士多德则强调明智是对达到一个目的的手段的正确的、好的考虑。① 如同亚里士多德强调好的考虑包括理解与体谅的品质一样，范梅南的所谓机智也强调教师的关心品质。

范梅南在《教学机智——教育智慧的意蕴》一书中以很长的篇幅探讨了机智与教学机智的作用，但亚里士多德则认为智慧从不考虑那些增进人的幸福的事物。那么“明智”的作用究竟何在呢？即我们究竟为什么需要明智呢？范梅南提出的机智的必要性与亚里士多德提出的明智的必要性同出一辙。亚里士多德指出，明智的必要性或者其作用表现为如下几个方面：首先，明智是同对人而言的公正、高尚（高贵）、善的事物相关的，但是这些是一个好人出于本性就会做到的；其次，人需要明智是为了知道德性；第三，明智虽低于智慧，但不做个好人就不能有明智，因为明智与伦理德性完善着行动。② 德性无明智则盲，明智无德性则空。所以亚里士多德才认为，即使明智不引起实践，它也是需要的。但明智无论如何不是智慧，它也不高于智慧。德性使我们确定实践的目的，明智则只是帮我们选择实现目的的正确手段。如果说明智就是智慧，无疑视目的与手段在选择上的差异于不见；如果说明智优于智慧，亚里士多德说这就像说政治学优于众神。范梅南如果读到了亚氏的这段话，心里一定很不舒服。

范梅南曾经很自信地认为，机智问题在他的研究之前，很少在社会科学领域中特别是在教育学领域中使用。他唯一提到的是一个名不见经传的学者对他的启示。如果说亚里士多德和范梅南在使用机智这个概念上尚有区别的话，康德则是明确地提出过机智并对机智进行过深入研究的哲学家。因此我们说，范梅南对机智概念史的考古远远没有厚重感。康德认为，机智把那些按照想象力的法则联想常常相距甚远的异质观念联结同化起来，它是知性作为对普遍事物的认识能力将诸对象归类时所具有的一种特殊的类比能力。“机智”只是一种特殊的禀赋，一种在纷至沓来的思想信息里感到无拘无束的性情，它属于一般知性的一种很难解释的特点，仿佛是知性的优雅一样，而与判断力的严峻形成对比。③ 康德把机智分为比较性的和玄想的两类。比较性机智又称创制性机智，在康德看来，创制性

① 亚里士多德. 尼各马可伦理学 [M]. 廖申白，译注. 北京：商务印书馆，2003：182.
② 亚里士多德. 尼各马可伦理学 [M]. 廖申白，译注. 北京：商务印书馆，2003：186.
③ 康德. 实用人类学 [M]. 邓晓芒，译. 上海：上海人民出版社，2005：120.

机智具有以下四个特点：第一，它为一般认识能力提供材料，从而能使概念具有普遍性；第二，它在行动举动上多半表现为游戏，它拥有丰富的材料，又能够捕捉那些闪念，因此而能够创制出新奇的规则；第三，机智是从轻松到深刻的发展序列，对意料之外的事情的惊奇所引发的机智是游戏的或轻松的机智，而当用来寄托思想的形象成为理性的载体或外壳，并成为理性在道德—实践理念上的运用时，就是一种深刻的机智；第四，独创精神对于机智而言是必不可少的，独创精神是人心中灌注生气的原则，它与机智是同一名称。① 如此看来，范梅南所谓的机智尚没有考虑到康德所说的机智发展的序列化。正是没有注意到机智的深刻性，所以范梅南只有在游戏的或轻松的机智的意义上来使用机智这一概念。当然，如果注意到康德所说的“独创精神”对于机智来说是必不可少的，那么范梅南对教师个性品质的考察就不会局限于个性心理品质，而是要去考察教师的知性品质。

如果不以名望、社会影响或者理论的细致、严谨而是以思想的厚度来作为评价一个理论家的标准，那么笔者倾向于认为范梅南的教育机智论是无根的。因为范梅南的教育机智说只有在遗忘了机智与智慧的差异状态的前提下才是可能的。如果范梅南没有首先对什么是“好”的教育进行追问，那么他的所谓教育机智说也就是一套具有神秘色彩的巫术。无论怎样的貌似深刻，它依然还是一个技术体系，哪怕是一个很完美的技术体系。其实，即便是范梅南深化了对亚里士多德的阅读，并服从亚里士多德的理论，老老实实地承认他的所谓机智也就是亚里士多德的“明智”，并从而进一步展开对教育智慧的追问，问题依然有效，即亚里士多德含混的态度也会使范梅南甚至我们模棱两可。明智究竟是属于实践智慧还是理论智慧，依然是个问题。但在这里，笔者必须强调指出，范梅南对教育机智的研究即在教育机智作为教育机智本体意义上的研究方面，贡献巨大，至今无人能出其右。而且范梅南的研究所透露出来的一些教育智慧的讯息，对我们理解教育智慧也无疑具有非常重要的启示作用。对此，我们不得不察。

范梅南的教育机智说倾向于将教育机智视为解决教育领域中突发事件的一种微妙的能力，我们即便是不强调范梅南对我国教育理论界的影响，其实也能够发现我国教育理论界绝大多数与教育智慧研究相关的领域都得出了与范梅南大体一致的结论，将教育智慧或视为才能，或视为素质，或视为才智。这类带有经验总结意味的研究的确在某种程度上把握了教育智慧那种或潜或隐的价值，但如果将教育智慧视为一种现实的力量而不是一种哲学的力量，也就不可避免地将教育智慧归于一种实践能力，从而在某种意义上也就归于教育机智。既然我们已经讨论

---

① 康德. 实用人类学［M］. 邓晓芒，译. 上海：上海人民出版社，2005：121.

了范梅南，那么在这里我们没有必要再对这些意见过多纠缠，倒是某些带有中国传统文化意见的观点值得我们稍作停留。

我们先来看一下在国内教育理论界提出较早又影响较大的一个观点，那就是田慧生提出的教育智慧"境界说"。有感于当今学校教育和课堂教学教育智慧的缺失，田慧生在首先澄清了智慧的含义的基础上，探讨了教育智慧的意涵。什么是智慧呢？田慧生认为，在社会生活中，智慧是个体生命活力的象征，是个体在一定的社会文化心理背景下，在知识、经验习得的基础上，在知性、理性、情感、实践等多个层面上生发，在教育过程和人生历练中形成的应对社会、自然和人生的一种综合能力系统。它不只是一般意义上的聪明，甚至也不只是心理学概念中的智商，它是每个个体安身立命、直面生活的一种品质、状态和境界。这一对智慧的理解无疑是卓有见识的，它远远超越了智慧的知识论、能力论，而将智慧界定为安身立命的方式。由此，何谓教育智慧呢？田慧生认为，如同智慧之于个体一样，教育智慧之于教育，同样体现为教育的一种品质、状态和境界。从大的方面讲，教育智慧是良好教育的一种内在品质，表现为教育的一种自由、和谐、开放和创造的状态，表现为真正意义上尊重生命、关注个性、崇尚智慧、追求人生幸福的教育境界。作为教育的一种内在品质，教育智慧应当渗透、内化于包括师生教育活动及教育目的、教育价值、教育过程、教育环境、教育管理在内的教育的一切方面。①

这应该说是在精神层面探讨教育智慧的最先尝试。在我国，并非没有关于教育智慧的探讨，但诸多研究很难走出能力说的误区，从而无论怎样将教育智慧宣称为一种综合能力，最终都无法走出范梅南的理论局限。笔者认为，"境界说"的积极意义有这样几个方面：一是将教育智慧理解为一种境界，这是在本真意义上将教育智慧归于一种状态而非一种结果，这道出了教育智慧可以追求但无法最终为人占有的玄机；二是"境界说"打通了当代中国具体的教育情势与传统文化的血脉，使教育智慧的探寻第一次找到了它的文化根基；三是"境界说"将教育智慧理解为良好教育的内在品质，从而使教育智慧第一次有了教育哲学而非教育社会学、教育心理学的意味。在某种意义上讲，我们将"境界说"视为当代教育的"宣言"并不为过。它尝试着从当代教育精神的拯救意义上去定位教育，为教育，同时也为教师，寻得其安身立命之所。应该说，这是一个基于教育良心的涌动和教育哲学的见识而做出的悲壮的努力。教育智慧的诸多研究也正是在这篇重要教育文献②的启示下进行的。

①② 田慧生. 时代呼唤教育智慧及智慧型教师 [J]. 教育研究，2005 (2)：50－57.

但正如笔者已经提到或将要提到的那样，第一，笔者并不完全同意教育智慧只有依托于教师才是可能的，教育智慧的探寻是个时代命题，它是对整个教育价值的审理和对正当教育价值的追求。但无疑教师只有通过对教育智慧的寻求，才可获致其本体论根据。第二，如果不去探讨那个“境界”的品质和规范，那么“境界说”也将最终失去意义。而为了有效地避免这一责难，教师教育研究就必须进入教育哲学研究。笔者倾向于认为，离开了教育哲学的视野，教育智慧的探寻是不可能的。如果没有教育哲学的知识背景，笔者担心“境界说”有沦为“能力说”的危险，从而背离它的初衷。第三，“境界说”其实是在实践智慧的意义上论及教育智慧的，笔者并不是反对这一思想进路，而是存疑。既然“境界说”将教育智慧视为教师的安身立命之所，那么如果教师尚对他的安身立命之所一无所知，则这一安身立命之所的寻获也就只能寄希望于教师的自然经历。这既与“境界说”所坚持的教师的教育智慧是可教的有所相悖，事实上也有某种程度的危险，那就是教师有可能把未经他反思的而是经过灌输的那个规则或规范的合法性误识为合理性。为了克服这一点，笔者倾向于认为教育智慧必须首先来自于教师对教育本真意义的沉思，也就是说，教师的教育智慧必须首先是一种理论智慧。其实这与教育智慧作为一种实践智慧并不冲突。哪怕教育智慧最终不是作为理论智慧而是作为实践智慧出现的，但它一定是一个必要的精神前提。笔者坚持这一点，并且这一点也构成了笔者从教育哲学意义上探求教育智慧的出发点。一言以蔽之，教育智慧有实践智慧的实践亲证性，又具有理论智慧的沉思启发性，但在西方古典哲学的论域里，教育智慧的理论沉思具有居先性。此种特征正与教育的存在方式息息相关。

关于教育智慧的意见虽众说纷纭，但毕竟研究者都已认识到了教育智慧探寻的复杂性。如叶澜先生所指出的那样，教育智慧既包括教育能力、教育机智，也包含着教师的个性品质。她认为，“教师的教育智慧集中表现在教育、教学实践中：他具有敏锐感受、准确判断生成和变动过程中可能出现的新情势和新问题的能力；具有把握教育时机、转化教育矛盾和冲突的教育机智；具有根据对象实际和面临的情境及时作出决策和选择、调节教育行为的魄力；具有使学生积极投入学校生活，热爱学习和创造，愿意与他人进行心灵对话的魅力。教师的教育智慧使他的工作进入到科学和艺术结合的境界，充分展现个性的独特风格。教育对于他而言，不仅是一种工作，也是一种享受”①。这样一来，教育智慧其实也就是教师以全部的身心投入教育实践所能体现出来的全部优良的教育品质的总和。王枬也认为，教育智慧是某种具有双重属性的东西，在过程维度上，它表现为教师

① 叶澜．新世纪教师专业素质初探［J］．教育研究与实验，1998（1）：46．

在教育活动中具有解决教育问题、处理偶发事故、创造生命价值的卓越能力，它是出乎意料的、动态生成的，是一种教育机智；在结果维度上，它表现为教师对美好生活及其存在意义的这一“畅游境界”的执著追求，它是矢志不渝、坚定不移的，是永无止境的终极鹄的。① 教育智慧从而既在过程上被理解为机智，也在“结果”上被认为是一种永恒的追求。认识到教育智慧的复杂性无疑是一种进步，它警告我们要对教育智慧的寻求保持谦虚审慎的态度，但同时也带来了这样一个问题：教育智慧有可能成为一个无所不包的“箩筐”。如果教育智慧无所不“是”，那么它也就一无所“是”。把教育智慧视为一个无所不包的东西，在积极意义上也就仅仅证明了教育智慧“存在”而已。教育智慧本身不可言说，但这不意味着教育智慧本身无迹可寻。其实我们的所谓哲学研究、教育研究，都是对哲学或教育的强行言说。强行言说的确大行遮蔽之实，但正是遮蔽才允诺了“澄明”，遮蔽也呈现了线索。也许我们目前以及将来所能做的，就是找到那个通达教育智慧的“线头”。

笔者认为，如同当下教育智慧的研究一样，教育智慧与教师智慧是息息相关的，而且教育智慧也构成了教师智慧的精神前提。如果没有教育智慧，也就没有教师的智慧。但教育智慧本身是具有整体性的存在，它并不寄于教师，而是寄于自身。这样一来，对教育智慧的探寻说到底就是对教育本真意义的探寻。如此，教育智慧问题便自然地成为教育哲学的“课题”。如果我们首先不以真诚的态度探讨那个作为教育的教育，即教育的本体如何可能，那么对教师教育智慧的探寻就将陷于无根之境。其实，这也正是当下教师教育智慧研究最根本的症结所在。如果不避简单之嫌，笔者认为，追寻教育智慧也就是追问教育的本体，而对教育智慧的探求也就是对本真教育的探求。如果我们首先不对究竟什么是教育略有所思，那么也就谈不上我们“有”教育智慧。这样，教育智慧的探寻就不得不回到它的原点，并且我们也把这个原点作为教师追求其教育智慧的依据。笔者并非不强调教师教育智慧方面的能力、方法或技巧、态度、个性品质，但笔者认为如果不首先澄清教师的教育价值，那么我们充其量只能成为一个明智的教师，而不是成为一个爱智慧、追求教育智慧的教师，当然也就不能成为一个当下所谓的“智慧型教师”。一个教师有没有教育智慧，即他究竟是不是追求教育智慧，端在他的教育哲学。

笔者之所以屡屡强调教育智慧必须首先作为一种理论智慧，是因为教师如果试图进行正确的选择，那么他的逻各斯就要为真，就要追求逻各斯所肯定的事物。教师沉思的理智同教育实践没有任何关系。沉思状态的好坏只在于它所获得

① 王枬．教育智慧：教师诗意的栖居［J］．社会科学家，2002（2）：5．

的东西是真还是假。获得真是理智的活动，而实践的理智所获得的是相应于遵循着逻各斯的欲求的真。亚里士多德认为，选择是实践的始因，选择自欲求和指向某种目的的逻各斯开始，所以离开理智和某种品质也就无所谓选择。① 人的每种实践包括教育实践与选择，都以某种善为目的，实践有很多种，目的也有很多种，但存在着一个最高的善。亚里士多德论证说，如果在我们活动的目的中有的是因为自身之故而被当作目的，我们以别的事物为目的都是为了它，如果我们并非选择所有的事物都为着某一别的事物，那么显然就存在着善或最高善。② 从人们所过的生活来判断他们对于善的意见的维度，亚里士多德把人的生活分为享乐的生活、政治的生活和沉思的生活三种。享乐的生活只追求身体的快乐，是动物式的；政治的生活追求荣誉与权力，也很肤浅。亚里士多德认为，合乎德性的生活是精神上的真快乐，而身体的快乐和荣誉只是身体善、外在善，是幸福的次要条件。“人的善就是灵魂合德性的实现活动，是合乎那种最好、最完善的德性的实现活动。”③ 幸福的根本在于人的灵魂合乎德性活动的“内在善”，那么幸福就是好的生活和好的行为。根据活动题材的不同，亚里士多德将人的活动分为三种主要形式：制作活动、实践活动和理论沉思活动。理论沉思是对永恒的、必然的事物及其本性的沉思活动，制作与实践活动是基于某种善的目的、对可因人自身努力就可改变的事物的行为活动。理论沉思活动的题材是不变的，实践与制作活动的题材是可变的，但是并非所有可变事物都能成为制作与实践的对象，那些变化无常或仅以一种方式活动的事物不能成为实践与制作的对象。制作与实践不同，制作是使某物生成的活动，其目的或善在于活动之外的产品；实践是道德或政治的活动，其目的或善既可以是外在的又可以是实践本身。相应地，善的事物也分为三类：身体的善、外在的善与灵魂的善。亚里士多德认为，幸福是一种灵魂合乎完满德性的实现活动，最值得欲求的显然是灵魂最完善的部分，即知识部分的实现活动，这是纯逻各斯的部分，是人和神共同享有的，是人的灵魂里最接近神性的因素，而这个部分的实现活动也就是沉思。因此，沉思的生活最应成为人活动的目的，换言之，幸福就在于沉思的生活，沉思的生活最好。沉思是纯粹理智的德性，理智德性通过教导而发展，沉思的实现活动就与学习有关。伦理德性的实现活动与习惯有关。

问题的关键因此在于，在一个功利主义的、以浮躁为乐的时代里，我们是否还有沉思？在一个思想贫困的时代里，教育是否还有其沉思？如果一个教师不首

① 亚里士多德．尼各马可伦理学［M］．廖申白，译注．北京：商务印书馆，2003：68.
② 亚里士多德．尼各马可伦理学［M］．廖申白，译注．北京：商务印书馆，2003：5.
③ 亚里士多德．尼各马可伦理学［M］．廖申白，译注．北京：商务印书馆，2003：20.

先去过一种沉思的生活，那么教师也就只能是一个制作的工匠，他也无法真正获得幸福的生活。所以笔者认为，教师必须首先是一个哲学家，其次才是一个行动家与实践家。哲学只有首先解释世界，才能改造世界。我们当下最需要的不是行动，而是沉思。而最为关键的沉思则在于沉思那些不得不令我们去思的东西，如究竟什么才是那所谓的“教育”。

我们应一直走在沉思教育智慧的路上，而不是把对教育智慧的追求当成是一种解决当下问题的权宜之计。对教育智慧追求的价值远不止于此。为此，我们必须首先学会如何言说教育智慧。教育智慧并非现成的摆置在那儿的东西，我们对教育智慧的求索只能是一个过程，而且是一个永远无尽的过程。我们曾经将一种观念宣称为教育智慧，我们当下把另外一种观念宣称为教育智慧，我们将来也会把另外一种别样的观念宣称为教育智慧。显然我们宣称为教育智慧的那种东西并不是教育智慧本身，我们只不过是通过对教育智慧的言说言说我们自身的价值追求。但教育智慧作为教育智慧，并不依赖于我们的言说而展示，教育智慧展示其自身，教育智慧自身“言说”。我们言说教育智慧，是谓“人言”；教育智慧自身的言说，是谓“道说”。教育智慧无言，但教育智慧有“话”要说。唯有倾听而非强加干预，教育智慧才有可能脱颖而出。

第三节　教育哲学与教育智慧

如果我们认为教育智慧是“好”的，是值得追求的，那么对教育智慧的追求就成为一个关键性的课题。为此，我们必须考察教育智慧的言说方式。教育智慧的言说方式既是追求教育智慧的方式，也是我们试图对教育智慧叩问的方式。如此，追问教育智慧的问题本然地也就是教育哲学的使命，因为哲学向来被命定为爱智慧，而教育哲学则是对教育智慧的本己的求索方式。在当前的精神背景下，教育哲学的式微在某种程度上昭示着人们对教育智慧追求意愿的丧失。而且我们今天所谓的教育哲学，也因为敏锐的实践感的丧失而成为醉醺醺的概念罗织。对此，贝斯特（D. Best）曾经一针见血地指出：“今天大多数教育系开设的所谓‘教育哲学’，已不触及活生生的哲学思想，因为它主要是由一些对哲学本身没有训练而只学习了前辈的教育哲学课程的教师教的。开始是有哲学头脑的人对教育问题进行自由的和创造性的思辨的东西，已凝固成那些不再加以思辨而只是详加叙述的人一代代地传下去的哲学教条。”① 我们今天所遭遇的问题，并不仅仅是教育哲学面对教育科学挑战时的软弱和无奈，更重要的是，教育哲学自身的精神堕落。教育哲学在今天似乎也失去了它对教育智慧的寻求，而成为一种与科学相类的知识占有方式。

教育哲学对于教育、教师的重要性是不言而喻的。也许我们在今天无论怎样夸大教育哲学的核心价值都不为过。对此，教育哲学的研究者都一再呼吁需要对教育哲学给予必要的关注，比如我们可以把教育哲学视为教师的一个非常重要的精神资源。但从根本上讲，教育哲学的品质是衡量一个国家、一个地区、一个民族或者一个个体的教育品质的尺度。在谈到教育哲学对于教师的重要性的时候，奈勒（G. Kneller）深有感触地说：“个人的哲学信念是认清自己的生活方向的唯一的有效手段。如果我是一个教师或教育领导人，而没有系统的教育哲学，并且没有理智上的信念的话，那么我就会茫茫然无所适从……哲学解放了教师的想象力，同时又指导着他们的理智。教师追溯各种教育问题的哲学根源，从而以比较广阔的眼界来看待这些问题。教师通过哲理的思考，致力于系统地解决人们已经认识清楚并提炼出来的各种重要问题。那些不应用哲学去思考问题的教育工作者必然是肤浅的。一个肤浅的教育工作者，可能是好的教育工作者，也可能是坏的教育工作者——但是好也好得有限，坏则每况愈下。”② 既然教育的一般性问题归根到底都是哲学的问题，教育在最高意义上就是哲学，那么对教师来说，从事教育工作，成为教师就意味着他必须首先是一个哲学家。我们的教育哲学研究以及由此而开展的教师教育，在很大程度上就是基于这一教育理想。有必要指出的是，教育哲学毕竟不同于普通哲学，虽然教育哲学与普通哲学一样，具有思辨性、规范性和批判性，但教育哲学是就教育而论教育的哲学，它是发生在教育世界之中的一种哲思方式。无视这一点而产生的教育哲学，要么是教育对哲学理论的演绎，要么是教育打着哲学的幌子自以为是地“原地拔高”。在这里，笔者并不刻意去强调教育哲学的重要性，因为即使列举出若干证据，在当前情况下也不过成了常识。笔者关心的是教育哲学应该如何言说智慧，或者说什么才是教育哲学追求教育智慧的正当方式。

笔者一直坚持认为，教育哲学是本体之学，是否形而上学地言说教育，是否探寻教育本体，是判断所谓“教育哲学”是否为教育哲学的终极尺度，哪怕这个说法太过武断，也有些决绝。笔者之所以如此认为，是因为我们所谓的教育哲

① 贝斯特．专业教育学家的连锁董事会［G］// 瞿葆奎．教育学文集·美国教育改革．北京：人民教育出版社，1990：89.

② 陈友松．当代西方教育哲学［M］．北京：教育科学出版社，1982：135.

学尚未触及教育的那些最为根本的问题。我们当然有关于教育的诸多知识，但我们并没有对教育的“思”。能“思”的那些东西并不是知识，因为“思”是我们对那些教育的至关重要的问题的思虑。如果我们纠缠于教育的细枝末节的问题，那么哪怕我们积累了如此众多的经验，我们也可能对教育一无所知。我们可能在很多具体问题上有“小聪明”，但其实缺少对于教育的最重大问题的“大智慧”。笔者曾经把教育哲学称为一个教师的“大局观”，没有这个大局观，没有对教育意蕴的整体把握，那么我们的教育实践就不仅仅是一个盲人摸象的问题，更有可能损毁教育的本然价值。雅斯贝尔斯（K. Jaspers）认为，教育的哪怕是最细微的行动也应和教育的终极目标联系起来。① 因此我们才说教育无小事。那么什么才是教育哲学的大局观呢？这个大局观又与追求教育智慧之间有何关系？

教育哲学是对教育最根本问题的思考。我们之所以称这些问题是根本问题，是因为所有的教育问题都由此而得到根据，并以是否回归这些根本问题作为教育是否前行的标志。教育问题既从之出，又向之归，那么这些问题也就是教育的本体论问题。以形而上学的方式来言说教育的本体论问题，自然地也就成为教育哲学。这是教育哲学之为教育哲学的根本标志，也是教育哲学区别于教育科学的充足理由。笔者认为，能够称得上是教育哲学的一门学科，它所要面对的根本问题包括以下三个方面：什么是真正意义上的教育？什么是真正意义上的教师？什么是真正意义上的教学？在这里之所以要特别强调“真正（authentic）意义”，恰恰是因为当下的教育、教师或教学正是以它的异化形式颠覆它本己的存在方式。所以当我们毫无反思地表达教育、教师或教学观念的时候，我们有可能已经离其本真的面目渐行渐远。教育哲学必须去追问这三个问题，并以此为基础形成教育哲学的学科内在性。

对教育哲学来说，首要的问题是叩问究竟什么是教育。究竟什么是教育，不是一个教育本质的问题。探讨教育本质是教育科学的任务。教育科学把教育对象化，并以抽象的方式把握教育的本质属性，从而得出对教育本质及其发展规律的认识。这种本质认识一旦在逻辑上成立或者在经验层面得到验证，就成为一种具有确定性的东西。确定的东西是不容置疑的，一旦确定性知识被掌握，认识者的使命便由知识论领域进入实践领域的执行操作。因为本质并不是事物本身所具有的，而是认识者“发现”或者“看”出来的，所以事物的本质并不基于事物自身，而是受制于认识者的认识水平、意志以及需要。也就是说，教育本质并不是探讨教育之作为教育的问题，而是我们究竟需要什么样的教育的问题。因此可以理解的是，为何本质主义者虽然宣称教育本质是确定不变的，但教育本质却可以

① 雅斯贝尔斯．什么是教育［J］．邹进，译．北京：生活·读书·新知三联书店，1991：177.

忽而是上层建筑，忽而是生产力，却独独不是教育它自己。作为本体之学，教育哲学所追问的是作为教育自身的那个教育究竟是什么。教育本质不同于教育本体。教育本质是可知的，教育本体则是不可知的。对于不可知的那个教育本体，我们又不得不知。所以教育哲学的工作看起来一无所用。教育本体虽不可知，但不意味着我们不可强行为之“说”。教育的本体乃教育作为教育自身，作为教育自身的教育自身言说，我们无法“替”教育本体“说”。海德格尔认为，我们之所以能“说”，是因为“听”。因为“倾听”才有“人言”。我们的“说”因此要先“听”教育自身如何“说”。教育并非摆置在我们面前的“对象”，而是我们本已地就处于“教育”之中。我们对教育自身的强行之“说”，不是要“说”出我们面前的那个教育究竟是什么，而是就我们的存在而言，教育究竟是何以可能的？这样一来，教育哲学所关涉的问题也就成为教育的可能性问题。我们不是要以某种需要改造教育，恰恰相反，我们所要做的是如何贴近那个教育，去反思如此这般的教育对我们来说究竟意味着什么。由此对教育的理解，就不再是一个教育科学所面对的那个知识论问题，而是一个生动的存在论问题。

在现代性背景下，依附于科学的教育已经成为一种价值无涉的塑造方式。我们把教育者向受教育者施加的任何影响都称为教育，这种教育理解在逻辑和价值方面的错误是显而易见的。① 某种教育现象之所以能够被称得上是教育现象，唯一的充分根据在于它本身具有教育意义。正是此种教育意义的产生才使得教育本身是可能的。我们所需要理解、认识、体悟的正是这种教育的意义，这种意义理解构成了所谓教育哲学或者教育科学。而何种现象有教育意义呢？这又涉及人之为人的本体论问题。在教育学的学科体系建构中，对人的理解都自然地成为学科的逻辑起点。传统教育的代表赫尔巴特的《教育学讲授纲要》的第一条就是：“教育学的基本概念是学生的可塑性”②。教育研究者习以为常地认为，教育是培养人的活动，教育学是研究培养人的学科。这一点几乎无可置疑。然而暴露最明者隐藏却最深。

将教育理解为培养人的活动没有问题，将教育学理解为研究培养人的学科也没有问题，问题的关键不在于此，倒恰恰是如何理解“人”，如何理解所谓“培养”，才决定了这种教育理解或者教育学理解的真确性。我们说教育是人的教育，只有人才有所谓教育，可教育性是人的本性，社会学家库利（C. H. Cooley）

---

① 高伟．生存论教育哲学［M］．北京：教育科学出版社，2006：89．

② 赫尔巴特．教育学讲授纲要［M］//赫尔巴特文集3：教育学卷一．李其龙，译．杭州：浙江教育出版社，2001：201．

就曾经指出，人类本性最基本的特点就是可教育性。① 姑且不论库利的论证是否充分，至少库利的说法在一定程度上支撑了这样一种观念，即教育对人的存在来说具有本体论意义，如同人是说话的存在者、制造和使用工具的存在者一样，人也是一个“教育”的存在者。人之所以必须要“教育”，是因为人类从本性来讲是有限的，而又有着超越有限向往永恒的本然追求。如果人类是无限的，则不需要教育；如果人不向往永恒，也就无以用之于教育。人类的这种可教育性，而且是必须的可教育性，正是教育之可能所在。既然教育意味着人类对其有限性的超越，那么教育也就意味着对人来说的“好”。对教育本质的探讨，并不是对作为现实存在的教育活动的规律性的探讨，而是追问如何才是好的教育，如何才是“应当”的教育。彼得斯（R. S. Peters）将“合价值性”、“合认知性”、“合自愿性”作为教育的三个标准②，这一说法对现代西方哲学产生了非常重要的影响。教育说到底也就是对人类完美德性的允诺。世间没有一个人是完美的，但我们相信完美的人是存在的，而且完美的人通过教育是可能的。教育由此并不是一种认识形式，而是一种信仰形式。如果离开了这一信仰，教育也就只能是一种训教的活动而非德性的实践。雅斯贝尔斯甚至认为人类的未来取决于本真的教育是否成功。他说：“真正的教育应先获得自身的本质。教育须有信仰，没有信仰就不成其为教育，而只是教学的技术而已。教育的目的在于让自己清楚当下的教育本质和自己的意志，除此之外，是找不到教育的宗旨的。如果整个教育本质毫无遮蔽地呈现出来，这就是教育的本然内涵，而教育自然是有其固定形式的。教育是极其严肃的伟大事业，通过培养不断地将新的一代带入人类优秀文化精神之中，让他们在完整的精神中生活、工作和交往……教育，不能没有虔诚之心，否则最多只是一种劝学的态度，对终极价值和绝对真理的虔诚是一切教育的本质，缺少对‘绝对’的热情，人就不能生存，或者人就活得不像一个人，一切就变得没有意义。”③

在如何理解人、如何理解人的教育方面，教育科学与教育哲学存在着本质性的、不可调和的分歧。在我国当下的教育学研究中，“生命”这个概念在某种意义上已经成为了权力话语，某些教育研究者甚至到了张口生命闭口生命的地步。笔者并不否认这种对生命的关注在某种程度上提升了人们对教育以及受教育者的认识能力，但设若“生命”成了解释教育的最后一块遮羞布，那么“生命”这个词已经受到了可怕的诋毁。问题还不在于“生命”，问题依然在于我们究竟是

① 库利. 人类本性与社会秩序［M］. 包凡一，译. 北京：华夏出版社，1989：21.

② PETES R S. The Concept of Education［M］. Lodon：Routledge and Kegan Paul Ltd.，1967：1－23.

③ 雅斯贝尔斯. 什么是教育［M］. 邹进，译. 北京：生活·读书·新知三联书店，1991：44.

怎样理解生命的。无论我们如何高扬生命的所谓价值，其实我们今天所使用的生命概念都是唯物主义的或者机械论意义的，或者说仍然是生理学的、心理学或者社会学意义上的生命，远远不是哲学意义的或者精神层面的。科学天生没有能力理解人，科学也天生没有能力理解生命的精神。如果生命的意义在于人的精神，例如舍勒曾雄辩地证明人与动物的本质区别在于人有精神，那么作为对人的精神生命观照方式的教育，在本质上也就是教化。教化之支柱乃是精神之修养和思想的能力，而教化的内容则既包括对已经存在的诸形式的思索，也包括着对洞见的体悟。在古希腊那里首次得到发现的教化，建构了一个理想的、充满理解力的世界。而随着人的生命的机体化、客观化、实体化以及由此相关的因果化，教化普遍降格为能力的专门化，精神则在群众散漫的欲望中日渐消亡。虽然人们有可能也会触及教育的教化本质，但若非为了猎奇，即是为了获得一时的轰动。教化日益成为某种永远不成形式的东西。也许关于生命，我们说得已经足够多，而我们知道的，恰恰又是如此之少。

万物皆有生命。人与物的区别端在于人能够理解生命的价值与意义。只有人才有一个充满着意义的世界。对于意义，狄尔泰（W. Dilthey）曾经指出，“意义”指的是生命各部分对于生命整体的关系，这种关系根植于生命的本质中。也就是说，意义是一个从生命本身获得的范畴，是生命各部分构成的整体和个别部分价值的统一。生命的任何一种形式都有一种部分对整体的内在关联，最能体现部分与整体关系的就是意义。这个意义的世界构成了教育的本源。教育的原则，就是引导学生走向这一本源。雅斯贝尔斯区分了人类认识世界和认识自己的三种方式：照料和培育；教育；控制。他认为，控制是对自然与人而言的，其方法是主客体在完全疏离的情况下，将“我”（主体）的意志强加于他人身上；照料和培育的方式在现代世界里已接近沦为机械的“做”，由此而带来的恶果是生命的萎缩、无节制、晦暗不明和无知粗俗；而所谓教育，则是人对人的主体间的精神交流活动，包括知识内容的传授、生命内涵的领悟、意志行为的规范，并通过文化传递将文化遗产教给年轻一代，使他们自由地生成，并启迪其自由天性。因此教育的原则，是通过现存世界的全部文化，导向人的灵魂觉醒之本源和根基，而不是导向由原初派生出来的东西和平庸的知识。他说：“全部教育的关键在于选择完美的教育内容和尽可能使学生之‘思’不误入歧路，而是导向事物的本源。教育活动关注的是，人的潜力如何最大限度地调动起来并加以实现，以及人的内部灵性与可能性如何充分生成，质言之，教育是人的灵魂的教育，而非理智知识和认识的堆集。”①

---

① 雅斯贝尔斯．什么是教育［M］．邹进，译．北京：生活·读书·新知三联书店，1991：6.

教育常借助于科学的管制方法与心理学对人的心理发展规律的发现，例如赫尔巴特就认为教育学的方法论基础建立在心理学之上，但对生命的科学化理解本质上消解了生命的生成性与完整性，而建基于此的教育也将生命的生成异化为对物的加工和塑造。当下教育通常满足于科学方法的有效性，而且通常也以科学方法无伤教育价值作为一种理智上的安慰。其实教育早应该料到的是，一旦进入科学所精心设计的网罗，科学这个方法就会因为它的价值无涉性而成为判断价值的衡准。而科学由于根本无视精神的价值，依附于科学的教育从而也就根本无法寻获真正的价值。雅斯贝尔斯认为，教育过程首先是一个精神成长过程，然后才成为科学获知过程的一部分。科学中根本不存在作为立身之本和对终极价值叩问的东西，因此也就没有绝对价值可言。对教育来说，科学更多地意味着知识价值的匮乏，在教育过程中，科学的思维方式会强制地成为有意识的知识经验。这样，作为人类存在的不可或缺的基础的科学思维方式，应该在一个自身有限范围内为人的生成造福，相反，对人的本体的追问则是人的深度价值所在，这也是教育的深度价值所在。如果我们所谓的教育不是为了人的完美德性而存在着，那么这种所谓的教育会因为失去其教育意义而不再是“教育”。如果我们尚不知道我们所从事的那种活动是否真正有资格被称为教育，那么我们对教育的诸多侈谈岂不也就是笑谈？

所以笔者认为只有对本真的教育有所思虑的人，才具备成为教师的可能性。在政治哲学家施特劳斯看来，教师就是那把开启人身上天命的钥匙，而为了开启它，作为传递者的教师就必须首先接受精神性的教化。只有接受了精神性的教化，才有可能成为一个精神高贵的人，从而也就是一个有教养的人。而所谓接受教育，也就是与那些最伟大的心灵之间的对话。施特劳斯在谈到自由教育时指出，作为与最伟大心灵们的不断交流，自由教育是一种在最高形式的温顺（modesty）中的锻炼——虽不能说这温顺就是谦卑（humility）。同时，自由教育是一次勇敢的冒险：它要求我们完全冲破智识者及其敌人的名利场，冲破这名利场的喧嚣、浮躁、无思考和廉价。自由教育要求我们勇敢，这意味着决心将所接受的观点都仅仅当成意见，或者把普通意见当成至少与最陌生和最不流行的意见一样可能出错的极端意见。自由教育是从庸俗中解放出来。古希腊人关于“庸俗”有一个绝妙的词，他们称之为“apeirokalia”，形容缺乏对美好事物的经历。自由教育将赠予我们对美好事物的经历。① 哲学家杜威也曾把教师称为上帝的仆人。教师是导向美好的引路人。而这一切都基于教师对教育何以可能的深刻认

① 施特劳斯．什么是自由教育［G］//刘小枫，陈少明．古典传统与自由教育．北京：华夏出版社，2005：8.

识。如果教师没有对美好心灵的向往，那么教师就不能承担起其天职的召唤。关于这个问题，前述已备，不再赘述。

教育哲学关注的第三个教育的根本问题是究竟什么才是真正意义上的教学。近现代以降，我们事实上把发生在课堂领域的知识授受称为教学，在这一教学活动构成里，教师借助于对知识的先行掌握以及教学制度的强迫性而成为组织、评价、实施教学的权威，在自称价值无涉的知识传授、技术手段的背后，隐藏着其控制与改造的政治学图谋。虽然现代教学论也宣称学生在整个教学活动中的主体地位，但这个所谓的主体本质上是被教师所赋予的主体，教师在教学活动中所力图开发的学生的主体性也就是学生主动地、创造地“接受”教师规训的主体性。教师也宣称他在教学活动中对学生心理发展规律的掌握，但这个规律的发现只是为了更好地服务于教师更好地、更有效去传授他事先设计的东西。如同对教育的理解在逻辑与价值方面的错误一样，从教师、学生以及教学中介的要素分析中是无法推论出教学的意义来的，这也是一种典型的本末倒置。如果我们所谓的教学没有教学性，没有教学意义，那么教学就只是一种事实活动而不是一种价值活动，或者说它还不是实践。

利用福柯对实践范畴的三分法，日本学者佐藤学（Sato Manabu）将教学范畴划分为认知性、技术性实践；政治性、社会性实践；伦理性、实存性实践三大类。认知性、技术性实践是构成教与学的认识形成与发展的活动范畴，它所涉及的是同客体世界的关系中形成的认识论、技术性问题；政治性、社会性实践是构筑介于教与学的认识活动之间并促进该活动的人际关系的活动，它所涉及的是在人际关系中形成的政治性、社会性问题；伦理性、实存性实践则构成教师与学生的自身内关系，它所涉及的是在教学实践中发生的伦理性、实存性问题。而“教学”也就是涉及这三个范畴的实践。① 如果考虑到教育因为依附于科学而产生的对世界理解的“单眼视深”，我们所谓的教学其实也只是一个仅仅完成了对事物即客体世界的认识这一单一功能而已。笔者之所以不认为今天的教学具有实践性和实存性，就是因为它除了在稳定认识主体与客观世界的关系方面的确卓有成效之外，对于它更重要的使命，如确立和维护人际关系并在其中探索自我的存在证明方面，知之甚少。可以理解，为什么教学被理解为灌输，而所谓的对话也只是在主体与客观世界层面的认识，而缺乏真正具有教学意义的“我”与他者的对话以及“我”与自身的对话。笔者并不否认教学的这三个范畴之间的矛盾，但近现代教学无疑在这三者之间发生矛盾的时候做出了一个错误的选择，即它倚助于教学的认识性来达成教学的政治性和伦理性。在这一过程中，原本作为手段

① 佐藤学．课程与教师［M］．钟启泉，译．北京：教育科学出版社，2003：153－154．

的认识性成为目的，而作为目的的政治性和伦理性则成为达成认识性的外在精神保障。教师在教学过程中可能会唤醒学生的政治热情和伦理真诚，但这一切只不过是为了能够保障教学的顺利实施。教师在教学中也可能与学生之间有“对话”，也有对学生的“爱”，但“对话”和“爱”都不同程度地手段化和工具化了。“你”之所以能够和“我”对话，是因为“我”赋予了“你”权力，“你”本身并不拥有和“我”对话的能力，而“我”对“你”的“爱”只不过佐证了“我”“爱”“你”，所以你必须心悦诚服地听命于“我”。

马丁·布伯（Martin Buber）曾经认为所谓关系有“我—你”关系和“我—它”关系，认为经验世界屈从于原初词“我—它”，原初词“我—你”则创造出关系世界。① 在生存主义者看来，“人之在此世存在”，是“与他人一起存在”。人的共处就属于“在此世存在”，因为人不是用来作为自我扩张之工具的纯粹客体。使人客体化，就是向非人格化方向运动，就是一种非本真的“与他人一起存在”。这就是马丁·布伯所说的“我与它”的关系。它导致了控制与从属的状况、操纵与疏远的状况。人的“我—它”关系越是膨胀，人的精神品质就越是微弱。因为经验之物的增益正是以破坏关系的伟力为代价的。马丁·布伯由此强调指出，经验不断重构世界、利用世界并把世界引入多样目的，即哺育、赈济、配置人生。随着“它”之世界的扩展，人的经验能力与利用能力也持续增长。人越来越多地获致这样的能力：以“学习知识”这一间接手段来取代直接经验，把对“它”之世界的直接“利用”简化为专业性“利用”。人不得不一代代将此种能力传递下去，所谓精神生活之发展首先就是指此而言的。正因为如此，人对精神犯下了真正的“言罪”，因为这种意义的精神生活实为阻障，它使人无力长驻于精神之中；在最好的情况下，它为精神所主宰，充当构筑精神生活的质料。此能力乃是阻障，因为经验物、利用物之能力的传授通常以减损关系伟力为代价，而人只有凭借关系力量方可生存于精神。②

以赫尔巴特为代表的传统教育当然也非常强调教学的教育性，但当教师成为课堂教学的权威，当教师作为真理的化身对学生进行单向的训教时，教学也就不再是一种精神性活动而是一种加工和塑造的作坊式活动。从教育的意义上看，教师和学生都应该可以平等地、自由地思索，并通过无止境的彼此之间的诘问而深感自己对真理的一无所知。教师的使命不是灌输那些既成的知识，而是要激发和加强学生对探索求知的责任感，师生之间由此并不存在着屈从依赖关系，而是善意的论战关系。雅斯贝尔斯之所以如此推崇苏格拉底的教学方式，就是因为他看

① 马丁·布伯. 我与你［M］. 陈维纲，译. 北京：生活·读书·新知三联书店，2002：4.

② 马丁·布伯. 我与你［M］. 陈维纲，译. 北京：生活·读书·新知三联书店，2002，32－33.

到了教学唯一真实的本质，那就是对话才是探索真理与自我认识的途径。雅斯贝尔斯说："苏格拉底主张教育不是知者随便带动无知者，而是使师生共同寻求真理。这样师生可以互相帮助，互相促进。师生在似是而非的自我理解中去寻找难题，在错综复杂的困惑中被迫去自我思考，教师指出寻求答案的方法，提出一连串的问题，而且不回避答疑。当基本知识清楚于胸之后，真理就清晰显现出来，而成为维系群众精神信仰和安身立命的纽带和本源。"① 教学的意义由此在于不断地生成，而不是尽可能以科学的方法进行灌输。虽然我们也宣称在理论研究上有了些许的进步，但我们的教学实践其实依然故我。当下的所谓教学对此不得不察。

教育哲学对于究竟什么是教育、什么是教师、什么是教学的思虑并非提供关于教育、教师与教学的终极答案，也不是为了所谓学科的尊严要刻意地去建构具有教育"色彩"的教育哲学理论框架，而是对这些根本性的问题有所省思乃教育哲学的安身立命之所在。与教育学的其他学科不同的是，教育哲学不是试图去把握教育、教师、教学的确定性本质，而是要在对教育、教师、教学的意义领会过程中不断地反省自身；它不是为了一个学科的建构，而是为了理性的尊严。范梅南正确地指出，教育学从根本上讲既不是一门科学，也不是一门技术，教育学所观照的根本问题端在于反思我们是否具有了分辨什么是对儿童好的、什么是对儿童不好的能力，反思我们是否真的在追求这种能力，以及我们怎样将这种能力转化为对儿童教育的责任。范梅南断言，教育学就是迷恋他人成长的学问。② 虽然这种口占箴言的话语方式很容易让人浮想联翩，但范梅南的见识的确远远超出了当下教育学所迷恋的学科意识。在范梅南看来，教育学文本的书写不是逻辑上的严格性，而应当具备一种启发灵感的品质和某种叙述的结构，来激发批判性的反思和产生顿悟的可能性，从而使人在道德直觉上形成个人品质。③ 范梅南把这种关心他人成长的教育学称为智慧教育学。智慧教育学不是崭露智慧的教育学，而是追求智慧的教育学。而所谓对智慧的追求，乃是去反思那样一种被称为 eudaemonic（幸福的）旨在达到为了孩子好的目的的教育影响。笔者并不赞成范梅南以"替代父母"作为教育伦理的支点，这显然有剥夺教育的公共性之嫌，但范梅南以爱、关心、希望和责任感作为教育学的条件这一点，却有其关键性意义。正是在这里，我们发现，教育学并不是一门学科，它更像是一个"意向"，

---

① 雅斯贝尔斯．什么是教育［M］．邹进，译．北京：生活·读书·新知三联书店，1991，11.

② 马克斯·范梅南．教学机智——教育智慧的意蕴［M］．李树英，译．北京：教育科学出版社，2001：18.

③ 马克斯·范梅南．教学机智——教育智慧的意蕴［M］．李树英，译．北京：教育科学出版社，2001：14.

教育学的使命不是在建构一个客观的知识体系，而是在鞭策着我们并使我们充满活力。教育学在召唤（calling），范梅南如是说。

在我国，以叶澜先生为代表的生命 - 实践教育学派的虔诚探索启示我们，教育学并不是一门冰冷的逻辑性知识架构，其中孕育着强烈的生命感、鲜活的时代感以及博大的境界感。这里所谓的教育学，笔者宁可认为是具有哲学意义的教育学，即教育哲学。只有当教师有了教育哲学这种思想资源，教师才有可能成为一个“聪明”的教师。只有当教师不再纠缠于概念，不再纠缠于教育技术的细枝末节，教师才有可能成为一个有大局观的教师。而这样的教师，也就是一个追求教育智慧、热爱教育智慧的教师；这也意味着一个教师必须是一个热爱哲学、研究哲学的教师。

第三章

回归生活世界的教育

生活问题与其说是一个局部问题，不如说是一个哲学的普遍问题。

——胡塞尔

既然教育在本然意义上是“好教育”，我们就需要有对“好教育”的理性认识。即便我们并不能掌握关于“好”的全部知识，但我们至少应该知道关于“好”的知识是好的，追求关于“好”的知识是值得的，因为没有关于“好”的认识，就不会产生“好”的行为。但无论我们如何强调教育智慧的理性色彩，教育智慧都还远远不是一组概念或范畴，或者是借由直觉、经验而得来的一种“观念”（idea），教育智慧一定是在活生生的教育世界里发生的。其实无论是亚里士多德将智慧理解为对不变事物的一种理解方式，还是范梅南将教育机智理解为“明智”，其实都是将智慧视为一种实践能力。教育智慧如果还不是一种实践能力，那么作为理性的教育智慧就只能是一种对教育的“想象”。所以当我们谈及教育智慧的时候，只有把教育智慧放在教育世界之中，教育智慧才能具有完整而真实的意义。正如笔者所强调指出的，一个有教育智慧的教师必须是一个有大局观的教师，这就意味着教师必须沉思他的生活境遇，即他所处的那个时代的教育精神。一个对他所处的时代一无所知的教师，注定只能成为一个技术性的工匠；只有反思他所处的时代，才有可能在精神上超越他所处的时代，从而成为那个时代聪明人中的一员。

教育智慧的实践品格和教育智慧的理性品格共同决定了教师必须对他所处的“生活世界”有所觉察。一旦触及生活世界问题，教育研究的所谓深刻性与生活世界的复杂性之间的矛盾顿时就变得尖锐起来。教育理论工作者试图用逻辑的力量来改造坚硬的现实，教育实践工作者则反其道而行地试图以实践的所谓“唯一标准”来要挟逻辑的醉醺醺的思辨。在某种意义上我们可以说，生活世界这个论域最为集中地体现了教育理论与教育实践之间的不睦。教育现实以及教育现实的抽象之间的矛盾是如此尖锐，以至于每一方都可以信誓旦旦地宣称他所处的正是教育的真正“源头”。而一旦面对纠弹应对无力，便又各自向对方靠拢，以谋求所谓教育理论与实践的本然统一。那些鼓吹向生活世界回归的教育理论，也许是第一次向实践的伟力投降，他们批评逻辑力量的浅薄，宣扬生活世界的真实；而那些鼓吹要向教育理论“看齐”的教育实践，则开始以花哨的逻辑来打扮粗鄙的现实，并宣称逻辑的力量对现实的指导。这似乎昭示着这样一个残酷的现状，我们无法同时成为一个理论研究工作者和实践研究工作者。这足以让人沮丧。那些回归生活世界的所谓理论研究，根本搞不清楚他们究竟想回到哪里；而那些对“回归生活世界”理论顶礼膜拜的实践工作者，则信以为真地认为所谓“回归生活世界”也就是回到他们粗鄙的现实。对当下教育精神的反思依然在于，我们应该怎样面对这个所谓的“回归生活世界”。而对这个论题的反省，也就是我们追寻教育智慧的必由之路。

第一节　审理与批判：生活世界的意涵分析

当前教育与生活世界的关系问题已经成为教育学研究的热点。此类文章一时之间铺天盖地。笔者并不否认这种在沟通教育理论与实践方面的努力。的确，在某种程度上，教育理论终于以谦逊的态度“贴近”了教育实践，而教育实践也借此有了反省自身的机遇。但好文章不等于好思想。大张旗鼓可能只是为了对话语高地的占有，而冷静自知才是反思的正当途径。现在的教育理论研究者，差不多到了动辄就“生活世界”的程度，我们既把生活世界当成是教育思想的生长点，也把“回归生活世界”当成是对教育学的拯救，乃至是对教育的拯救。然而，问题并不因为我们的言之凿凿而变得清晰。比如，究竟何谓“生活世界”？究竟何谓“回归”？第一个问题所问及的是我们究竟要回到哪儿去？第二个问题问及的是我们从生活世界中逃离了吗？如果根本没有逃离，何谓回归？如果是我们的教育离脱了生活世界，那么它是怎样离脱出去的？我们又怎样才能够回到那个我们已经离脱的去所？回去了又会怎样？这两个问题不仅没有得到深刻的回答，反倒都因为我们的过度诠释遮蔽了。大量的文章只是在外围转一圈了事，并没有深入到问题的关键。这两个问题其实是两个具有自相关性的问题，或者说是一个问题的两个方面。如果不首先澄清这些问题，我们的所谓“回归生活世界”

的教育理论研究就只能是虚与委蛇、画饼充饥。

究竟什么是生活世界？这是个问题。由于“生活世界”这个概念强烈的日常语言色彩，所以当我们在使用这个概念的时候会感觉它不证自明。我们既可以在俗常意义上使用它，也可以在哲学的严格意义上使用它，显然这其中的差别势如天壤。在20世纪的头10年里，“生活世界”还是一个具有家族相似（family resemblance）的概念，比如“生物界”、“生命的世界”、“周围世界”等，还有与“文化”相关的一系列范畴，如“文化生活”、“生活方式”、“生活秩序”等，均与此相关，甚至“生命哲学”也是在俗常意义上来使用这一概念的。直到20世纪20年代，“生活世界”经由一个伟大哲学家的思想而成为一个严格意义上的哲学范畴，并且这一概念主导了自此之后那些面向实践的哲学家的致思方式。这个哲学家就是现象学的创始人埃德蒙德·胡塞尔。所以当我们谈及生活世界、谈及生活世界理论的时候，就不能不谈到胡塞尔，当然如果我们真的想以严肃的态度进行研究的话。

“生活世界”这个概念在胡塞尔的现象学哲学中位置非常重要，它具有某种中心的意义。然而我们尚不能给“生活世界”一个确切的定义，甚至胡塞尔本人也没有对“生活世界”作出一个恰当的规定。胡塞尔最初使用“生活世界”这一概念来表达一个“在自然态度中的世界”。胡塞尔认为“生活世界”就是自然而然的世界，即在自然而然、平平淡淡过日子的态度中与主体相遇的一切。在1913年的《理念Ⅰ》中胡塞尔称“生活世界”为一种“自然态度”，这个自然态度的总命题表明了这样一种事态，即可以先验地加以规定的意识是匿名的，并且无需知道其先验性，而且一直已经在某种基本的现实信念中显示出来。在“生活世界”这个概念已经成为中心概念的《欧洲科学危机和超验现象学》中，胡塞尔要求还原到生活世界，但同时又指出，还原到“这种在前科学意义上对我们适用的生活世界”“决不是就已经足够了”，因为生活世界是不能通过生活世界中的态度来研究的，它始终需要那先验还原的总体框架，即全面地中止判断。胡塞尔认为现象学家明确“感到兴趣”的是：“我在返回到自然态度之后，在运用这种态度于其中所给出的东西之上时，便会获得与先验的东西相一致的纯粹的精神生活”。所以严格来说，胡塞尔的生活世界与先验还原所要还原的东西有关，这可能也就是我们现在所谓的“回归生活世界”的本真意义所在。

在《欧洲科学危机和超验现象学》里，“生活世界”一词开始与“危机”相关，它们都代表着胡塞尔“历史哲学”的思维方向。在这里，胡塞尔把作为自然世界概念的“生活世界”视为构成先验现象学的“前沿”，这部著作的第三部分的标题就是“从生活世界出发通向先验现象学之路”。所以必须强调指出的是，“生活世界”这个概念在胡塞尔的现象学哲学里是一个科学批判的概念，而不是社会哲学的概念。这也是“生活世界”这一概念最易受到误识的地方。胡塞尔认为，生活世界是一个我们在自然的观点中直面的、毋庸置疑的、不言自明的世界。他说，“生活世界总是预先给定的世界，它总是有效，并且预先就作为存在着的东西而有效，但并不是由于某种意图，题材范围，或按照某种普遍的目的而有效。每一种目的都以它为前提；即使是在科学的真理中认识这样一种普遍的目的，也是以它为前提，并且是已经以它为前提”①。胡塞尔在此指明了生活世界的奠基作用，那个起奠基作用的世界也就是成为课题之前的那个“原则上可直观到的事物的总体”。胡塞尔认为，对世界的构造，即课题化②，有哲学的与科学的两种方式。一旦生活世界成为课题，科学意识就试图克服生活世界的主观相对性，以建构一个客观的科学的世界。首先，科学世界的有效性必须以生活世界的根本有效性为前提；同时，自然生活的有效性在科学世界中依然有效，而且科学世界中产生的有效性又必须不断地回到生活世界的有效性中去，这决定了课题化的生活世界与科学世界之间具有一种综合的统一性关系。③ 而这种统一的有效性揭示了无论科学怎样复杂，其结果都最终以“生活世界”的平凡方式得以直观。胡塞尔认为，科学所建构的客观世界是无法直观的、逻辑的亚建筑，尽管生活世界带有相对主观的性质，但这种主观、相对之物的作用并不在于提供一条无关紧要的通道，而是为所有客观证明提供对理论－逻辑存在有效性的最终论证，也就是说，它是明证性的源泉、证明的源泉在起作用。④ 只有回溯到生活世界的明证性时，科学才具有它的真理性。近现代科学信誓旦旦地认为它对生活世界的改造取得了伟大成就，但它却遗忘了它的根基也就在生活世界之中。生活世界是自然科学遗忘了的基础⑤，改造了、对象化了、放逐了那个生活世界的根

---

① 胡塞尔．欧洲科学的危机与超验论的现象学［M］．王炳文，译．北京：商务印书馆，2001：558．

② 胡塞尔认为“生活世界”是一个非课题性的世界。所谓非课题性的世界，是指我们以“自然态度”直面现实世界，将现实世界的存在视为一个不言自明的前提，不把它看作问题，不把它视为对象化的课题。课题化世界则与此相反。

③ 笔者认为，以杜威以代表的对“教育与生活世界的脱离”的批判恰恰就是在这一意义上提出的。它的目的在于强调教育世界与生活世界之间有效性的统一。在积极意义上，这一理论正确地指出了教育世界的有效性是以生活世界的有效性为前提的。然而，这里还依然谈不上所谓回归的问题，因为这一理论仅仅也就是强调了生活世界的有效性是教育世界的有效性的前提而已。因此笔者认为杜威的所谓回归生活世界理论有一个内在的逻辑矛盾。这时候我们还无法谈及所谓“回归”。陶行知的生活即教育同样如此。而我们今天的教育理论虽然也大张旗鼓地宣称教育要回归生活世界，但还远远没有触及“回归生活世界”的本质。因为在这里，我们还无法看到教育所倚助的那个科学世界与生活世界的真正区别。

④ 胡塞尔．欧洲科学的危机与超验论的现象学［M］．王炳文，译．北京：商务印书馆，2001：154－159．

⑤ 胡塞尔．欧洲科学危机和超验现象学［M］．张庆熊，译．上海：上海译文出版社，1988：58．

基，科学世界也就只能是一个空洞的、抽象的、“死”的世界。哲学意识对生活世界的课题化则以立足于生活世界的自识为前提。也就是说，哲学所做的恰恰是科学所不能做到的。对哲学来说，生活世界不是一个有效性的前提，恰恰相反，哲学以把生活世界问题化的方式将其课题化，这也就是哲学的反思性。胡塞尔认为，哲学意识对生活世界的问题化意味着一种普遍的“悬搁”，先验现象学家的任务并不在于研究事物、世界的实在性究竟是怎样的，也不在于研究当我们从总体上考察世界时，这个世界究竟是怎样的，哪些东西作为先天的结构合规律性或根据事实的“自然规律”一般地包含在这个世界之中，而是去研究作为自然生活之基础的有效性的世界以及自然生活的所有意图和财富是什么，以及与此相关的自然生活和它的主体性最终是什么，也就是说纯粹作为主体性、作为有效性而发挥着作用的主体性最终是什么。① 科学意识和哲学意识这两种觉醒方式是相互倚助的，一方面，由于科学世界建立在生活世界之中，对科学世界的认识必须依赖于对生活世界的把握；另一方面，对生活世界的确切认识又必须通过在哲学态度中反省获得。不难看出，生活世界理论是具有综合意义的问题域，在这里，既意味着对近代科学的批判，即对近代自然科学如何可能问题的把握，也启发了哲学通向理论意向即先验现象学的意图。

其实胡塞尔先验现象学的全部目的都在于理解对世界之存在的自然信仰究竟是如何构造出来的。理解“生活世界”用意也在于此。胡塞尔认为，人类文化的所有对象都是通过意识构成对象（胡塞尔后期将意识的这种主动的成就称为“原促创”）而构造起自身的，正是近代自然科学的促创，产生了世界的科学化并引发了西方哲学的总体危机。通过近代自然科学的方法，科学可认识的世界的自在存在就被理解为一种与主观经验视域彻底无关的存在。现代科学虽然也面对“自然”，但对现代科学来说，自然只有通过审判才能暴露它的秘密。在近现代科学的起始处，就有一种技术性的东西在主宰着，这一精神也就是方法的效应精神。

随着科学以无可比拟的方式改造现实的力量成为一种新的信仰形式，绝对客观性的规范就逐渐变成了自明性，这也就是客观主义认识态度的诞生。胡塞尔认为，正是这个客观主义的认识态度导致了现代科学的危机和生活世界的危机。世界一旦被认为是一个中立化的客观的存在，世界就变成了一种完全非人的东西。胡塞尔在《欧洲科学危机和超验现象学》中所论及的意义的丧失，也就是世界通过“研究”而变成的一个绝然的、与不变主体无关的世界。胡塞尔提醒人们，

① 胡塞尔．欧洲科学的危机与超验论的现象学［M］．王炳文，译．北京：商务印书馆，2001：189.

对一个全然去除透视的、绝对自身存在的世界的信念，只有在一个包罗万象的、非课题的主体相关性视域中才是可能的。这个包罗万象的视域就是生活世界。科学世界将生活世界课题化和观念化，从而导致了世界的丧失。胡塞尔将其称为西方世界的哲学的、人性的总体性危机。对于这个危机，胡塞尔提供的救治方案是在我们的经验可能性中具有的视域性的、非课题的储备，即我们对于世界的本质直观。本质直观的这个世界就是在科学之外的实践的直观视域中显现出来的那个世界。胡塞尔将这个本质直观的过程称之为向生活世界的“流入”①。在胡塞尔看来，生活世界可以作为科学的非直观世界的对照概念而得到运用。正是通过“流入”，世界才得到丰富，整全的具体的世界才得以可能。对胡塞尔来说，先验现象学的意义也就在于反思行为主体的责任，因为世界总是要显现给这个主体。科学化的世界观点在遗忘视域的意识主观性的同时，也遗忘了主体；为了回到那个整全的世界总体，人类就必须为自身的理性负责。这时候，我们也只有借助于哲学（当然在胡塞尔看来是借助于纯粹的先验现象学），因为人们可以根据发生的视域构造理论来证明客观主义科学对生活世界经验的回溯性和依附性。

试图一览无余地把握胡塞尔的生活世界现象学是徒劳的，甚至胡塞尔本人也无法做到清晰地呈现生活世界现象学的真确意义。但胡塞尔的生活世界现象学的确构造了一个深具启发意义的视域。有论者甚至认为不仅现象学家，而且整个现代哲学都深受胡塞尔这一思维动机的影响，以至于理性向生活世界回归被认为是20世纪哲学的重要转向，如维特根斯坦“生活形式”的语言哲学、海德格尔的“日常共在的世界”的理论、列菲伏尔（H. Lefebvre）的“现代世界的日常生活”理论、科西克（K. Kosik）的“伪具体世界”的批判理论、赫勒（A. Heller）的“自在的类本质对象化”理论，等等。而就对胡塞尔的生活世界理论的继承与批判而言，哈贝马斯则是其中最典型的代表。在胡塞尔之后，正是哈贝马斯在接受、批判胡塞尔的生活世界现象学理论的基础上，进一步推进了生活世界现象学理论。

胡塞尔所说的生活世界是一个前科学的、奠基性的、非课题性的、不带任何偏见的、超越历史的不变结构。在哈贝马斯看来，这是西方传统根深蒂固的意识哲学的产物。哈贝马斯认为，对世界的构造和理解是实践性的而不是先验性的，人与人之间的交往并不是以胡塞尔所谓的主体自我的目的理性为前提，而是主体间通过理解达成共识的实践过程，人与人之间的交往是在生活世界中发生的，而生活世界就是人们在交往中达到相互理解所必需的现实的、活动的、共同的背景

① 其德文词为 Einstromen，也就是我们现在所称的“回归”。笔者认为“回归”这个词太过于具象化了，“流入”由于它的意向性色彩似乎更准确些。

知识。① 作为交往“背景”的生活世界，是一个由文化、社会和个性三种要素构成的知识结构，哈贝马斯说：“我把文化称为知识储存，当交往参与者相互关于世界上的某种事物获得理解时，他们就按照知识储存来加以解释。我把社会称为合法的秩序，交往参与者通过这些合法的秩序，把他们的成员调节为社会集团，并从而巩固联合。我把个性理解为是一个主体在语言能力和行动能力方面具有的权限，就是说，使一个主体能够参与理解过程，并从而能论断自己的同一性。”② 文化传统、社会秩序、个性特征处在相互联系的复杂关系中，由于自我与他人的交往在生活世界中的不断发生，使得生活世界成为一个错综复杂的、动态生成的意义关系网络，交往参与者正是在这样的生活世界中形成意见一致的文化价值观念和行为规范，形成群体的归属感和认同感。对哈贝马斯来说，生活世界只不过是他的交往理性理论的补充性概念。虽然哈贝马斯的交往行为的基础就建立在生活世界的奠基性之中（这使得他不得不借助于胡塞尔的生活世界理论），但他的真正企图并不在于生活世界而在于主体如何在生活世界中交往。

与胡塞尔一致的是，哈贝马斯也认为生活世界的背景知识的特征在于直接性、总体化和整体化三个方面。也就是说，哈贝马斯对生活世界的理解也偏重于它的非课题特征和奠基作用。但哈贝马斯对胡塞尔的批评也恰恰集中在这三个方面上。首先，既作为背景，同时又与人毫无间距的生活世界的直接性，决定我们很难做到使所有事物都服从于一个抽象的怀疑，那么，胡塞尔所主张的对自然态度的排斥和悬搁，那种胡塞尔所追求的无成见的理想就只能是一种认识论上的“乌托邦”。其次，生活世界不是作为主体的自我所构造出来的视域的总和，而是主体间相互交往的实践。最后，也许是最为重要的，胡塞尔通过先验综合能力所构造出来的那个视域，被哈贝马斯的“先天的语言知识”与“后天的世界知识”的综合所取代。正是在这个意义上，我们才把哈贝马斯的现象学社会哲学称为“交互主体的哲学”。

笔者认为，哈贝马斯与胡塞尔的根本差异在于他们是面对不同的哲学情势而又提出了迥异的解决方案。对胡塞尔来说，他要解决的一个问题是作为“主体”的“我”怎样构造世界的纯粹现象学哲学问题；而对哈贝马斯来说，他要解决的问题则是“社会秩序如何可能”、“个体与社会之间的关系”的社会哲学问题。前者提出了“回归生活世界”的方案，而后者提出了“生活世界合理化”的方案。“生活世界合理化”是哈贝马斯针对“生活世界殖民化”概念而提出的。“生活世界殖民化”概念是哈贝马斯对晚期资本主义危机和现代世界的结构性分

---

① 哈贝马斯. 交往行动理论：第二卷［M］. 洪佩郁，蔺青，译. 重庆：重庆出版社，1994：171.

② 哈贝马斯. 交往行动理论：第二卷［M］. 洪佩郁，蔺青，译. 重庆：重庆出版社，1994：189.

化的高度概括，也是哈贝马斯的批判交往理论的出发点。哈贝马斯指出，生活世界必须以交往理性为前提来建构才具有合理性，而现代社会体系与生活世界恰恰是分离的。哈贝马斯根据不同的视角把社会划分为体系与生活世界两个层面。从观察者的视角，社会被看成一个体系，在这个层面上，人们的社会实践具有维持体系的功能。而从参与者的视角，社会被看成生活世界，在这个层面上，行为主体之间的互动具有彼此理解和认同的基础。这两个视角分别产生以观察、认识为前提的目的理性思维和以理解、交往为前提的交往理性思维。他指出，现代社会体系与生活世界处于分离状态，体系属于制度化领域，随着经济和社会的发展，相对独立的市场领域逐渐形成，经济运行体系、行政权力体系及社会规范体系逐步从生活世界中独立出来。以金钱和权力为原则的市场机制和现代国家的形成保证了社会成员在更为有效率的机制下进行物质交换，互相协调行动并建构集体目标和行为。以此为结果，生活世界中的以言语为媒介的交往方式逐渐被淡忘了，货币和权力变成了交往行为的媒介。人类行为方式越来越趋于体系化，理性化的经济运行体系和科层化的行政管理体系的形成及其地位的逐渐上升，使生活世界从总体性的文化共同体下降为与各种体系具有同等地位的社会下属体系。哈贝马斯指出，由于体系的复杂性不断地增强，金钱和权力原则在体系中的支配地位越来越重，因此理性化的经济体系和科层化的管理体系开始摆脱原本由生活世界所形成的交往规则和价值信念，于是就产生了意义世界的丧失与个人心理结构的失衡这一20世纪的人类生存困境。在哈贝马斯看来，体系与生活世界的分离是生活世界合理化的表现，但分离的体系由于不再以交往为内在原则，使得体系反过来干预和破坏生活世界，从而造成生活世界的危机，这就是哈贝马斯所谓的“生活世界的殖民化”。

在哈贝马斯看来，体系脱离了以理解为基本方式、以达成共识为目标的交往理性的价值追求，开始干预、限制和危害生活世界。为了解决这一困境，哈贝马斯试图以交往理性为根据，重新建构生活世界的合理化以克服由目的理性所造成的生活世界的殖民化。为此就必须强调以交往理性克服生活世界中被体系扭曲的交往，从而发挥生活世界的理解、协商和非强制性意见一致的功能。如果对胡塞尔来说，批判客观主义和相对主义意味着对生活世界的回归，那么哈贝马斯所提出的则是对生活世界的重建。哈贝马斯的构想是：在交往机制层面，强调普遍语用学在生活世界中的作用，突出平等的、非强制性的语言交往的功能，达到共识性的理解和一致；在理解批判层面，对生活世界内的文化传统及其价值规范采取一种反思的机制，建立一种批判的解释学，为生活世界奠定合理的基础；在公共理性层面，将平等、自由的协商、对话等原则根植于公共领域当中，保证人民的民主权利及交往的可能性，防止经济运行体系和政治管理体系对生活世界的殖民。

无论胡塞尔与哈贝马斯的理论出发点与救治方案是多么的不同，他们的共同之处都在于试图用生活世界理论来解决 20 世纪的理性危机和人类的生存困境问题。事实上 20 世纪包括西方马克思主义者在内的诸多思想家都站在回归生活世界的立场，从哲学、社会学、文化学或者心理学的角度反思西方的人性危机，并尝试着从各个侧面提供一个社会救治的整体性方案。在这一意义上，不仅在胡塞尔和哈贝马斯那里，而且在整个西方 20 世纪的哲学发展史上，回归理性、回归生活世界都具有核心的哲学意义，它差不多成了反思现代性的一个象征，即对现代生活的反思不仅是进行哲学批判的入口，也是拯救人性和哲学的方案。我们看到，几乎所有的关于生活世界的理论都表达了这样的观点，一是对客观主义和相对主义进行尖锐的批判，即科学掩蔽了生活世界的真实性，剥夺了生活世界的可感性。目的理性已经成为一种具有暴力色彩的价值剥夺。胡塞尔提出的回归前科学世界，哈贝马斯提出的交往理性，都批判了科学及科学的社会生产机制对于人性的戕害。二是这些理论都非常强调生活世界的整体性和总体性。近现代后的包括科学、艺术和哲学在内的精神生产活动与生活世界越来越脱节，从而加剧了精神生产与生活世界之间的矛盾。精神生产与生活世界之间的悖论在于，精神生产越是“富足”，生活世界的意义就越是贫乏；逻辑的或观念的力量越发强大，生活世界就越被这种力量四分五裂。而解决这种现代性问题的关键也就在于重新认识生活世界的整体性和总体性，即胡塞尔所谓的生活世界的奠基作用。三是生活世界的问题本质上是人的问题，正如胡塞尔所强调的那样，回归生活世界意味着为人的存在意义的斗争。胡塞尔、哈贝马斯等的哲学都在以深刻的危机意识为欧洲人重建人与世界统一的，有价值、有目的、有意义的世界而努力。在某种意义上，对生活世界的“保护”也就是为人的存在意义留下出路的实践。四是生活世界理论都不同程度地强调理性的价值。当然这个理性已经不再是工具理性，而是价值理性，因为只有在一个目的论的价值背景下，社会秩序和人性的重建才有所根据。笔者认为，生活世界理论甚至在某种程度上具有“信仰”的特征，即把生活世界视为一种拯救的力量。这可能也就是生活世界理论何以在人文社会科学领域产生“蝴蝶效应”的根本原因。

教育学对生活世界的思考其实由来已久，如夸美纽斯（J. A. Comenius）和斯宾塞提出的教育的“生活准备说”、杜威的“教育即生活”、陶行知的“生活即教育”、陈鹤琴的“活教育”，等等，都构成了当前生活世界研究的思想资源。当下教育学者关注生活世界的根本原因则在于随着工具理性的张扬，学校教育愈发脱离社会实际，“人”不再是教育关注的对象，知识的传授成为学校教育的重要甚至是唯一的使命。在这一意义上，教育的生活世界理论无疑具有非常积极的价值。但是教育界在使用“生活世界”这一概念时还存在着各种各样的解释。

首先，也是最成问题之处，就是把生活世界理解为日常生活世界，而又把日常生活世界理解为现实的社会生活。这种看法正确地指出了教育与生活脱离的病症所在，但如果把教育向生活世界的回归即教育为社会生活仅仅视为学校教育有效性的尺度，那么这种所谓的向生活世界回归也就只是教育向生活的一种妥协；其次，也有研究者不加任何区别地将生活世界理解为胡塞尔哲学意义上的生活世界；还有论者将生活世界发展性地解读为关系世界，等等。笔者认为教育回归的那种生活世界一定不是日常生活世界，如果真的是这样，势必将消解教育的必要性。教育一定不就是日常生活，日常生活也一定不全是教育，在这一点上，杜威和陶行知的理论都还不够深刻，甚至是错误的。教育一定是高于日常生活的，只有那些富于思想而有意义的生活，才是教育。只有教育适当地保持与日常生活的距离，教育才可能有对生活世界的教育意义。由此看来，关于对生活世界的理解，教育哲学还有一段很长的路要走。

第二节　离脱与背叛：近现代教育现代性批判

如果不去分析教育何以脱离生活世界，脱离生活世界的教育究竟是何种形态、何种特征的教育，所谓的教育回归生活世界问题就不是对整个近现代教育的总体性反思，而只能作为解决当下教育问题的一个片段。我们曾经说过，教育回归生活世界问题是一个论域。这一论域启发着我们反思近现代教育的可能性。如果说我们已经对“什么是我们当下所谓的生活世界”这一发问的问题性有所觉察的话——比如我们已经对生活世界理论的共通性做出了简要的分析，那么教育何以会从生活世界之中脱离出来自然地就成为我们进一步解决的课题。这个问题貌似普通，其实相当尖锐。我们的教育从生活世界之中分离出来，它意欲何为？它是怎样从生活世界之中分离出来的？一旦触及这个问题，我们所面对的就是由一系列“为什么”构成的棘手问题。而对这一系列“为什么”的追问，也成为我们反思近现代教育的一个根本线索。如此一来，教育的生活世界问题才有了中心的意义。

如同我们在教育史中所发现的那样，在人类历史上，有了人就有了人类生活，而有了人类生活也就有了人类的教育。原初的教育与生活世界具有统一性；教育就是生活，生活就是教育；教育所构成的世界也就是生活世界本身；教育的意义、价值、功能、内容、形式、制度天然地建基于人类生活之中。在古典教育时期，教育的尺度也就是生活世界的尺度；教育的本体性源于生活，并归于生活。所以在教育的古典时期，并不存在教育向生活世界回归的问题。只有离脱，才有所谓回归。笔者认为，教育向生活世界回归，在本质上是教育的现代性问题。也就是说，只有在现代性背景下，教育向生活世界回归才是可能的，因为在近现代，教育与生活世界之间的关系发生了深刻的变化。教育在近现代以后，它成为其自身的尺度。而这个教育的尺度，又恰恰是以教育脱离生活世界为前提而获得的。当我们谈论教育向生活世界的回归，我们所谈论的也就是教育的现代性问题。甚至可以说，教育向生活世界回归的问题是教育现代性的核心问题。

教育的现代性，只不过是科学所造就的现代性。近现代以后，依附于科学的教育本身并没有离脱生活世界的能力，它对生活世界的改造和戕害都以科学的威权为前提。也就是说，正是通过对科学的依附，教育才获得了脱离生活世界的能力。因此，笔者认为，对教育现代性的批判，说到底也就是对教育所依附的科学的批判，而这恰恰也是我们对教育与生活世界关系追问的现代意义。同时，在这里也允诺了对现代性问题的拯救，即在教育现代性的起始——教育对生活世界的脱离处，反思科学所造就的生活方式的本质，从而反思教育现代性的本质。

与生活统而为一的教育从根本上讲是哲学化的生活教育。生活教育所达成的是人生的意义和价值，这些价值既涉及人在与世界相处中的自我决定问题，也涉及他在众多的可能性中理性地塑造自己和他的世界的问题。教育是生活的问题，是发生在生活中的问题。教育不能直接成为科学。教育成为科学的前提条件是科学成为形而上学，从而成为社会生活的主导性观念。19 世纪后半叶，以整个欧洲哲学为代表，现代人让自己的世界观受实证科学支配，从而整个教育哲学表现为唯科学主义的特征。发端于柏拉图的理念说经过伽利略数学 - 实验方式的加工处理后，逐渐取代了可经验的生活世界而成为教育的主导观念。一度从生活世界获得意义基础并在处理生活问题时展现价值的学校教育，开始从自然科学中收受理念和方法，而近代自然科学已经掏空了生活世界的可感性和可体验性。近代以降，科学已经成为形而上学从而成为人的"信仰"，人们相信，所有的存在都可以置于自然秩序之内，并相信仅有科学才能认识这种秩序的所有方面，甚至认为科学可以为人类提供存在的意义和价值。现代科学的经验原则、数量原则、机械性原则和通过科学而进步的原则，借助于科学的现实力量而成为人和社会发展的公理。科学的"奥卡姆剃刀"① 轻描淡写地剔除了与生活世界的联系而试图高居于生活之上，生活世界因而成为一个被改造的对象而不是先在于人的生活场景。教育在这一过程中担负着执行者（而不是决策者）、实验者（同时也是被实验者）的使命。教育相信科学并以科学的原则改造自身。所以从近代始，学校教

① 奥卡姆剃刀（Occam's Razor）由 14 世纪英国逻辑学家、圣方济各会修士奥卡姆的威廉（William of Occam）提出，其原理是：若无必要，勿增实体，即没有必要在个别事物之外设立普遍的实体，因为这些实体既无逻辑自明性，又缺乏经验证据。这一观点成为后来逻辑经验主义的经典原则。

育传递着越来越精致的科学知识，引进着越来越精致的教育方法和技术，利用着越来越科学的管理程式，从而教育成为“科学”而不再是“生活”。

“我们生活在一个科学的时代”，科学无疑是现代性的根本。海德格尔认为：“哲学转变为关于人的经验科学，转变为关于一切能够成为人的技术的经验对象的东西的经验科学；而人则通过技术以多种多样的制作和塑造方式来加工世界，人因此把自身确立在世界中。所有这一切的实现在任何地方都是以科学对具体存在者领域的开拓为基础和尺度的。”① 而科学成为形而上学则是因为17世纪发展起的一种新的关于科学的观念。胡塞尔关于欧洲科学危机的考古学深刻地剖析了自伽利略以来的自然主义和客观主义，他认为：“伽利略在从几何的观点和从感性可见的和可数学化的东西的观点出发考虑世界的时候，抽象掉了作为过着人的生活的人的主体，抽象掉了一切精神的东西，一切在人的实践中物所附有的文化特性。这种抽象的结果使事物成为纯粹的物体，这些物体被当作具体的实在的对象，它们的总体被认为就是世界，它们成为研究的题材。人们可以说，作为实在的自我封闭的物体世界的自然观是通过伽利略才第一次宣告产生的。随着数学化很快被视为理所当然，自我封闭的自然的因果关系的观念相应而生。在此，一切事件被认为可以一义性地和预先地加以规定。显然，这就为二元论开道铺路。此后不久，二元论就在笛卡尔那里产生了。”② 而笛卡尔坚持纯粹的客观主义，同时又对这种客观主义作主观的论证，所以笛卡尔虽然论证了客观主义和精确科学对于形而上学绝对知识的保证，但由于没有意识到“一切具有世界特征的东西都是通过自我的活动而获得意义的”，因此而丢弃了真正的自我。由于伽利略和笛卡尔的哲学以数学抽象研究自然法则，并使生活世界依从于自然法则的改造目的，可感的、可体验的、可以通过知觉实际地被给予的生活世界从此被伽利略以数学的方式构成的理念存有的世界偷偷摸摸地取代了。在教育领域，标志着近现代教育学诞生的《大教学论》不仅是一种标志，还是一种象征，它象征着近现代教育在方法论上从属于自然主义和科学主义的形而上学。夸美纽斯的创造性贡献在于他使人们对待自然的态度和方法扩展到人与人的关系领域，即教育领域，并使人的成长依附于自然法则。他认为人是自然的一部分，自然法则是根本的教育原则，“教导的恰切的秩序应当从自然去借来”③。以自然法则来类比人的成长法则，这一理论的预设是我们对自然的认知和对自然的现实设定能否或在多大程度上是理解他人的基础，其结果则是生命被机械地移开或被解释为客观自然的存

① 海德格尔. 海德格尔选集：下［M］. 孙周兴，选编. 上海：上海三联书店，1996：1244.

② 胡塞尔. 欧洲科学危机和超验现象学［M］. 张庆熊，译. 上海：上海译文出版社，1988：71.

③ 夸美纽斯. 大教学论［M］. 傅任敢，译. 北京：人民教育出版社，1957：74.

在。从此教育理论界从“自然”到“人”的“移情”成为一个十分重要的传统，由此出发的教育理论也只能是机械论和预成论。这不是偶然的，而是由于科学的形而上学化已经成为一种重要的世界观。

夸美纽斯希望通过对自然的模仿来复制自然的价值，并以之作为社会的价值基础，但由于对自然的理解必须倚助于对自然的发现能力这一主观方面，所以事物的全部构成都可能为了人的使用目的而加以改造。作为其必然结果，对自然的理解就可能低于所有那些对人支配物没有帮助的东西，从而能够优先认识自然现象的那些适合预言和控制意图就会得到加强。在这种观念更为深入人心之后，甚至“我们自然的感性世界的最简单的感觉和知觉也已经是由科学地确定的思路所形成的，这种科学的思路指导着我们冲动和知觉的方向”①。自此，教育也就实现了其总体的科学化。这也就是教育所陷入的现代性危机。

现代性（modernity）最为基本的特征在近代（特别是通过康德和黑格尔）已经得到了充分的建立，比如理性主体的生成②、对自由的向往③以及韦伯所谓的“自然的祛魅”④。而这三个特征与科学主义、自由主义和虚无主义线性相关。自由主义可以同时是科学主义的和虚无主义的。因此在某种意义上讲，自由主义是现代性的核心问题。现代性在今天不仅是个权力话语，而且也是一场深刻的社会实践。这是任何思想家都无法回避的生存境遇。哈贝马斯把现代性看作是一种新的社会知识和时代，是用新的模式和标准来取代中世纪已经分崩离析的模式和标准。利奥塔（J. －F. Lyotard）把它叫“宏大叙事”，舍勒把它叫“心态的转变”，福柯则把现代性理解为“一种态度”，一种思想方式和感觉的方式或者一种精神气质。以韦伯和吉登斯为首的社会学家将现代性看成是“后传统的秩序”。作为一种新的生活方式，现代性自一产生就得到了鼓吹和辩护。理性主义

---

① 威廉·莱斯．自然的控制［M］．岳长龄，李建华，译．重庆：重庆出版社，1993：98.

② 康德以理性为依据，建立起人为自然立法、为道德立法、为社会立法的现代性精神。在他看来，社会历史的发展是寻求一种合乎理性至善目的的过程，最终达到理想的目的王国。这就是康德所理解的现代的人和社会应当具有的属性以及实现它们的条件，也就是现代性。这一观念在黑格尔那里达到顶峰。

③ 卢梭（J. －J. Rousseau）的《社会契约论》对“人是生而自由的”的宣称代表了启蒙运动对人的基本权利的理解。受惠于卢梭，康德在1784年写下的《什么是启蒙》把政治自由看成是每个人与生俱来的权利。他强调个人权力的神圣性，将“社会成员的自由原则”列为国家政体应当确立和遵循的首要原则和政治体制的核心。正因如此，福柯将这本书视为“现代性态度的纲领”。

④ 自然祛魅的过程本质上就是理性化的过程。韦伯认为它是“这样的知识或观念：只要人们想知道，他任何时候都能知道；从原则上说，再也没有什么神秘莫测、无法计算的力量起作用，人们可以通过计算掌握一切。而这就意味着世界除魅。人们不必再像相信这种神秘力量的野蛮人那样，为了控制而祈求神灵或求助于魔法”，作为其结果，“那些终极的、最高贵的价值，已从公共生活中销声匿迹，它们或者遁入神秘生活的超验领域，或者走进了个人之间直接的私人交往的友爱之中”。（马克斯·韦伯．学术与政治［M］．冯克利，译．北京：生活·读书·新知三联书店，1998：48.）

（笛卡尔—康德—黑格尔）、意志论（培根—韦伯）、浪漫派（波德莱尔，C. P. Baudelaire）和经济派［休谟（D. Hume）、亚当·斯密、马克思］从各自的立场表达了对现代性的悦纳。虽然这些立场之间不可通约，但其态度基本一致。应该说，作为新的价值的产生，现代性有其推进生活方式变革积极的一面，比如对于人类经济需要的满足，人第一次与上帝割裂开来成为主体，自由是人类基本的政治权利，等等。但从一开始，现代性内部就隐藏着不可缓解的张力和内部矛盾（比如理性信仰与世俗化，精英与通俗化，地方性知识与全球化，等等），因此，思想者对现代性的批判也就不绝于耳。施特劳斯站在绝对主义的立场将现代性等同于虚无主义。在他看来，所谓现代性（有别于古典性）是以所谓“进步还是反动”的区别取代“好与坏”的区别。当“好的”、“绝对的”、“永恒的”价值被排除在外，当进步与新颖成为唯一的价值所需，现代性就只能建立在一个“低俗但稳靠”的基础之上，那些低俗的“价值无涉”的知识，或者那些虽然与价值相关但价值完全沦为相对或虚无的知识，以低级的欲望革命的方式僭越了古典哲学理性的崇高位置。社会批判理论家如霍克海默、马尔库塞（H. Marcuse）、哈贝马斯等人先后从科学意识形态、工具理性、“单向度的人”、“物化”等这些畸形社会事实出发，发动对传统现代性工程的反省和批判。后现代主义则试图解构现代性的知识与权力的共生（鲍曼，Z. Bauman）。

基于对现代性问题的反思与批判，吉登斯和哈贝马斯试图提出一个折中的思想方案。哈贝马斯的方案是将现代性视为一个未完成的方案。哈贝马斯指出，现代性方案是一个非凡的智性努力，发展客观的科学，建构普遍的道德和法律，崇尚具有内在逻辑的自主性的艺术；同时，现代性也因此而成为一个关乎人类解放的允诺，科学对自然的支配将人类从匮乏和自然灾害中解放出来，社会组织的合理化以及思想的理性模式摧毁了神话、宗教、迷信束缚，“主体的自由”为人类赢得了追求自己合理利益的空间。这一切都展现了人性的普遍的、永恒的品质。但同时，哈贝马斯也看到了康德—韦伯的问题，即工具理性之取代价值理性，纯粹理性之取代实践理性和审美理性。哈贝马斯认为，要化解科学技术统治而造成的现代社会危机，就必须重返“公共领域”，弘扬“交往理性”，实现交往理性的合理化。① 吉登斯则试图去重新审视现代性本身的性质。他将现代性区分为

① 哈贝马斯所谓公共领域，指的是介乎于国家与社会（即国家所不能触及的私人或民间活动范围）之间，公民参与公共事务的地方。在《公共领域的结构转型》中哈贝马斯指出，“资产阶级公共领域首先可以理解为一个私人集合而成的公众的领域；但私人随即就要求这一受上层控制的公共领域反对公共权力机关自身，以便就基本上已经属于私人，但仍然具有公共性质的商品交换和社会劳动领域中的一般交换规则等问题同公共权力机关展开讨论”。（哈贝马斯．公共领域的结构转型［M］．曹卫东，等，译．上海：学林出版社，1999：32．）

“简单现代性”与“反思现代性”，吉登斯从社会学的视角分析指出，时空分离、脱域机制（disembeding）以及反思性是现代性的三个来源①，正是现代性这三个维度的不和以及反思性的存在，人类被置于一种普遍的不确定感之中，吉登斯将这个现代性的后果称为“高风险后果”。在分析了面对风险的四种适应性反应（即实用主义、乐观主义、犬儒主义以及“激进的卷入”）之后，吉登斯认为“激进的卷入”是人们面对风险时积极的可以选择的行为方式。他通过倡导人际沟通、对话与参与、依靠积极信任和责任感重建各种生活领域的团结、认真思考如何生活的问题、通过增强社团自主行动实行能动性政治、建设对话民主、提倡民主与责任结合的积极福利，建造了一个激进政治的框架来证明人类有能力让世界变得更美好。

正如所有现代性批判者都认识到的，现代性的矛盾归根结底是“存在性矛盾”（existential contradiction）。“存在性矛盾”的产生导源于以抽象的个人主义和主体主义、乐于不断改进的功利主义以及无限制的乐观主义为本质特征的启蒙精神。启蒙运动在本质上并不是一个纯粹的科学运动或以科学运动为基础的人文运动，而是对欧洲传统文化精神的全面颠覆。启蒙运动从根本上改变了现代人的生存尺度。从启蒙运动开始，以征服自然、改造自然为目的的主体性运动，以及以建立世界的理性解释为目的的理性主义运动，构成了现代社会和思想冲突的根本形态。从此以后，高于自然的“人”的观念逐渐发展为主体观念，反思和批判“人”与“自然”的理性观念逐渐发展为理性至上的“理性主义”观念。这两种观念结合起来形成现代性具有决定意义的“意识形态”。

现代性伦理最成问题之处在于很难理解道德上的休戚与共。涂尔干（E. Durkheim）就把现代性解释为一种有机团结的强化和集体良知（collective conscience）的弱化，共同道德的弱化的结果正是无意义的漂泊倾向的产生，从而现代性所谓对伦理的鼓吹，毋宁说是一种道德虚无主义的直白。尼采（F. W. Nietzsche）把虚无主义理解为“最高价值的自行贬黜”，而所谓贬黜，本质上也就是对普遍价值的不再担当。价值分崩离析，那么一切都成为可能。施特劳斯认为，现代虚无主义的核心是否定古代意义上的“自然正当”与“超越理性”，即否定价值、真理与意义的自然基础，将价值、真理与意义的基础确定为“历史”的产物，由此韦伯所谓的“诸神之争”无法从根本上得到解决，也导致了好坏是非判断的不确定与虚无，它的时髦样式也就是自由主义。教育中的自由主义是我们反思教育现代性的一个非常重要的方面。对自由主义教育价值观念的反思也

① 安东尼·吉登斯. 现代性与自我认同［M］. 赵旭东，方文，译. 北京：生活·读书·新知三联书店，1998：17－22.

是我们回归本真教育价值的必由之路。

对现代性的反思不仅仅决定了教育现代性将何去何从，而且对自由主义与现代性的思虑将生产一种新的可能，即在现代性背景和价值取向中我们将如何理解教育的本质，我们在何种意义上可以将我们施加于学生的影响称为教育。对这一根本问题的反思，事关重大。

施特劳斯对自由主义的批判在于他相信自由主义孕育了虚无主义，并可能构成政体的基础（比如纳粹）。在施特劳斯看来，“现代性的危机”即“我们时代的危机”，根源就在于自由主义孕育了自然正当（natural right）到自然权利（natural rights）的怀疑论基础。如果个体成为价值判断的主体，而这种价值判断因为多元价值的不证自明而免于批判，那么社会价值的分崩离析就在所难免，高贵与低贱就再无区别。施特劳斯的观点是，世俗政治导向虚无主义和无意义性，而对个人自由的看重则带来了放纵、无序和社会的堕落。施特劳斯对此批判地指出，20世纪的“大方的自由派”（generous liberals）认为，由于人不能获得关于绝对好和绝对正确的知识，因此必须对所有关于“好或对”的意见给予宽容，承认所有的偏好和所有的文明都同样好，同样值得尊重。自由主义的核心理念之一是“个人”。它的理论基础在于认为每个成年人都有人之为人的同等价值，并享有同样的可以列举的各种权利。然而，说每个人平等地拥有特权，也就意味着权利之间没有差异。在施米特看来，自由主义使世界非政治化，它轻视政治，取消了政治的严肃性，把它变成了一种消遣。施米特在他对自由主义的批判中表现了他对自由主义的两个担心：一是作为自由主义核心的全球主义萌芽将会导致政治的衰颓，因为全球主义去除了一切有意义、高贵和光荣的东西，也就去除了政治；二是自由主义在去除了政治之余，将政治问题转化为组织性、经济性、技术性和社会学的“任务”，并由此而建立了一个以理性和经济取代战争和政治、超越了污浊和掠夺的政治世界，这样一来，政治生活服务于更高的目的的古典理性主义传统就被彻底地颠覆了。古典理论认为，人类拥有某种善或目的，所有具体的政治安排或活动都应根据符合这些善或目的的程度加以判断；人是政治的动物，所谓政治生活也就是真正进入人与人之间的关系状态以实现某种内在于人性之中的善或目的。古典政治哲学使政治服从于德性，更服从于理智德性，但现代政治哲学从马基雅维利（N. Machiavelli）开始则将德性服从于政治，从而降低了人类的可能性。在霍布斯（T. Hobbes）的学说中，自由，或者说每个人作为有利于自我保全的手段的唯一裁断者的权利，是从属于自我保全的；在自由与自我保全发生冲突时，自我保全具有优先性。而卢梭则认为社会的根基要到人的激情或情感中亦即每个人的彻底的独立性中去寻找，所谓根本的自由本质上就是自我立法。对卢梭来说，自由就是善，善的生活就在于在人道的层次所可能达到的限度内最大程度地接受自然状态。在自然状态下，人人自由而平等，人的根本性的欲望乃是自我保全的欲望，自我保全孕育着公民社会的根基。卢梭在社会根基的情感诉求方面超越了霍布斯，但当他将情感诉求用于自我保全，卢梭又回到了霍布斯。

自由主义坚持相对主义，但对相对主义的坚守是不是就是一种绝对主义？如果不是知识论的而是政治哲学地去反问，这种反诘可以理解为何以相对主义的自由主义可以成为一种普世价值。因为相对的而具有普世性？这话类似于说世界上存在着一种“方的圆”。施特劳斯的魔眼把这点看得一清二楚。但绝对主义不能理解为决绝的绝对主义、宗教的绝对主义，“绝对”只能理解为通过理性不断寻求着的“绝对”。施特劳斯对自由主义的批判一针见血，但施特劳斯对于自由主义的病症所开出的药方可能要比自由主义本身所带来的恶果还要糟糕。① 狂热的宗教情怀与一元的价值信仰是把双刃剑。西方世界的十字军东征、原教旨主义、法国大革命与东方世界中国的“文化大革命”已经证明了这一点。连根拔起自由主义无疑是快意的，但走向自由主义的反面则未必能够证明绝对主义的有效性。价值一元论坚持认为诸价值领域的基本统一性，它相信人类最终将归于统一的至善价值。用伯林（I. Berlin）的话说，它满足了人类内心“至深无比、无药根治的一种形而上冲动”。一元论无疑能够满足知识分子“就道”的愿意与民众渴望安全的心理，但一元论的虚假与暴力也随时可能（阿伦特所谓的“极权主义”的起源）；多元论相信诸价值间的不可调和性，为个体价值敞开了“选择的自由”，但多元论颇有造成价值碎片化之虞。

有必要指出，反思自由主义还不必然地就是反省教育中的自由主义，虽然前者可以构成后者的必要条件。在这里，我们不能无视目前教育研究领域特别是教育哲学研究领域的神经错乱症或者怀特海（A. N. Whitehead）所称的“错置具体感的谬误”（fallacy of misplaced concreteness）。当下教育哲学在清理传统教育哲学的知识论范式方面确有成效。但当下教育哲学的知识生产，不外是将域外政治哲学的研究成果“复制”到教育研究中来，它只是披上了一件“教育”的外衣而已。教育研究将政治哲学的研究成果视为某种不证自明的东西，教育哲学对

① 施特劳斯绝对主义的政治哲学立场和回归经典独具慧眼，对中国大陆政治哲学的走向影响深远。在中国大陆，一批最有哲学潜力的青年人很迅速地成为施特劳斯的信徒。我们在关注施特劳斯绝对主义立场对于虚无主义的拯救这种积极意义的同时，也不能不看到施特劳斯的问题：第一，施氏刻意夸大了哲学家与民众的对立，以为哲学家的生存留下空间；第二，施氏虽然提出哲学要下降到洞穴，但他的哲学其实蔑视民众，蔑视经验；第三，施氏的哲学缺少宽容，这使得一个绝对主义的立场过于决绝，其哲学影响到的美国的保守主义政治便有些暴力色彩；第四，施氏完全忽视了潜能，他也看不起潜能，他能看到的只是天赋；第五，虽然未经明言，但施氏的治国方案只能是政教合一。窃以为，施氏批判自由主义的立场学理上没有问题，只是他走得太远了。

政治哲学研究成果推广、验证，充其量不外是证明了某种政治哲学成果在教育领域的适用性而已。如同人们已经认识到的那样，演绎并不提供新知识。然而当下教育哲学研究的问题不是它没有提供新知识（设若如此，教育哲学只是一种无害的劳而无功），而是当它将政治哲学复制到教育研究中来的时候，它提供了一些坏的新知识（当然这些知识并不新，只是对教育哲学来说貌似新颖而已）。原因至为简单而又隐藏至深：这些貌似的所谓“研究”完全无视教育的特殊性。政治哲学研究试图为社会发展提供一个普适性的思想框架，这本无可厚非。但当教育哲学研究不加区别地将这些思想框架“移植”（而不是经过创造性的解释）到教育领域中的时候，这些思想就难免水土不服。

教育研究不能无视教育自身的特殊性。当下走向教育的教育研究意味着研究范式的根本转向，即从形上建构走向生活世界。形上建构不是没有意义，但如果形上建构离脱了生活世界，形上就完全成了纯粹的逻辑建构。这也恰恰悖离形而上学的初衷。如果我们根本不知道我们的生活世界在发生着什么，那么所谓的形上建构就不是关切，而是逃离。如下三种转型不仅必要，而且必然。一是从理想类型走向历史实在。理想类型的确立是必要的，但如果理想类型不与当下相关，理想类型就可能沦为一种暴力形式。二是从精英话语走向民众诉求。民众的现实承受力是精英话语得以存在的基本条件。① 三是从宏大叙事走向个体言说。有的教育哲学研究者为了所谓的“哲学味儿”，刻意地“哲学”，然而这种所谓的研究至少忽略了：“我”能否对“我”所追求的东西有所作为②；它是否真正与“我”的心灵相关；“我”如何面对哲学的不同言说。这些研究的背后没有一个“人”在。说到底，“我”只有表达的快感，没有真诚的关切。③ 因此，我们必须直面的问题是，什么才是真正意义的哲学研究？“我”是在做研究，还是仅仅在写文章？“我”是在将“我”的个体生命投入到对真理和智慧的追求中去，还是仅仅为了“说”而说？此种对宏大叙事的谨防，说到底是对那些打着一元论的幌子行使思想暴政的行径的拒绝，即使在极端意义上，放逐了理性与真理的追

① 施特劳斯和布鲁姆（A. Bloom）的所谓“下降到洞穴”的哲学造成了一种普遍的误解。表面上看起来，施特劳斯和布鲁姆都强调哲学只有走向民众才得以生存，但实际上“下降”在这里就等同于“屈尊”。它所关注的并不是民众的生活经验。哲学家认为只有有了哲学家，才有了哲学。因此为了哲学的生存，哲学家必须持存。这种强买强卖的帝国主义论调是精英话语最为赤裸的表白。

② 这一忽视至为关键。应该好好反思一下，为何我们的研究者、专家可以在知识论上轻易地成为一个绝对主义者，而在实践论上却同时可以轻易地成为一个道德相对主义者？何以那个存在论上的客观的价值序列会仅仅成为知识论上的？

③ 哈道特（P. Hadot）的《哲学作为一种生活方式》（*Philosophy as a way of life*）最明白不过地批判了哲学的话语性。哲学是生活的，是实践的，是与“我”相关的。哲学不是逻辑，哲学是挣扎，是苦难，舍斯托夫（L. Shestov）亦如是说。

求都是可怕的。

施太格缪勒（W. Stegmuller）曾对当下的道德实践正确地指出："知识和信仰已不再能满足生存的需要和生活的必需了。形而上学的欲望和怀疑的基本态度之间的对立，是今天人们精神生活中的一种巨大的分裂，第二种分裂是一方面生活的不安定和不知道生活的最终意义，另一方面又必须作出明确的实际决定之间的矛盾。"① 知识的求索与信仰的确证，形而上学的欲望和理性的怀疑，这些道德教育曾经倚助的思想观念正在发生巨大的变形。近代寻求走出道德危机的两条方案不仅相互纠缠，而且也因为彼此的攻讦而宣告破产。一方面，道德的形上价值被解构，那个客观的心灵秩序裂为碎片，一个整体的意义世界走向虚无；另一方面，道德相对主义经验性质允诺了个体道德行为的当下决定，而使道德的控诉变为被控诉的道德。在如此艰难的道德文化危机中，教育是否还能有所担当？教育是否还有一个充满希望的精神哲学？

到目前为止，我们已经看到，由科学与自由主义的共谋所打造的教育的现代性是如何地造成了教育的"无精神"状态。教育脱离生活世界的本质是教育对科学的依附，而教育脱离生活世界的恶果，也正是科学宰制生活世界所带来的一切。教育只有依附于科学才能脱离生活世界，而对生活世界的脱离，也就是教育与它的传统告别的标志性结果。脱离了生活世界的教育，从它的古典宇宙论背景中进入了另外一种精神形态，那就是它的无精神的形态。正是在这样一种无形态里，教育不再以追求智慧作为它的精神追求，追求智慧被占有知识所取代，价值秩序颠覆。一种新的"教育"产生了，而旧的"教育"消失了。教育领域的"古今之争"由此而展开。怀特海在谈到教育的这种"古今之争"时说："理想的逐渐消失可悲地证明了人类的努力遭受了挫折。在古代的学园里，哲学家们渴望传授智慧，而在今天的大学里，我们卑微的目的却是教授各种科目。从古人向往追求神圣的智慧，降低到现代人获得各个科目的书本知识，这标志着在漫长的时间里教育的失败……当理想降低到实践的水平时，其结果便是停滞不前……虽然智力教育的一个主要目的是传授知识，但智力教育还有另一个要素，比较模糊却更加伟大，因而也具有更重要的意义：古人称之为'智慧'。你不掌握某些基本知识就不可能聪明，但你可以很容易地获得知识却仍然没有智慧。"② 我们由此不得不思考的问题是，在教育的"古今之争"尖锐的今天，在一个诸神不和或者诸神之争的时代，教育已经脱离了它的生活世界本体，那么教育对智慧的追求何以可能？

---

① 施太格缪勒. 当代哲学主流［M］. 王炳文，等，译. 北京：商务印书馆，1992：25.
② 怀特海. 教育的目的［M］. 徐汝舟，译. 北京：生活·读书·新知三联书店，2002：52.

第三节 回归与“在之中”：生活世界的教育学意蕴

“生活世界”这个概念初看起来有两种基本的指向：一是世界的生活实践，一是生活实践的世界。世界的生活实践否定了观念的世界，在这层意义上所谓“回归生活世界”也就是回归生活实践的世界，这也就是包括胡塞尔、哈贝马斯以及后期的海德格尔在内的哲学家所力主并基于此对西方意识哲学传统进行批判的基本立场。此一意义上的“生活世界”可谓颠覆了柏拉图本质主义一千多年的哲学影响，生活世界不是观念世界，它比观念世界更具有真实性、完整性和源始性。生活世界的第二个指向则关涉何谓世界。世界之为世界端在于“世”显示为“界”，“界”指“界限”，它是实践之所及所向。所以当我们使用“世界”此一概念之时，我们所论及者只能是“人”。只有“人”才“有”“世界”，“人”之外的一切世内诸存在者都没有“世界”；只有“人”才有所及所向的“界限”，“动物”、“植物”本身并没有“世界”，因为它们没有生活实践活动。没有世界的动物和植物也就没有对于世界的领会、理解和认识，或者说，没有世界观。只有“人”才有“世界观”。所谓世界观也就是“人”对于“世”之领悟的那个“界”。海德格尔把那个领悟“世”之“界”的特别的存在者“人”称为“Dasein”。

海德格尔认为，从存在者状态上看，此在（Dasein）是一种存在者，但它并不仅仅是众多存在者之中的一种存在者，它与诸存在者的与众不同之处在于，这个存在者为它的存在本身而存在。所谓为它的存在本身而存在，是说在此在的存在机制中，包含着这个此在在它的存在中对这个存在具有存在关系。或者说，此在的存在是随着它的存在并通过它的存在对它本身开展出来的。对存在的领悟本身就是此在的存在规定。海德格尔由此得出结论认为，此在是一种存在论的存在。①“存在论地存在”的此在（Dasein）不仅对世内诸存在者有所作为，而且也以领会存在的方式显现其自身，海德格尔将此在的这种方式称为“生存”。此在对存在者有所作为，此在显示其自身的源始性则在于此在存在在世界之中。海德格尔指出，凡是以不具备此在式的存在特性的存在者为课题的各种存在论，都是赖此在自身的存在者状态的结构为根基并作说明的，而这种此在的存在者状态结构包含着先于存在论的存在之领会的规定性，因而其他一切存在论所源出的基

① 海德格尔. 存在与时间［M］. 陈嘉映，王庆节，合译. 北京：生活·读书·新知三联书店，1987：16.

础存在论（fundamental ontology）必须在对此在的生存论分析中来寻找。此在的“生存论地存在”是指此在领会他所处的世界，并于领会之际建立与世界的亲缘关系。世界向来是“我”和他人共同分有的世界。此在的世界是共同世界。“在之中”就是与他人共同存在。他人的世界之内的自在存在就是共同存在。人是共处的存在，共同在世、在世之中，对人来说是本己的存在方式。所以“在之中”并不仅仅是此在的一种实际状态，而是具有本体论的意义。此在“在世界中存在”意指此在以一种处理、实现、完成、沉思、探究的方式与世界打交道。

“人”不是“物”。“人”既不是世界中的某一“物”，也不是某种特别的“物”。“人”是“人”。“人”是“人”意味着“人”与世界建立着因缘关系。“人”在世界中领会着“人”与世界的关系，此种领会先行决定了“人”成为“人”的样子。“人”让世界出现。“人”让世界出现恰恰是世界“让”人参与到其敞开状态中。世界“让存在”即让存在者成其所是。存在者在世界中成其所是即存在者本身展开，即存在者自身的“绽出”（ek－sistent）。存在者的“绽出”“展示”和“保存”了世界的展开状态，正是由于这样“绽出”的存在者参与，世界与“人”的这种因缘关系才得以显露。只有这种因缘关系显露了，人才是其所是，“人”才成为“Dasein”。① “Dasein”有其世界。此在关联着世界，世界与“此在”的关系具有四重规定性：世界所指的与其说是存在者本身，还不如说是存在者之存在的一种如何；这种如何规定着存在者整体，它根本上乃是作为界限和尺度的任何一种一般如何的可能性；这一如何整体在一定程度上是先行的；这一先行的如何整体本身相关于人之此在。② 即此在不仅“有”世界，而且只有超越世界，此在才显示为“Dasein”。显示为“Dasein”的“人”与世界的关系因而是精神性的而非物质性的，因为“人”对世界的超越是精神性的超越。

此在“看护”着世界并使世界敞开。此在敞开着、展示着世界的状态，也就是此在的“绽出”状态。在世界与此在的因缘关系中，此在与世界保持为整体。此在的“教育”因而也必须参与到世界中保持此在与世界的整体性，从而“追求教育”就意味着存在性地参与世界。只有通过参与世界生成，“人”才能保持其整体性，而教育才能成为具有整体性的教育。教育的整体性建基于此在与世界的“意蕴”，教育的整体性亦即教育建立起自身的“意蕴”。此在领会着世界，在熟悉此在与世界关系中，此在对它自己“有所授意”，它使自己源始地就其在世来领会自己的存在与能存在。此在就其在世来领会自己的存在，先行决定

---

① 海德格尔．海德格尔选集：上［M］．孙周兴，选编．上海：上海三联书店，1996：223.
② 海德格尔．海德格尔选集：上［M］．孙周兴，选编．上海：上海三联书店，1996：175.

了此在的存在，即展示为此在存在的目的，亦即此在的“为何之故”的存在。“为何之故”赋予某种“为了做”以意义，“为了做”赋予某种“所用”以含义，“所用”赋予结缘的“何所缘”以含义，“何所缘”赋予因缘的“何所因”以含义，这些关联则在自身中勾缠联络而形成源始的整体状态，此在就在这种赋予含义中使自己先行对自己的在世有所领会。这种赋予含义的关联整体即为意蕴。意蕴就是构成了世界的结构的东西，是构成了此在之为此在向来已经存在其中的所在的结构的东西。① 此在与其世界的整体性关系由此显露为“意蕴”，“意蕴”构成世界。教育的整体性的建立因此在“意蕴”世界的能否建立中找到着落。教育的整体性即世界的整体性。教育世界的整体性即舍勒、雅斯贝尔斯所谓的“大全”。舍勒认为：“有这样一种整体性，它不是作为知识和人的训练的对象或其劳动、行为的抵抗的世界部分，而是世界整体性；再现所有在人从未能完全把握的存在偶然性中的宏大、绝对、实在的宇宙中实现的、处于分离状态的事物的所有本质观念和本质价值的世界整体性。一个这样的‘大全’，在个体性的人中综合着和综合了的‘大全’，才是教育世界。”② 教育“意蕴”世界的建立，标志着教育问题不再通过“教育者”与“受教育者”得到阐释，而是“教育”自身问题的建立。教育的“为何之故”即教育的“何以可能”，教育的“何以可能”引领教育“究竟何为”，即教育的终极目标。

教育是此在的存在方式。随着教育在人的发展乃至社会发展中的作用越来越引人注目，教育作为此在的存在方式也越来越得到关注和承认。然而，教育如何作为此在的存在方式，以及教育何以作为此在的存在方式等关键性问题并没有得到揭示。虽然教育的功效大行其道，然而教育与此在的本真关系、教育对于此在的意义等生死攸关的事情依然晦暗不明。何谓“受教育”？“受教育”不是说被动地“接受”教育，或只有在学校中接受教育才称得上“受教育”。“受教育”与学校形式毫无关系。所谓“受教育”，乃是“在教育之中”。“在之中”具有生存论上的性质，海德格尔认为，“在之中”是此在形式上的生存论术语，而这个此在具有在世界之中的本质性机制。③ “在教育之中”并不意味着现成的东西在“空间”上的“一个在另一个之中”。“之中”根本不意味着空间或场所的“之内”。海德格尔通过词源学的考察认为，“之中”（英文“in”；德文“inhe-it”）源自 innan-，其源始意义是居住、逗留。“an”（“于”）意味着：“我已住

---

① 海德格尔. 存在与时间 [M]. 陈嘉映，王庆节，合译. 北京：生活·读书·新知三联书店，1987：108.

② 舍勒. 舍勒选集：下 [M]. 刘小枫，选编. 上海：上海三联书店，1999：1369.

③ 海德格尔. 存在与时间 [M]. 陈嘉映，王庆节，译. 北京：生活·读书·新知三联书店，1987：68.

下，我熟悉、我习惯、我照料”。“在……之中”的生存论意义于是在于：“我居住于世界，我把世界作为如此这般熟悉之所而依寓之、逗留之”。① 教育构成世界。所谓“受教育”的生存论意义即在于此在总已“在教育之中”。“在教育之中”并非此在可有可无的属性。此在总已如其所在地“在教育之中”了。“在教育之中”也并非人已先准备好了，而是总需先得有一个“教育”的世界显现出来。此在就是已“在教育之中”，只有此在总已寄居于“教育”之中，才能够从“教育”方面来揭示与之照面的存在者，此在才能“知道”“教育”、“利用”“教育”，才能够“有”教育。此在“在教育中”显豁此在本质性的存在方式。在形式化教育总是继承了前形式化教育的意义上，“教育”是属于此在自身性的，此在本质上是与“教育”相关联的。此在由其“教育”世界而给出规定显示其“自身”。“教育”给出意义。舍勒由此指出：“如果我们考察‘教育’问题，首先考察理想性和完美性的教育，而不只是教育过程，那么就可以得知：教育首先是一种个体性的特殊形式、成形和节奏。人的一切自由的精神活动在其界限内并按其尺度展开，人的‘行为’的所有心身无意识的生命表现形式（表达和行动，言谈和沉默）也由其引导和控制。因此，教育不是一个知识和体验的范畴，而是一个存在的范畴。”② 人，每一个人原则上是并且始终是需要教育的。目前教育终身化的反思尚不能触及其本质所在（比如从脑神经的“生长”和“利用”方面的求证已经使这一关键性的问题偏离了方向）。人，每一个人之所以原则上是并且始终需要教育，根本地是因为“教育”是人的生命形式。

然而，问题并不仅限于此。因为明言“教育”是人的生命形式尚未避“教育”与人的“自然”生命形式区别之嫌。如果“教育”只是人的“自然”生命形式，那么人还“额外”地需要“教育”吗？如果“教育”不只是“人”的“自然”生命形式，那么它在“人”的“自然”生命形式之外，还“多”了些什么呢？既然已然“多”了些什么，再将“教育”称为人的生命形式还有什么理由呢？关键的问题在于“教育”既奠基于此在的“生命”之中，又提升此在的“生命”。“教育”作为此在的必须性、必然性方式，奠基于此在的“生命”之中，但并非一般性地奠基。“教育”的奠基意义乃是“教化”。教化首先是一种“自然造就”，它意指外在的形象的形成。教育奠基于生命的首要的和前提性的意义，就在于教育首先产生于此在的“自然造就”的形式。教化在“自然造就”的基础上又意指人类发展自己的天赋和能力的特有方式。但教化并非仅限

① 海德格尔．存在与时间［M］．陈嘉映，王庆节，译．北京：生活·读书·新知三联书店，1987：67．

② 舍勒．舍勒选集：下［M］．刘小枫，选编．上海：上海三联书店，1999：1369．

于对天赋素质的培养。对自然素质的培养乃是发展某种被给予的东西，因此自然素质的训练和培养只是一种达到目的的单纯手段。但在教化中，某人于此并通过此而得到教化的东西，完全变成了他自己的东西。因此，教化作为相对较高价值的形式——作为基础的评价体验和意愿体验——引发、决定经验从而根本地区别于经验的沉淀。① 黑格尔也认为人类教化的一般本质就是使自身成为一个普遍的精神存在。教化作为向普遍性的提升，乃是人类的一项使命。② 由此可见，人类不仅必须"有"教育，必然"有"教育，而且还必须、必然通过"教育"达到"教化"的目的。

无论是卢梭的"教育赋予我们在出生时所缺乏的一切和我们作为成人所需要的一切"，还是康德的"人只有通过教育才成为人"，都事实上将"教育"理解为除了"受教育者"的"自然生命"之外形成人格的所有条件的总和。也正是在这一意义上，卢梭和康德才成为教育现代性的先驱。教育提升了生命。即使以精细解析为能的布列钦卡（W. Brezinka）在对"教育"的多义性大肆铺陈以后也不能不得出"教育是人们尝试在任何一方面提升他人人格的行动"③ 的结论。贯穿于人类存在的生活意义的不完满和生存价值目的之间的矛盾冲突，是人类生存的无奈本质。人们希望通过"教育"带给人类存在的美好未来，而且"教育"可以通过人们的努力达成这一点，因为说到底，"唯有教育，可以按其合目的性和品质来引导人类走向健康的合作与和平的生活，走向繁荣和文化……这是与人类及每个人固有价值的生存本身休戚相关的事情"④。人类所面临的生存困境，既有来自于事实方面的，更多的则是价值和意义方面的，"教育"对"什么是应该的生活"、"怎样的生活是值得过的"、"什么是更美好的生活"的追问，内在地体现为"教育"对美好生活的关涉。无论是通过"教育"把人培养为"自然人"（卢梭）、"社会人"（涂尔干）、"文化人"（施普朗格，E. Spranger），或者认为教育的价值在于培养"精神人格"（康德）、"道德人格"（赫尔巴特），"教育"都表现了人类对未来存在的希冀。在对"教育"的理解中，无论种种解读是多么的不同，"教育"都表达了人类存在的理想。没有一个人是完美的，也没有一个社会是完美的，而教育恰恰就抱有这种完美的期望。一种文化的真正悲哀是其教育丧失对未来的"筹划"决心和"筹划"能力。教育

① 胡塞尔. 哲学作为严格的科学［M］. 倪梁康，译. 北京：商务印书馆，1999：54.

② 加达默尔. 真理与方法：上卷［M］. 洪汉鼎，译. 上海：上海译文出版社，1999：14.

③ 沃尔夫冈·布列钦卡. 教育科学的基本概念［M］. 胡劲松，译. 上海：华东师范大学出版社，2001：75.

④ S. 拉塞克，G. 维迪努. 从现在到2000年教育内容发展的全球展望［M］. 马胜利，等，译. 北京：教育科学出版社，1996：281.

的价值内在于人的存在价值。每一种教育追求都无一例外地体现为一种“理想的价值系统”。

人们之所以孜孜不倦地追寻“教育”的意义，之所以热衷于寻找教育“真正的定义”或“正确的、最佳的”纲领性意义，一个根本的原因在于对“教育”的理解与“人的形成”具有自相关性。对“教育”的理解之所以并不与“冰淇淋的真正味道”的问题相像，是因为一个是纯粹口味的偏好问题，一个是真正的生死攸关的价值问题。[①]“教育”不仅作为此在的生命提升的方式，而且根本地就是一种生存方式。在现代教育背景下，教育作为此在的生存方式越发突出和明晰。能否受到恰切的教育在今天更紧密地关涉此在能否“有”幸福生活。教育是此在的教育。人们不仅“通过”“教育”理解存在的意义，而且“教育”本身就展现为一种意义。“教育”从根本上标志着此在的根本的运动性——它的有限性、历史性、精神性——从而此在的全部世界经验表现为“教育”的世界。在“教育”中，此在的存在方式得到了表达，并“通过”“教育”，此在对“教育”的理解构成了它对世界存在的理解。所以，教育并不像康德所武断地认为的那样，“人只有靠教育才能成为人”，而是恰恰相反，一个人只有首先作为一个人，他才受教育（然而“人”与“主体”无关）。教育的存在意义和价值必须赖此在自身的存在状态得以说明，而教育也根本地作为此在自身的存在状态。“教育”不是外在于“主体”的可操纵的“对象”，而是与此在统一起来的关系统一体。教育并非为了一个未经明言的未来目标而做好准备，仿佛“将来只是作为将来”，“教育”与此在是“一起发生的”。此在将自身置入“教育”之中。“置入”并非“一个”进入“另一个”，而是意味着向一个更高的普遍性的提升。为了能够“置入”，此在必先得对“教育”有所“筹划”。只有先行有“视域”，此在才能进入“教育”的视域。此视域，亦即此在对“存在”的先行理解和把握。它怎样理解存在的可能性，它就怎样接受作为此在可能性的“反冲”。作为领会的此在向着可能性“筹划”它的如何存在，也就是“筹划”它如何即怎样“有”教育。如此，“教育”之为“教育”才随此在的领会一同被揭示，“教育”之因缘整体性才得以紧缚在意蕴的指引联络中。教育乃是人类从其自身学到的一切。[②] 教育自身表现为一种意义。作为“意义”，“教育”不是此在的一种可有可无的属性，也不是躲在此在背后的“附属品”，而是充满此在。

---

① 索尔蒂斯. 教育的定义 [G] //瞿葆奎. 教育学文集·教育与教育学. 北京：人民教育出版社，1993：36.

② 联合国教科文组织国际教育发展委员会. 教育——财富蕴藏其中 [M]. 联合国教科文组织总部中文科，译. 北京：教育科学出版社，1996：20.

第四节 筹谋与启智：回归生活世界的教育哲学

如果尝试着追问教师这样一个问题：我们如何来判断一种教育行为或场景是否具有教育意义？我们得到的回答会大同小异，那就是这种行为或场景是否符合教育学教材关于教育的标准定义。这个回答既在意料之中，又令人沮丧。我们的教师与学生已经习惯于用预先设定的客观标准来区别教育学意义和非教育学意义，而完全置当时所处的具体情境于不顾。笔者认为问题并不出在他们身上，我们的教育理论研究当是难辞其咎。教育研究告诉他们，教育理论指导教育实践，教育实践决定教育理论。当这些教育“圣经”被教条式地灌输并被教条式地理解时，教育实践是否“符合”教育理论就自然地变成了判断教育实践是否具有教育学意义的最终衡准，而如果教育实践者又根本上弱于对教育理论的反思，那么教育理论的暴力就注定横行无忌。正如布迪厄所指出的那样，“只要我们未能对那些深深嵌入我们对世界思考的事实中的预设（这些预设认为要思考某一行动我们就要从世界和世界中的行动引退出来）进行系统的批判，我们就有可能错误地瓦解实践的逻辑，使之消解于理论逻辑之中”①。由此可以理解的是，为什么我们拥有了如此众多的理论，而这些理论又如此地弱于对教育实践的解释和指导。

究其何以至此，笔者认为一个根本的原因还在于我们的教育哲学。自康德的符合论以及马克思主义的真理符合观以来，在教育理论与教育实践的二元对立意义上，我们已经习惯于用精致的教育理论去概括粗糙的教育实践。一旦这个用概念组织起来的解释框架得以产生（或者成为意识形态），就拥有了比实践本身更具权威的说服力，因为教育实践是具体的，而通过抽象建立起来的理论框架则是普遍的。而一旦教育理论与教育实践之间发生矛盾，我们从来不会怀疑教育理论本身是不是出了问题，而是指责教育实践并没有按照理论的指导去行进。这样一来，教育理论越来越精致，越来越逻辑化，从而也就越来越“放之四海而皆准”，而这种普适性所面对的并非活生生的教育实践，如它们所宣称的那样，而是抽象的概念和逻辑。既然概念是对事实的把握，那么对概念的操作也就是对事实的操作。这就是我们当下的教育理论研究工作者醉心于理论研究而完全无视教育实践的根本原因所在。更令人沮丧的是，教育理论研究工作者渐次生成了一种信仰，即理论就是实践，理论与实践之间具有本然的统一关系。既然如此，那么

① 布迪厄，华康德．实践与反思［M］．李猛，李康，译．北京：中央编译出版社，1998：157.

冰冷的逻辑也就成为生动的实践。当我们操作概念时，我们竟至认为我们所面对的是生动的实践，这可能是我们当下教育理论研究工作者所遭遇的最可怕的幻象。而这一幻象则根源于我们所身处其中的现代主义。大卫·杰弗里·史密斯（David Geoffrey Smith）认为："现代主义的贫困表现为万物皆以西方传统特有的、根深蒂固的偏见出发，即认为概念、公式、观点等，总是一劳永逸地作为现实，最终指向某种固定的、封闭的、可命名的东西。其基本姿态和腔调是极为专横的。这种随柏拉图、基督教和笛卡尔传统而产生的西方式决心，旨在让事物正确，不仅是认识论上（获得正确知识）正确，而且要充当正确，要把各自的生命宣称为正确。从哲学上讲，这类做法是先让自己的观念和思想形成条理（如关于自己的童年的理论），然后让它们作为客观现实发挥作用。从教育领域看，现代主义的这些冲动导致了臭名昭著的理论与实践的分离，因为现代主义总是从智力和认识活动出发，而未将注意力放在实在的日常生活上。将他者客观化为公式化的、可操纵的、理论的范畴，便意味着自我与他人之间任何必要的联系被切断了。他者烟消云散了，只是供你用作你已全知全懂的某个东西的例子；自己与他人之间再也没有深刻的人性或连续性的联系。从形式上讲，这类行为被哲学家理查德·罗蒂（Rorty）称为'表象主义'（representationalism）。法国哲学家雅克·德里达将西方这个根深蒂固的禀性命名为'逻各斯中心论'（logocentrism）或'形而上学存在论'（the metaphysics of presence）。厄尔默（Gregory Ulmer）曾将这种逻各斯中心传统称为'帝国的体制'。"①

笔者一直认为，教育理论与教育实践之争其实是一个伪命题②，它不过是把我们所追求的那个权威性的东西从一个极点推到了另外一个极点而已。答案的转换并没有从根本上转变我们讨论问题的方式以及问题本身的性质。在教育理论与实践的争执中，教育现象本身被遗忘了。教育现象之所以被遗忘，根本原因在于教育理论宣称已经从教育现象之中"看"到了教育的本质，从而使教育现象本身成为了某种毫无意义的剩余物，而不是某种源生性的存在方式。可以说，教育本质论无望地剥夺了教育的现象意义。我们在一个理念的世界里满足于我们对教育观念的种种"制作"，而当教育理论"风干"了鲜活的教育现象，我们越是言说教育，我们离本真的教育就越远。这不能不说是当前教育理论研究的异化。正是在这一意义上，笔者认为向生活世界回归对当下的教育哲学来说才成了一个合理的建设方案。目前教育哲学也正是以突破教育的观念进入教育的生活世界为己

① 大卫·杰弗里·史密斯. 全球化与后现代教育学［M］. 郭洋生，译. 北京：教育科学出版社，2000：147.

② 高伟. 一个劳而无功的虚假性命题［J］. 北京大学教育评论，2005（1）：59－64.

任的，在这一过程中，教育现象学无疑成为了所有的方案中最为著名的一个。

教育现象学的全部努力，在于试图寻找回归到教育的现象世界的可行方案，而这个方案也构成了教育回归生活世界的时代性质。胡塞尔指出，现象学是对生活世界的研究——一个即时体验而尚未加以反思的世界。现象学研究的目的在于获得我们对日常生活体验的本性或意义更深刻的理解，其出发点和归宿就是生活体验，现象学旨在描述我们在世界中前反思性的体验方式。梅洛 - 庞蒂（M. Merleau - Ponty）曾经指出，现象学人文科学的最终目的是重新获得与世界直接而最初的联系。这些与生活世界最原初的联系方式可以通过访谈、观察、日记、札记、笔记的方式提供线索，即通过个人生活故事的书写与对他人生活轶事的观察这种前反思的方式，获得对生活世界的最基本的体验。同时，教育现象学的意义还在于造就一个关心实践、追求实践智慧的教育家群体。在其代表作《教学机智——教育智慧的意蕴》的英文版序言里，范梅南谈到了他的教育现象学的写作宗旨，他说："一个优秀的教育家是如何造就的呢？有人可能学了所有课程开发方法（curriculum methods）和所有教学技术却仍然是一个拙劣的教师。善于思考的教师是怎样做的呢？哪些知识有助于反思性的教育学呢？本书不只是用头脑而且用心，更确切地说是用整个身心来表达，不是从理论上而是在实践中来讨论这样的问题。"① 与把教育学视为"研究教育现象、揭示教育规律、阐明教育理论"的理论学科不同，范梅南把教育学视为一门实践性学科，一方面，教育者需要为了儿童的幸福随时准备站出来并接受批评；另一方面，教育学是一种自我反思的活动，它必须愿意对它所做的和所代表的随时质疑。他说："教育学根本上是一门实践的学问。教育学不能从抽象的理论论文或分析系统中去寻找，而应该在生活世界中去寻找，在母亲第一次凝视和拥抱新生儿时，在父亲静静地约束孩子盲目地横过大街时，在老师向学生眨眼睛对学生的工作表示赞赏时。"② 在欧洲传统教育观念里，教育学无疑属于"人文科学"，但哲学家加达默尔在其《真理与方法》中指出，狄尔泰或后来的胡塞尔为发展一种客观的人文科学而专注于方法和技巧的追求，以至脱离了生活的真正含义。人文科学之作为人文科学，正是在于它旨在阐明人类现象的意义，理解意义的生活结构。正是在这种观念的指导下，范梅南将现象学引入到教育学的研究之中。

现象学研究的首要特点是它总是起始于生活世界。当我们以原始的、前反思

① 马克斯·范梅南．教学机智——教育智慧的意蕴［M］．李树英，译．北京：教育科学出版社，2001：英文版序：Ⅰ - Ⅱ．

② 马克斯·范梅南．教学机智——教育智慧的意蕴［M］．李树英，译．北京：教育科学出版社，2001：42 -43．

的、前理论性的态度对所经历的事件的本质进行反思时，能够在真正教化的意义上转化或重塑自我。范梅南由此认为，人文科学研究本身就是一种教化或教育。解释现象学不仅为教育学研究提供了一种方法或技巧，更重要的是，作为人文科学的教育学研究的目的，在于培养一种批判的教育能力。为了达到这一目的，解释现象学“鼓励我们对日常教育生活中琐碎细节的关注。它使我们理智地从非逻辑中找到逻辑，从当然中找到理所当然”①。这也就是“面向事实本身”的“现象学精神”。可以说，只有当现象学进入教育学研究的视野，回归生活世界的教育才是可能的。我们也只有通过现象学精神来扭转我们沉沦于中的逻辑化世界。那么，究竟何谓现象学？何谓教育现象学？

如果不避简单化之嫌，笔者认为，所谓教育现象学就是立足于“现象学精神”的教育追问。教育现象学是“教育现象 - 学”而非“教育 - 现象学”。教育现象学执拗地观察、反思教育现象，而现象学为教育现象学观察、反思教育现象提供了理论基础。不立足于现象学精神，就无所谓教育现象学。那么，何谓现象学精神？

给予现象学一个清晰的纲领性定义几乎是不可能的，加达默尔曾经说过，“几乎每一个可以划到现象学运动中去的学者都提出过‘现象学是什么？’这个问题，并且对问题的回答都各不相同”②。“现象学究竟是什么？”这个问题与现象学家富有个性的思想进路密切相关，胡塞尔称之为一种“思维态度”，舍勒称之为一种“观点”，海德格尔称之为“路标”，梅洛 - 庞蒂称之为一种“风格”。但所有这些变项之中的“不变项”则是胡塞尔在《哲学与现象学研究年鉴》创刊号上所提出的“现象学精神”。他说：“将各个编者联合在一起并且甚至在所有未来的合作者那里都应当成为前设的东西，不应是一个学院传统，而毋宁说是一个共同的信念：只有通过向直观的原本源泉以及在此源泉中汲取的本质洞察的回复，哲学的伟大传统才能得到直观的澄清，问题才能在直观的基础上得到新的提出，尔后也才能得到原则上的解决。”③ 1907 年，胡塞尔将现象学定义为“现象学：它标志着一门科学，一种诸科学学科之间的联系；但现象学同时并且首先标志着一种方法和思维态度：特殊的哲学思维态度和特殊的哲学方法”④。作为一种思维态度，现象学精神排斥任何间接的中介而直接把握事实本身。现象学不

---

① 马克斯·范梅南. 生活体验研究——人文科学视野中的教育学［J］. 宋广文，等，译. 北京：教育科学出版社，2003：10.

② 加达默尔. 哲学解释学［M］. 夏镇平，宋建平，译. 上海：上海译文出版社，2004：141.

③ 倪梁康. 何谓现象学精神［G］//中国现象学与哲学评论：第一辑. 上海：上海译文出版社，1995：2.

④ 胡塞尔. 现象学的观念［M］. 倪梁康，译. 上海：上海译文出版社，1986：24.

仅仅是一种方法，也是一种哲学观念，它不描述哲学研究对象所包纳事情的“什么”，而描述对象的“如何”。海德格尔后来将这个纲领概括为“面向事实本身”，这一概括成为现象学精神的标志：“‘现象学’这个名称表达出一条原理；这条原理可以表述为：‘走向事实本身！’——这句座右铭反对一切飘浮无据的虚构与偶发之见，反对采纳不过貌似经过证明的概念，反对任何伪问题——虽然它们往往一代复一代地大事铺张其为‘问题’。”① 另一个可以将思想进路迥异的现象学家结合起来的纽带是现象学的工作风格。现象学家都不是体系哲学家，而是启示哲学家。他们都无意于打造一个无所不包的形而上学体系，都是踏踏实实地进行“工作哲学”的基础研究。这一扎实的基础研究既表现在现象学家的概念分析和实事描述之中，也表现在其扎实的人生体验反思中。胡塞尔说，现象学要求现象学家们自己放弃建立一个哲学体系的理想，作为一个谦逊的研究者与其他人一起共同为一门永恒的哲学而生活。现代现象学与作为严格科学的哲学的历史使命紧密地联系在一起。在《欧洲科学危机和超验现象学》里，胡塞尔将哲学的危机归结为伽利略的客观主义与笛卡尔的怀疑主义的分裂以及实证主义对意义问题的驱逐。科学由于局限于实在的事实，排除了价值与意义问题。这一科学的危机本质上是哲学的危机、人性的危机、人类生存变得没有根据的危机。而为了应对这种危机，就需要澄清近代哲学那些悬而未决的基本概念与假设，将其建立在自明性与清晰性的基础之上。而这就是现象学、现象学家的使命。

现象学既具有强烈的批判性，又具有综合创新性。倪梁康将现象学的这种创新性和包容性概括为三个“中介”，即中介于逻辑学与心理学之间；中介于实证主义与形而上学之间；中介于思辨哲学与诗化哲学之间。② 从研究对象上来看，胡塞尔开辟了一门全新的学科。胡塞尔解释说：“纯粹现象学展示了一个中立性研究的领域，在这个领域中有着各门科学的根。一方面，纯粹现象学服务于作为经验科学的心理学。它纯粹直观地——特别是作为思维和认识的现象学——在本质一般性中分析和描述表象的、判断的和认识的体验，心理学将这些体验经验地理解为动物自然现实关系中的各种偶然实体事件，因而只对它们做经验科学的研究。另一方面，现象学打开了‘涌现出’纯粹逻辑学的基本概念和观念规律的‘泉源’，只有在把握住这些基本概念和观念规律的来历的情况下，我们才能赋予它们以‘明晰性’，这是认识批判地理解纯粹逻辑学的前提。纯粹逻辑学在认

① 海德格尔．存在与时间［M］，陈嘉映，王庆节，合译．北京：生活·读书·新知三联书店，1987：35.

② 倪梁康．现象学运动的基本意义［J］．中国社会科学．2000（4）：73－76.

识论或现象学方面的基础工作中包含着许多极为困难、但却无比重要的研究。”①从研究方法上看，现象学对事物的描述和反思既有利于实证主义者，也有利于形而上学家，它是任何一种唯心论和实在论的必然出发点，它对各种精神来说都意味着思维的坐标。从思维风格上看，与思辨哲学的解释性、建构性相比，现象学是描述的与写实的，但同时现象学又具有诗化哲学想象。现象学的启发性是它生命力久远的一个重要保证，它既启发了一切人文社会科学领域的研究，也激励了各文化类型开启新的“思”的资源。正如海德格尔所言，现象学是一条“道路”，启发着各种“思”的可能。

现象学是西方哲学发展史上的一个转折点。首先，自柏拉图以来的本质主义受到全面的质疑。传统哲学的主要错误在于预设了现象背后的不可直接显现的事物的本质，而事物的本质却依赖于主观思维的推定。现象学试图回到事物本身，摆脱近代哲学从笛卡尔以来的心理主义困境。其次，现象学在拒斥形而上学的时代张扬了人的意义和实际生活的意义，将人生的意义问题、价值问题与人类历史的目的问题摆置在哲学的核心位置之上。所有现象学家，无论其思想进路如何，都一贯地保持着对生活世界问题的思考与关注。再者，就现象学自身的品质而言，它表现出了一种彻底的哲学精神。所谓彻底的哲学精神，是指诉诸一切知识的“起源”或“根源”，即不断地反思、探索、追根溯源，而这个“起源”就在于“事物本身”。现象学认为，为了探讨现象本身的更细微结构，就应该扩大我们直接经验的范围，尊重与倾听现象，在通常意义的现象之中去寻求我们全部概念的根据。教育学面临着与现象学同样的境遇，也承担着同样的历史使命，教育的反本质主义、求索人生意义与价值、回归教育本真的历史使命，要求教育必须回到教育现象上来，“反对一切飘浮无据的虚构与偶发之见，反对不过貌似经过证明的概念，反对任何伪问题”，寻找教育之为教育的那种本体论依据。这使得教育学秉承现象学精神不仅必须，而且必然。

教育现象学有其丰富的现象学思想资源，对这些资源的汲取、吸纳同时也构成了教育现象学不同的思想旨趣，从而形成了教育现象学丰富的多元性与折中性(eclecticism)。我们并非以精确的哲学或历史的框架来安置这些思想资源，而是将问题聚焦于那些启发教育现象学的思想基础。

首先是超验现象学。胡塞尔的超验现象学是最严格意义上的现象学，也是一切所有其他现象学的根基。胡塞尔的超验现象学基本上可以分为三个层面：一是早期思想中的意向性理论，二是现象学还原理论，三是“生活世界”理论。

---

① 胡塞尔．逻辑研究：第二卷　第一部分［M］．修订本．倪梁康，译．上海：上海译文出版社，2006：4．

胡塞尔的意向性理论以《逻辑研究》为代表。在这部现象学的奠基性著作里，胡塞尔认为心理主义的根本错误在于混淆了自然规律和逻辑规律。自然规律是经验的概括，而逻辑规律则是先天的原理。数学和逻辑的规律是不能归结为心理规律的一种自在的规律，意识只能发现它们，而不能创造它们。心理主义企图从偶然的、真理性的关于心理过程的经验中，概括推导出具有必然性的、真理性的逻辑规律，这是错误的；逻辑的绝对必然的、确定的基础，必须源于描述和分析作为逻辑的先天基础的意识的结构。这也就是胡塞尔所开创的现象学的方法。在《逻辑研究》的第五研究，胡塞尔提出了意向性理论。意向性是现象学的核心概念，在某种意义上，意向性就是现象学。胡塞尔认为，纯粹意识具有一种意向活动与意识对象相对应的结构，而现象学即致力于探索意向活动的一般结构即意向活动的意向内容。在《逻辑研究》的第六研究，胡塞尔从意向性出发提出了他的意义理论，认为意义就是对意谓行为的环节的观念性把握，意义是一种观念性存在，独立于个体的活动，始终保持自身的观念性。由于意义是观念的、超时间的，不依赖于意识活动，因此也就具有了纯逻辑的性质。胡塞尔的意向性理论（在某种意义上即其现象学）构成了现象学家们的思想基础。

现象学还原由以下几个基本观念构成：一是自我给予性观念，二是知觉自明性的观念，三是超验还原的观念。而“生活世界”理论是胡塞尔后期最有影响的理论，也是现象学具有中心意义的一个概念。胡塞尔认为生命体验的意义来自于一个普遍的境域，它是一切经验的历史基础，先于科学世界，这个世界就是生活世界。胡塞尔试图恢复我们对生活世界的直观理性的信任。在《欧洲科学危机和超验现象学》中，胡塞尔要求还原到生活世界，但同时又指出，还原到“这种在前科学意义上对我们适用的生活世界”“决不是就已经足够了”，因为生活世界是不能通过生活世界中的态度来研究的，它始终需要那先验还原的总体框架，即全面地中止判断。胡塞尔认为现象学家明确“感到兴趣”的是返回到自然态度之后所获得的与先验的东西相一致的纯粹的精神生活，所以严格来说，胡塞尔的生活世界与先验还原所要还原的东西有关，这可能也就是我们现在所谓的“回归生活世界”的本真意义所在。

超验现象学对教育现象学来说具有“根据”的特征，即便这一理论自始至终地指向先验。教育现象学直面教育现象，关注鲜活的、丰富的、生动的教育生活世界，从纠缠于概念世界的“教育”到关注成人和孩子发生教育关系时的原初的生活体验，无疑都根植于这种思想观念。

其次是存在现象学。海德格尔、萨特（J. P. Sartre）、梅洛－庞蒂、马塞尔（G. Marcel）的现象学在某种意义上呈现出一种共通的东西，那就是他们更加关注“生活经验”、“存在样式”、“本体论”与“生活世界”等问题。超验现象学关注的“奇迹中的奇迹”是纯粹自我和纯粹意识，存在现象学关注的“奇迹中的奇迹”则是存在者的存在。

对海德格尔来说，现象学的任务在于“更本源地思考现象学的本质”，所谓“更本源的思考”，就是本体论地思考存在之现象。他认为，现象学（phenomenology）这个词由两部分组成，一是“phenomeno”，意为“自我呈现者”，一是“logy”，意为“言说”，现象学由此意指存在者和存在通过中介关系于直接性中显示自身，现象学就是关注于“显示自身的，正如由它自身而显示自身，由它自身而让自身被看见”。存在向此在（Dasein）显现，人在理解存在的过程中选择自己的存在样式并对存在有所作为。海德格尔的基础存在本体论现象学开始关心人的存在方式，关心人的“在世之在”的意义。现象学对海德格尔来说只是达到他考察此在本体存在方式的手段，本体论只有作为现象学才是可能的。① 到了后期海德格尔，现象学已经变得微不足道。但当早期将情绪解释为一种对人的存在的基本样式的揭示时，他仍是一个严格意义的现象学家。

萨特接受了胡塞尔用纯粹意识的意向性活动来消除二元论的立场，但他抛弃了胡塞尔的“先验自我”的基础，取而代之以人的现实存在，这一转变被施皮格伯格（H. Spiegeberg）称为“研究人的存在的现象学的转折点”②。按照萨特的理解，意向性不是表示意识活动与意识对象之间的关系特性，而是表示意识与外界事物之间关系的特性。当意向对象以自我为对象时，意识就成为自我意识，而只是由于他人意识的出现，自我意识才成为可能。现实中的“我”与他人的关系根源即在于自我意识与他人意识之间的关系。萨特现象学本体论所言及的现象包含两种存在：自在存在与自为存在。自在存在是不依赖人的意识的存在；自为存在是对自在存在的意识显现。人的意识总是不断地在否定他的自在，总要设定并努力实现新的可能性。这一观念产生了萨特关于自由理论的基础，并使其导向存在主义的核心——通过自由承担责任。

梅洛-庞蒂对于现象学运动的发展具有非常重要的意义，施皮格伯格认为：“如果没有梅洛-庞蒂，如果没有他的学术风度，现象学就很难如此迅速地取得这样的声望，是他通过他的宏大的业绩为现象学赢得了这种声望。”③ 梅洛-庞蒂认为“现象学最重要的成就也许是在其世界概念或合理性概念中把极端的个人主义和极端的客观主义结合在一起……现象学的世界不应该被单独放在一边，

---

① 海德格尔．存在与时间［M］．陈嘉映，王庆节，合译．北京：生活·读书·新知三联书店，1987：44.

② 施皮格伯格．现象学运动［M］．王炳文，张金言，译．北京：商务印书馆，1995：692.

③ 施皮格伯格．现象学运动［M］．王炳文，张金言，译．北京：商务印书馆，1995：783.

不应该变成绝对精神或变成实在论意义上的世界”①。与海德格尔和萨特一样，梅洛－庞蒂同样拒绝现象学还原到先验意识上去，“还原最重要的教训就是绝对还原的不可能性”②。相反，现象学描述的意义在于回到生活世界，回到人在世界之中，人正是在这个世界中认出他自己。而现象学还原的意义就在于切断我们对世界的习以为常。对梅洛－庞蒂来说，现象学是一种试图捕捉具有独特性的先于一切语言表达的事实的手段，通过现象学还原，可以使世界在本质的背景上显示出来，它用这种方法直接帮助我们。梅洛－庞蒂也扩展了胡塞尔的“意向性理论”，他认为意向性概念不仅适用于我们的意识活动，而且也构成了我们对世界的全部关系以及我们对他人的“行为”的基础。梅洛－庞蒂将“知觉”视为我们开启与世界关系的通道。知觉不是关于世界的科学，甚至不是一种行为，不是有意识采取的立场，知觉是一切行为得以展开的基础，是行为的前提。由“身体—主体”构成的世界就是知觉世界。正因为知觉本身具有可逆性，因此“我”与他人的对话与交往才成为可能。对此梅洛－庞蒂解释说：“在他人身体中看到自己的意向的奇妙延伸，看到一种看待世界的熟悉方式；从此之后，由于我的身体的各个部分共同组成了一个系统，所有他人的身体和我的身体是一个单一的整体，一个单一现象的反面和正面，我的身体每时每刻是其痕迹的来源不明的生存，从此以后同时寓于这两个身体中……在我看来，他人不再是我的先验场中的一个行为，在他人看来，我也不再是他人的先验场中的一个行为，在一种完全的相互关系中，我们互为合作者，我们互通我们的看法，我们通过同一个世界共存。”③

从关注教育的概念、逻辑到关注教育中的个体存在，关注个体存在具体的境遇，是教育现象学扭转传统知识论哲学最重要的价值体现，而这一扭转的思想动力深受存在现象学的影响。

追问存在的意义总与对存在意义的解释联系在一起。由此教育现象学的思想资源离不开解释现象学。胡塞尔将影响意识显现的历史、文化等先见通过本质还原的方式“括”了起来，以便最终获得被“先验”纯化的现象的自由视野，从而达到在我们所说的特殊意义上的现象学领域；而对解释现象学来说，被“括”起来的“先见”对于我们理解存在的意义有着非常重要的价值。这恰恰是一个需要解释的领域。海德格尔认为，现象学描述的方法论意义就是解释。描述总是在解释，这构成了解释现象学最基本的定向。解释现象学的重要哲学家包括海德

① 梅洛－庞蒂．知觉现象学［M］．姜志辉，译．北京：商务印书馆，2001：16.
② 梅洛－庞蒂．知觉现象学［M］．姜志辉，译．北京：商务印书馆，2001：10.
③ 梅洛－庞蒂．知觉现象学［M］．姜志辉，译．北京：商务印书馆，2001：445.

格尔、保罗·利科尔（Paul Ricoeur）与加达默尔等。

现象学到解释学的发展的转折点是海德格尔的本体论解释学。海德格尔认为，哲学的基本问题是追寻存在的意义。存在的意义必须以其自身的方式展示出来，而研究存在的方法就是本体论解释学。本体论解释学的研究对象是存在者的存在，它是所有解释科学或者方法论意义上的解释学的根本，本体论解释学要从本体论上搞清作为历史科学可能性的存在状态、条件的此在的历史性，它包含了那种只是从派生意义上可以被称为解释学——以历史学为特征的人文科学的方法——的根据，从而理解就是人类生命本身原始的存在性质，即通过一种“对此在的先验分析”去阐明此在的理解结构①。海德格尔本体论解释学对加达默尔产生了深远的影响。

与海德格尔的本体论解释学完全一致的是，加达默尔认为“诠释学现象本来就不是一个方法论问题”，“理解本文和解释本文不仅是科学深为关切的事情，而且也显然属于人类的整个世界经验”，② 但加达默尔的解释学思想并不是海德格尔的翻版或者后者的精致化。加达默尔哲学解释学思想仍有其独立性：一是效果历史的观念。加达默尔认为，理解具有历史性，历史性是人类存在的基本事实，真正的理解不是去克服历史的局限，而是要去正确地评价和适应这一历史性。不应把理解设想为好像是人的主观性活动，理解是将自己置身于传统的一个过程中，在这过程中过去和现在不断融合。历史的客观进程在某种意义上是无穷尽的，文本的真正意义的发现因此永远不会结束。二是“视域融合”的观念。效果历史意识使我们意识到我们所处的解释的“处境”，处境概念的本质的部分就是视域。③ 加达默尔认为，视域是人的前理解，即对意义和真理的预期。视域所特有的偏见性质在胡塞尔那里被“括”出去了，但事实上偏见永远不能被排除，恰恰是随着理解的展开，理解者的视域才进入了它要理解的那个视域，不断拓宽和丰富自己。我们试图理解传统，同时也就是在不断检验我们的“偏见”，我们的视域是在同过去的视域不断融合的过程，在这一过程中所形成的新视域超越了最初的偏见，从而为我们的新的经验和新的理解提供了可能性。三是理解的经验结构。加达默尔认为，理解就是从被理解的东西（艺术、文本与传统等）中解释我们理解世界的方式，因此一切理解都有经验的结构。经验的真理始终包含一种朝向新经验的倾向。开放性和有限性构成了经验的一般结构。加达默尔指出，解释学经验具有一种对话的模式。开放就是对话，理解就是一个对话事件。

---

① 加达默尔．真理与方法：上卷［M］．洪汉鼎，译．上海：上海译文出版社，1999：334.

② 加达默尔．真理与方法：上卷［M］．洪汉鼎，译．上海：上海译文出版社，1999：导言.

③ 加达默尔．真理与方法：上卷［M］．洪汉鼎，译．上海：上海译文出版社，1999：388.

对话使问题得以揭示出来，使新的理解成为可能。一切经验都有问题的结构，理解一个文本就意味着理解这个问题，而为了回答文本的问题，我们必须先“有”问题，也就是在我们的视域内重构文本提出的问题。通过重构，我们再去于文本中寻找问题的答案。因此文本的意义是无限的，永远没有所谓正确的理解。对话是种言语行为。加达默尔认为语言构成了人和世界的绝对的根本的关系，对人来说，世界就是语言的世界。

并不存在独立的语言现象学，现象学的语言问题常与解释学（结构或解构）联系在一起，但这些现象学思想的确在时刻提醒我们注意写作的重要性、语言的神秘力量、意义解释的偶然性以及人类理解方案中文本空间邀请的渴望。在《逻辑研究》的第一研究里，胡塞尔集中讨论了语言在意向性分析中发挥着的作为“含义意向”和“含义充实”的作用。这一语言理论其实是分析哲学的。海德格尔和加达默尔开始在本体论意义上讨论问题。到了德里达（J. Derrida），“文本自主”、“文本间性”、“话语”等一系列具有解释学性质的概念才成为一种解构主义的范式。德里达认为，意义居于语言与文本之中，而不是在主体、意识或生活体验之中，“文本之外无物”，主体间性即文本间性。德里达认为，符号的本质与特征本质上是流动的和不可判定的。文本的意义是文本自主的，既不依赖于主体（作者或读者），也不依赖于文本的外在所指。德里达通过解构的方法试图表明，不是人类现象的稳定性，而恰恰是本质的变动、“延异”，使所有的意义差别以及可辨别的特性不再稳定。拉康（J. Lacan）的语言分析理论，巴特（R. Barthes）的符号学理论，在某种程度上也受到了现象学的影响。

保罗·利科尔在法国现象学史上乃至在整个现象学运动史上都起着举足轻重的作用。对利科尔来说，现象学与解释学互为必然前提条件。利科尔认为语言既有本体论的性质，也有方法论和认识论的性质。他认为，存在体现于文本之中，这使得文本或语言具有了本体论意义。而分析和解释文本，就可以通过方法论通达本体论。文本具有与言说完全不同的特点，一是文本是独立存在的，是不依赖于作者的心理意义的；二是文本并没有一个预设的对话关系，文本的意义与重要性是从文本与它的读者的辩证关系中派生出来的；三是文本无限地指向可能性，不受直指指称的限制。因此文本具有无限的可解释性，文本解释的目的就是要突破文本语言通常意义上的层面，去理解文本世界的“弦外之音”与“言外之意”。受海德格尔影响，利科尔认为文学语言揭示了更深意义的可能的世界、原初的世界，而日常语言、科学思维和逻辑语言遮蔽了这个世界，文本解释可以使我们重新看到这个世界，从而开启自我回归、自我认同、自我理解的过程。利科尔同时发展出一种解释学方法，即叙事。叙事是种虚构。但它同时也是对“现象虚构的再现”。虚构也不是简单的再现，而是创造性的想象。虚构扩大了人类行动世界的形象，展示了我们在世的历史性。

教育现象学重视对文本的解释与反思，以寻找其生活意义或教育意义的主题；强调用日常语言即非科学的感性语言来描述直接经验和现象，以扩张体验与语言的张力，都无不借助于解释现象学的思想资源。特别是实践教育现象学，更是如此，范梅南甚至认为，"语言是现象学研究的核心"①。

早期现象学家似乎都没有对伦理问题的兴趣。比如胡塞尔的纯粹意识观念和他的"先验自我"排除了对伦理问题的关注，因为人类学早被胡塞尔认为是不纯粹的科学而被拒绝在现象学门外。而以《存在与时间》为标志的"前期海德格尔"所理解的"我"是孤独的"我"，事实上也排除了"我"与他者之间的伦理关系。对教育现象学的伦理研究最重要的启发来自于以舍勒、列维纳斯（E. Lévinas）以及博尔诺夫（O. F. Bollnow）为代表的伦理现象学。

在1913—1922年期间，舍勒将现象学推广到伦理和宗教领域，形成了以应用现象学为特征的价值伦理学和宗教伦理学。舍勒宣称，他的现象学不同于胡塞尔的现象学，并且独立于胡塞尔的现象学。他把现象学视为能够引起我们的世界观决定性改造的工具。对于现象学还原，舍勒并不将哲学作为严格科学视为其主要目的，而是将其视为精神活动的一部分，人们借助于这种精神活动可使自己免于陷入由事实构成的现实世界中。与康德的形式主义伦理学不同的是，舍勒认为价值具有直观性，在诸价值之间存在着一种偏爱的或优先的秩序。他也反对康德把法则和命令作为道德意识的基础，而强调价值现象学的优先地位即真正道德行为的自发性。舍勒认为，"情感"也具有"客观的"性质，"心"也有其"秩序"，那些超出自身之外的相关物的情感同样具有认识功能。舍勒对怨恨、同情的研究提供了情感现象学研究的典范。在《同情的本质》中，舍勒认为真正的同情是明确地把另外一个人的感情当作另外一个人的感情来对待，并不试图用自己去取代他或与之融合，而是把他当作独立的人格来尊重他。

现象学只是到了列维纳斯，伦理学才成为第一哲学。列维纳斯几乎完全扭转了胡塞尔的纯粹现象学的"自我学"取向。胡塞尔的意向性分析指向纯粹自我意识，而对列维纳斯来说，"我"在本质上依赖于一种外在性，"我"赖以生活的东西也是"我"的意向活动的条件，"我所依赖的东西"从一开始就不是"我"的，而只有通过"我"的占有或合并才能消除，"我所遇到的对象能被我理解，而且严格来说甚至能被我构成，而死亡所宣布的事件却是主体的无能为力，对于这种事件来说，主体并不是主体"。列维纳斯所谓的"我"，不是实体，

① 马克斯·范梅南. 生活体验研究——人文科学视野中的教育学［M］. 宋广文，等，译. 北京：教育科学出版社，2003：175.

而是作为占有和享受的利己主义，它的意图就在于消除他者的异己性，那些使“我”的占有成问题的存在物就是“他者”。语言和交谈则保证了同一者与他者各自的自主性。通过交谈，“我”把意义的可能性归诸于他者，“我将自己向他敞开”，说话者因此有可能冒着被刺痛、被伤害的危险。由此言说与被言说的关系不是意向行为与意向对象的关系，现象学的使命就是把被言说的东西带回言说之中，带回到对他者的表达之中。列维纳斯将这种“带回”称为“还原”。当“我”向“他者”坦露，把自己作为牺牲品提供出来，由于并不知道这种牺牲能否达到任何目的，因此“我”只能以忍耐的态度提供这种牺牲。施皮格伯格解释说：“忍耐的无私精神导致存在的残酷愚蠢事件朝相反方向发展；在这点上，它是作为一种抵销存在物自我中心的利己主义自然倾向的力量而活动的。”① 通过对他者的分析，列维纳斯试图呈现由于道德意识对他者的无本原的责任而引起的伦理意识的觉醒，而这构成了生活世界的意义基础。这一观念直接启发了德里达的重要作品《友爱政治学》。

教育现象学基于这些现象学的资源，并基于对这些资源的不同的兴趣，渐次形成了两种研究范式：理论教育现象学和实践教育现象学。两者虽秉承同样的现象学精神，但却有着不同的研究旨趣。前者是不断地对教育现象学自身及其历史发出“回问”而进行历史的反思；后者则是遵循“回到事实本身”的原则，面对现实的教育生活世界所提出的问题，开创和扩大其理论视野，尝试改善原有的方法。一般看来，理论教育现象学为实践教育现象学提供了理论基础，而实践教育现象学是对理论教育现象学的应用。胡塞尔的确说过，什么是现象学的问题是第一性的问题，而现象学的应用则是第二性的问题。然而，这一界定并不适于在教育研究领域中不加区别地使用。事实上，实践教育现象学有其独特的研究范围、研究方法与研究旨趣，因此它是一个相对独立的研究范式。甚至在某种意义上，它所产生的影响要比学院领域的理论教育现象学研究广泛得多，也深刻得多。

范梅南曾就现象学理论与现象学实践做过比较。与现象学理论家更关心现象学哲学思想与现象学方法相比，现象学实践家更关心现象学的实践与应用。专业哲学家的兴趣倾向于与从现象学系统的历史发展以及那些杰出现象学者的研究作品中生发出的现象学论题、主题以及作品打交道，而专业实践家更倾向于将现象学应用于人文科学诸领域，如教育、临床心理学、护理、医疗以及更专业的领域如精神病学或助产学。健康科学的实践家常进行医患关系、幼儿痛苦体验的方式、身体病痛与健康体验等相关领域的研究。在研究方法上，实践现象学更多地

① 施皮格伯格．现象学运动［M］．王炳文，张金言，译．北京：商务印书馆，1995：860．

使用具有经验主义特征的社会学、人类学的研究方法，如民族志、扎根理论、解释学、启发式研究等。① 利用这些方法，研究者试图研究日常生活问题，并建立与实践者之间的各种方式的联系，以理解他们的日常生活。

应用或实践现象学的观念有其历史传承。瑞士病理学家宾斯万格（L. Binswanger）最早将胡塞尔、舍勒和海德格尔的理论引入病理学实践。20 世纪 40—60 年代，在荷兰、比利时和德国，一些现象学家开始将现象学方法应用于其专业领域。现象学取向的乌特勒支学派（Utrecht School），如心理学家（Buytendijk，Linschoten，van Lennep）、教师与教育者（Langeveld，Beekman）、儿科专家（Beets）、犯罪学家和法律学者（Pompe）、病理学家（Rmke，van den Berg），等等，形成了一种志趣相投的紧密联系。自 70 年代起，其中的某些作品已经影响到北美实践诸领域，现象学开始并特别地应用于心理学（如 Giogy 和 Moustakas）、护理学（如 Benner）以及教育学（如 van Manen）。自此之后，实践现象学特别是教育实践现象学表现出越来越多的生机，并逐渐发展为具有独特研究特色的一种研究范式。

首先，实践教育现象学有其独特的认识论。实践教育现象学的认识论有两个特点：一是描述性的，包括文本的知识、理解的知识与存在的知识三种类型；实践教育现象学的文本知识具有认知的和经受的（living through）、概念和诗化的、形式的与非形式的维度，理解的知识则意在寻求话语性的、体现理解的特殊方式，存在的知识意在提升人们对于世界的感受性，提供人们理解世界的感受方式，比如体验的、情境的方式；二是实践性的，实践教育现象学的认识论本质上是经验 - 实践认识论，实践教育现象学的知识是感受性、实践性的知识，即情境的、关系的、体验的知识，它认为人们不能从一般的抽象原则中发现任何知识，而必须保持对情境的敏感性，范梅南称之为“机智”，他认为机智拥有其自身的认识论结构，并表现为一种智慧的人类交往的积极的意向性意识。

其次，实践教育现象学有其独特的方法论。实践教育现象学受两种方法论的推动，还原（reductio）与呼唤（vocation）。现象学还原是现象学的基本方法，它意味着将生活世界现象意义的诸方面拉至近旁，通过还原悬置偏见，括去假设，重获与世界的直接联系。实践教育现象学对现象学还原方法的继承毋宁说意在获得对意义体验的一种“看”的方式。现象学方法最突出的特征是反思，而还原是某种反思的敏感性，它必须加以实践才能产生现象学的理解。二是呼唤。呼唤的方法意在通过语言的力量让事物自行言说或“被倾听”。文本“言说”。在文本、作者与读者之中存在着某种关联着的召唤，文本越具有召唤性，就越充

① MOUSTAKAS C. Phenomenological Research Methods［M］. London：Sage Publications，1994：1 – 22.

满意义。倾听文本，意味着开放自我。而开放自我，则意味着我们需要他人的自我，由此自我在人之为人、在我们存在的内心以及自我认同意义上提供了“了解自身”的可能性。

再次，实践教育现象学有独特的意义来源。与理论现象学关心现象学经典文本与历史不同的是，实践现象学更多地利用其他人文领域，如艺术、社会科学、历史学、文化、文学、日常生活体验以及语言，来寻找意义的资源。通过这些意义来源，实践教育现象学试图扩大我们的经验范围，一切能够唤醒生活体验的东西都可以是意义的来源。发现这些意义的来源并不难，困难的是如何才能接近它们。在这方面，范梅南利用各种意义来源对儿童秘密的研究堪称经典。

第四，实践教育现象学有独特的研究方法与程序。事实上这是实践教育现象学与理论教育现象学最核心的区别。实践教育现象学包括经验的方法和反思的方法两种类型。经验方法的主要目的是探究生活体验的实例与类型，通过描述体验、收集体验、访谈体验、观察体验等方式，获得前反思体验材料。反思的方法则意在理解、捕捉事物的意义。现象学之为现象学，其不同于自然的、非哲学的观点，正是因为它是一种反思的活动。实践现象学坚持了哲学现象学反思的一般特征，即聚焦于意识行为本身而非意识对象，同时也将对生活体验意义的描述贯穿于整个研究过程之中，以进入日常情境体验与生活世界，如对文本的反思、对语言的反思、对人类生活世界结构的反思、对访谈的反思、对评释的反思等。

最后，实践教育现象学非常强调现象学写作。事实上，再没有比这点更能体现理论现象学与实践现象学的区别了。现象学写作是现象学实践的方式，研究在某种意义上就是写作，范梅南认为，“写作是将内在的东西外在化，它使我们离开自己直接面对的世界。如果我们审视纸张，审视我们所写的东西，我们客观化了的思维也在审视着我们，于是，写作就建立起了某种思考的认识状态，这种状态通常是社会科学理论所具有的特征”①。实践现象学家试图通过艺术呼唤的方式呈现事物。现象学写作并不呈现给读者一种结论性的论证或确定性的观念，而是通过引导读者反思性地对待生活体验，保持我们对世界体验方式、对人类体验方式的有限性以及对体验解释的敏感性。对导向人类理解的现象学文本来说，它勾画了一个意义空间，使人们对熟悉之物感到陌生，并由此使人们受到感染、触动、唤醒、凝视、吸引。在好的现象学文本中，诗与叙事是没有明确的区分的。好的现象学家本身就是好的作家。这同时也表明，实践现象学家对语言的敏感性。语言和体验在文本空间的生活意义里达到了统一。现象学文本的力量就内在

① 马克斯·范梅南．生活体验研究——人文科学视野中的教育学［M］．宋广文，等，译．北京：教育科学出版社，2003：165.

于此。语词能够影响我们，包括那些非话语性的、前认知的从而概念化和理智思考都难以企及的范围，那些产生性的语词能够产生感动我们的充满唤醒的形象。语言触及灵魂，而表达生成存在。

范梅南在谈到解释现象学的特征时指出，解释现象学具有八种研究任务：对生活体验的研究；回顾意识；研究本质；描述生活经验的意义；研究人类生活世界的意义结构；周全地反思教育实践；探寻人类生存的意义；通过对本源的描写激发思考。① 而人文科学研究的组织结构则包括可以动态组合的六个主题：转向对一个深深地吸引我们并使我们与世界相连的现象的关注；调查我们真实经历过的经验而不是我们所抽象的经验；反思揭示现象特点的根本主题；通过写作和改写的艺术方式来描述这一现象；保持与这一现象的强烈而有目的的教育学关系；通过考虑部分与整体的关系来协调整个研究。② 笔者认为范梅南所提供的并不仅仅是一个研究的程序问题，即不仅仅是一个技术问题，而是对传统教育哲学一种致思方式的反拨。范梅南对中国教育哲学的影响说到底是现象学的思想方式对于知识论哲学暴政的颠覆，正是这种具有颠覆性意义的向实践哲学的回归，构成了范梅南教育现象学的基本价值。

由于教育本身就是实践的，所以教育现象学必须是实践哲学。不能简单地认为实践教育现象学就是对理论教育现象学的运用，毋宁说，这是两种取向和旨趣迥然不同的研究范式。但不能贸然推断出实践教育现象学可以无视理论教育现象学的洞见就能得到可持续的发展，恰恰相反，实践教育现象学只有不断地从理论教育现象学那里汲取营养，才有可能从理论反思中不断地自我反思。两者需相辅相成，相得益彰。失去其中任何一个方面，教育现象学都是不完整的。同样，仅仅站在理论现象学或实践现象学的角度来界定现象学，也都是片面的。比如范梅南将教育现象学理解为成人与儿童相处的一门学问，这只是实践教育现象学的一种认识，并非唯一的认识。如果我们由此便认为这就是教育现象学，那将完全无视教育现象学理论研究的存在。当前某些实践教育现象学者不加反思地将现象学视为“原则”、“信仰”，而不是老老实实地承认它只是一个可行的“方案”，此种现状堪忧。究其原因，正是在于他们在大张旗鼓地实践现象学之余，并没有对现象学有一种审慎的、反思的态度。

很明显，现象学的研究进路绝不仅仅就是这些。事实上，现象学启发了

① 马克斯·范梅南．生活体验研究——人文科学视野中的教育学［M］．宋广文，等，译．北京：教育科学出版社，2003：11.

② 马克斯·范梅南．生活体验研究——人文科学视野中的教育学［M］．宋广文，等，译．北京：教育科学出版社，2003：38.

“思”的各种可能性而被服务于不同的目的，而现象学运动永远也是“未完成的”。这既基于现象学精神的开放性与启发性，也基于现象学不断地求索与创新。对教育而言，它不仅仅启发了我们“对”教育的“研究”，更重要的是它启发了我们如何去体验“教育”的意义。长期以来，我们认为教育哲学的理解方式是“研究”而不是“体验”，研究的范式是把“教育”客观化、对象化，研究者可以“旁观”地置身于“教育”之外；“体验”的范式则需要研究者身处“教育”之中去感受具体情境之中所发生的教育意义。笔者并不是认为教育哲学不需要“研究”，而是说那种充满“研究”意味的东西剥离了“我”与“教育”之间生动的关系。“我”可以言说教育，但“我”无法体验到“教育”对于“我”的意义，当然“我”也就无法体验教育对于儿童的意义。如此的所谓“教育”也就是“我”把“我”所认为的那种“教育观念”强行加诸“教育”之上，以逻辑的严密“风干”粗糙然而意蕴异常丰富的教育现实。而如此产生的所谓教育哲学也就只能是关于教育的若干知识、意见，而不是对教育的深刻体悟。作为一个教育研究工作者，笔者非常渴望教育实践工作者提升其理性品格，但同时，笔者也对教育实践工作者的理论崇拜深感不安。笔者曾经说过，真正的教育专家永远不是那些坐在书斋里的人，除非这个理论专家有着对教育实践的深切感悟。否则他只是个知识的收集者而永远不是教育意义的发现者。范梅南对此深刻地批判道：“教育学不仅仅是一个词……教育学不是在可观察得到的那类事物中找得到的，而是像爱和友谊一样，存在于这种情感的亲身体验中——也就是说，在极其具体的、真实的生活情境中。就是在这儿！就在这儿！”① 教育哲学并非存在于冷峻的逻辑分析之中，而是在鲜活的教育实践里。教育哲学不是醉醺醺地思辨，也不是编织概念网罗的文字游戏。现象学的这种“面向事实本身”的精神对于当下教育哲学研究来说无疑至为关键。

当然，教育现象学还只能是我们不断回归教育本真的可能方案，而不是所有方案。但教育现象学的确开启了一种我们思考教育的全新方式，因为只有当我们能够回归到教育鲜活的生活世界，本真的教育才有可能脱颖而出。海德格尔曾准确地把握住了现象学对于本体论的意义，他说，本体论只有作为现象学才是可能的。只有当我们能够把握作为教育的那个“教育”，“教育”才有可能在一个已经被异化的时代回归本源。对我们今天的“教育”来说，这也是迈上追求智慧的必由之路。

---

① 马克斯·范梅南．生活体验研究——人文科学视野中的教育学［J］．宋广文，等，译．北京：教育科学出版社，2003：43.

第四章

回归生活世界的教育智慧

现在是人们切忌把哲学估计过高因而对哲学要求过高的时候了。在现在的世界灾难中必需的是：少谈些哲学，多注意去思；少写些文章，多保护文字。将来的思不再是哲学了，因为将来的思思得比形而上学更原始些，形而上学这个名称说的是同样的东西。将来的思也不会再像黑格尔所要求的那样放弃“爱智”这个名称而自身变成绝对的知这样形态的智慧。这个思正下降到它的前行的本质的赤贫状态中去。

——海德格尔

通达教育智慧与通达智慧一样不得不直面这样一个缠绕纠葛的“二律背反”：既然从理智的角度讲智慧的本质是不可知的，何以又有所谓追求智慧？如果智慧从理智的角度讲是可知的，那也就是说智慧已经在某种程度上得到了把握，如此一来，哲学所宣称的追求智慧也将失去其终极意义。所有这一切都关乎我们如何追问哲学所宣称的对智慧的追问。或许，我们必须调整对哲学的追问方式，因为对哲学的追问方式的追问，是使智慧从而教育智慧得以明晰的关键，对当下的哲学而言，尤其如此。同时，如此之追问也会谨防我们在追问教育智慧时误入歧途。

第一节 生存深渊与智慧之“体”

在一个思想日趋贫瘠的时代里，哲学越来越多地担负起为人类越发丧失的生存意义寻找坚实根基的历史使命。一方面，哲学必须对抗科学技术对人类思想的褫夺，从而使思想不至流于功能化、功利化、世俗化的喧嚣；另一方面，哲学也必须不断阻滞人类无家可归的精神漂泊，从而为终极信仰的生产留下地盘。前者的压力来自于外部生存世界的功利化张扬，后者的压力则来自于哲学自身不断的建构与解构所造成的节奏性更迭。在哲学的发展过程中，哲学不断地从源头获得营养，不断地回返人类的精神故乡，以便赢获深刻的思想资源。同时，哲学也不断从源头展开批判，不断地反省哲学对人类生存的误识，以便找到一条解决时代命题的可行方案。有的哲学是从“正”的立场不断地延伸哲学思维的触角，以创建体系的方式成就思想的成熟；有的哲学则是从“负”的立场不断斩断哲学传统思维的触角，以解构体系的方式成就新思想的创制。哲学的命运在某种意义上展示了人类对其生存意义理解的摇摆。哲学向来自视是人类人生观、世界观的总称。而当我们的人生观、世界观出现问题之际，我们又应如何来反思哲学对人生观、世界观的表达？换言之，在今天，我们应如何来追问哲学，来追问哲学的追问？

哲学只说希腊语。在古希腊，哲学从一开始就确立了追求智慧的理念。哲学被认为是“爱智慧”。从古希腊开始，哲学就承担了为人类追求真善美、为人类思考美好生活的职责。正是对这一职责的担当，区分了伪哲学与真哲学。爱智慧是什么呢？爱智慧就是在承担作为一个哲学家职责的前提下追求真理。所以爱智慧也就成为哲学家的信仰，而且一个真正哲学家的全部生命价值也体现于他对人类存在的担当意识。胡塞尔曾经一语道破了哲学家的使命，他说：“作为一个哲学家，在我们内在的个人的工作中的这种对我们自己的真正存有所负的责任中，同时也承担着对整个人类的真正的存有的责任。人类真正的存有是追求理想目标（Telos），从根本上说，它只有通过哲学，——通过我们，如果严格地说我们还是哲学家的话，才能实现。”① 哲学家因其使命的担当而使他与世俗大众区别开来。而哲学家所以能承担其职责，正是因为他从事的是所谓哲学。哲学家真的能够透过世俗生活的浮华而发现人类生存的秘密？那种被称为哲学的东西是一种在哲学家之间的“秘传”，还是一种拘泥于概念编织或学院薪火相传的自以为是？

① 胡塞尔．欧洲科学危机和超验现象学［M］．张庆熊，译．上海：上海译文出版社，1988：19.

回答这个问题意味着我们必须回到哲学上来，因为当哲学自视为对人自身本质的反思时，它本身也许正是值得反思的。

最早给哲学命名的希腊人把哲学称为“爱智慧”。但对最早的希腊人来说，哲学最初却并非一种“学”。当我们说哲学只说希腊语时，意味着哲学与希腊人的生活世界的密切联系。希腊人将他们那种生活方式和生活态度称之为哲学。但就哲学自身而言，哲学在古希腊已经发生了从一种生活方式到系统化、条理化的深刻断裂。这一断裂肇始自苏格拉底、柏拉图、亚里士多德，正是从这个西方的“轴心时代”开始，按照海德格尔的说法，原初的“思”才被弄成了“哲学”。当这一断裂被自黑格尔以后的包括尼采、海德格尔在内的哲学家以追根溯源的方式揭示出来，希腊人伟大的哲学创造就不再是一个充满着人类理性的“神话”，而戏剧般地成为“思”的误入歧途。在苏格拉底那里已经有所系统化、条理化的哲学，奠定了西方哲学发展的基本脉络，即试图以理性来衡量人生的价值，并企图以理性的方式来解决人类生活中的所有问题。自此之后，理性成为一种信念，这也就是在“哲学”意义上的“爱智慧”。正是这一对“思”的哲学化的思虑方式，影响了西方哲学两千多年的历史进程。作为西方哲学发展的源头，古希腊对于存在的思考方式在西方哲学的发展过程中处于绝对的统治地位，以至于哲学家怀特海甚至认为西方一千多年的哲学发展只不过是对柏拉图哲学的一系列注解而已。本质地看，所谓哲学也就是不断回归精神家园的思想性活动，关键还是对源头的追寻。然而，对古希腊哲学源头的追寻却很容易使人陷入爱恨交织的情感纠结。一个伟大的源头，造就了一个伟大的进程，但一个崩溃的微小开端，如果从它所导致的全体毁灭的意义上看，也可以称之为伟大。古希腊哲学恰恰就是这样一种伟大——既是伟大的源头，又是崩溃的微小开端。

海德格尔在谈到西方哲学历史发展的时候指出，整个一部西方哲学史，也就是一部“存在”的遗忘史。而存在的遗忘的本质，则是存在与存在者之间的差异状态被忽视。这种存在的遗忘，并非肇始自古希腊思想，而是肇始自“哲学”。哲学被希腊人理解为爱智慧，但爱智慧在前苏格拉底哲学特别是在赫拉克利特和巴门尼德（Parmenides）那里是指与智慧合一。而自苏格拉底以降，爱智慧却是指朝向智慧的努力。也就是说，哲学从苏格拉底那里就已经与智慧分离了。开端自然伟大，但自此以后的进程则是一种“思”的加剧坠落。正是作为一种“学”的所谓“哲学”，将人与智慧分别开来。而哲学作为一种“学”，即作为形而上学，则始自苏格拉底。据现代哲学家施特劳斯的说法，哲学家是第一个发现自然的人。而所谓自然之发现，则是对人类生存自然正当原则的发现。在这一意义上，西方哲学的第一位哲学家（当然是政治哲学家）是苏格拉底，正是苏格拉底才把前苏格拉底的哲学从求索宇宙之本原拉到人类生存的地面上来。

形而上学正是在苏格拉底那里开端的。苏格拉底试图在人之外找到一个绝对的、更高的存在者——知识、德性与智慧的完美结合，对知识、德性与智慧的追求是人走向美好生活的必由之途。人成为爱智慧者、对智慧的倾听者，终生以此为侍奉的人就是哲人，对智慧、德性、智慧的追求也就是哲学。这也就是苏格拉底在其著名的申辩中所谈的神的侍奉，苏格拉底所侍奉的并不是自然神、城邦的神，而是理性的神。作为哲学家，就是不断地与神之间进行对话。

柏拉图进一步发挥这一思想，他将现象界与理念世界断然两分，认为现象界是变动不居的虚假世界，理念世界则是恒定不变的真实世界。任何现象界都分有理念的形态，人的实践的目的就是要通过回忆克服对纯粹意义的遗忘，踏上重返绝对理念的路程。通过柏拉图的理念论，存在被区分为作为本质的存在和实际的存在。这样一来，神的世界和理念世界就构成了一切解释的最终根据。“爱智慧”在柏拉图那里从而成为对超历史永恒和超感性绝对的真正世界的本源性究问。关于柏拉图哲学在整个西方哲学发展中的坐标性位置，海德格尔认为：“纵观整个哲学史，柏拉图的思想以有所变化的形态始终起着决定性作用。形而上学就是柏拉图主义。”① 今天，当我们谈及希腊哲学对西方哲学的统治地位的时候，其实并不是指前苏格拉底哲学那里的思想的起源，而恰恰就是对这个起源有所损毁的柏拉图主义。可以说，正是通过苏格拉底的理性主义、柏拉图的理念论，希腊思想才与它的起源断裂。言其断裂，却没有任何诋毁的意思，因为无论如何这一断裂还是使希腊思想保留在高处，而非降至低下。

亚里士多德则明确地提出“存在之为存在”（ti to on）的问题将被永远地追问下去。亚里士多德把存在之为存在的原因称为本体，而研究本体的学问就是第一哲学，即形而上学。亚里士多德试图通过形而上学来把握存在之作为存在的依据或原因，而为了达到这一点，亚里士多德所采用的正是知识的分类和分析的方法。据海德格尔的解释，希腊人用“ti”所提问的是事物的本质，即“什么是……”。亚里士多德将“ti to on”的问题转化为了“ti he ousia”，也就是把存在之为存在的问题转化为了存在者的存在性问题。存在问题由此按照海德格尔的说法被遗忘了。自此，科学思维开始正式进入哲学并以此为引线催生了 17 世纪以后的各种形而上学体系的建立。

前苏格拉底的“思”通过柏拉图变成了哲学，而哲学就是形而上学。近代形而上学通过笛卡尔延续了古典形而上学的表象式思维。在笛卡尔那里，人变成了主体，真理变成了人的自我意识的确定性。康德的先验哲学则使近代形而上学由于先验的不证自明性获得了坚实的保障。而黑格尔则将自己的绝对地被思的本

① 海德格尔．海德格尔选集：下［M］．孙周兴，选编．上海：上海三联书店，1996：1244．

质形诸语言。海德格尔认为黑格尔是深思着经验了思想史的唯一一位西方哲学家。黑格尔将哲学史视为理念的自我外在化，思的过程则始终由存在的辩证法所决定。在黑格尔那里，哲学已通过自我意识的自身确定性充分占有了科学的本质，哲学也以绝对的知识存在的形式归属于绝对者的绝对性，哲学从而本质上属于绝对者的活动方式。形而上学在黑格尔的逻辑学那里达到了前所未有的高度，以至于在 19 世纪初黑格尔曾经宣称没有形而上学的民族就像是没有祭坛的圣殿。哲学在黑格尔的绝对者那里终结了，黑格尔以后的哲学家几乎都是以对黑格尔反动的方式伸展或者批判形而上学的——如尼采颠倒柏拉图主义，马克思颠倒黑格尔。尼采的“上帝之死”道出了形而上学价值虚无化的玄机，马克思则以实践哲学撕裂了形而上学在辩证法链条上的脆弱。西方哲学发展至尼采和马克思，形而上学已经行遍了它所有的可能，至此，哲学终结了。

终结首先意味着完成。对此，海德格尔曾经深刻地指出：“终结作为完成乃是聚集到最极端的可能性中去。只要我们仅仅期待发展传统式的新哲学，我们就不免在过狭隘地思这种聚集。我们忘了，早在希腊哲学时代，哲学的一个决定性特征就已经显露出来了：这就是科学在由哲学开启出来的视界内的发展。科学之发展同时即科学从哲学那里分离出来和科学的独立性的建立。这一进程属于哲学之完成。这一进程的展开如今在一切存在者领域中正处于鼎盛。它看似哲学的纯粹解体，其实恰恰是哲学之完成。”① 哲学的完成过程本质上也就是一个哲学不断地被哲学接管的过程，哲学之终结则显示为一个科学技术世界以及相应于这个世界的社会秩序的可控制的设置的胜利。终结也意味着一个新的开端。在尼采之后的哲学发展轨迹里，思想更加屈从于逻辑主义。逻辑主义以其对知识的确定性寻求牢牢地延续着形而上学的迷梦（虽然它们都宣称对形而上学的不屑），并以混淆逻辑与真理的方式加一步加剧了“思”的堕落。

有必要回到源头上来，当然这个源头还只是作为哲学的形而上学的源头。当苏格拉底以“绝对定义”的尺度划定了“真的世界”的话语边界，前苏格拉底哲学命运的主题就扭转到理性与知识的轨迹上来，自然、时间和历史的永恒生成被具有知识（心灵）确然性的逻辑原则所取代。智慧成为某种在人之外预设的东西，爱智慧者则成为对那个超然物外的确定性本质的寻求者。这种主客二分的思维框架将智慧作为对某种现成之物的寻求，从而“爱智慧”从一开始便确立了一种知识型的哲学方向：它不是一劳永逸地占有智慧或真理，而是在不断地自我否定，无限超越。这一充满了伟大抱负的理性冒险之旅，几乎从它的源头处便已注定形而上学只是一场对生活世界之外的确定性本质的寻梦之旅。旅程本质上

① 海德格尔．海德格尔选集：下［M］．孙周兴，选编．上海：上海三联书店，1996：1244.

是个轨迹。而形而上学的发展轨迹却是一个显而易见的“思”的不断堕落的轨迹。柏拉图的本体论思维方式试图通过设想一个超感性的终极实在来解释存在之为存在的原理，由此所谓的“爱智慧”也就是对存在者整体的抽象性思虑。柏拉图的“洞喻”清晰地表明了他以一种论证性的表象思维来思考存在者之为存在者的哲学努力。对柏拉图来说，形而上学的根本目的是在一切虚幻的现象背后把握那个永恒的终极实在。只有通过对“理念世界中的太阳”的寻找，才能照彻生存的阴暗，在混沌黑暗矛盾中实现世界秩序的终极美好。但柏拉图将这个“光源”实现于抽象的理念或者大全。哲学由于这种爱智梦想而遗忘了人所生活的现实世界，哲学家从现实生活世界出发进行的爱智活动，结果走到了世界之外，成为世界之外的遐想。既然形而上学只有在二元论的基础上才是可能的，那么形而上学也就只能采取知识论的求索方式。苏格拉底对智者派相对主义的批判，已经建立了寻求确定性的概念知识的主旨，柏拉图使知识论哲学获得了系统的理论表现，而亚里士多德的知识分类和范畴理论则为知识论找到了坚实的逻辑学基础。自此，知识论已经成为西方哲学发展的主流思想框架。知识论哲学以追求彻底的理想化的知识为己任，但它对人和世界终极基础的追问却永远无法摆脱知识与信仰之间的吊诡（比如蛋生鸡还是鸡生蛋），更重要的是，人的生存变成某种普遍的东西，时间性、具体性、情境性、历史性被彻底地宰割了。当哲学行进到20世纪，逻辑学从语言结构上完成了形而上学更具有内在性的发展逻辑，形式化、概念化的非诗性语言为终极性真理的寻求提供了“真空”般的自演能力。通过存在论到知识论再到逻辑学的层层剥离，人类的生活世界的原初性被“奥卡姆剃刀”冷峻地割除了，而代之以冰冷的逻辑分析和知识分类。人类在哲学中自大，也在哲学中自戕。形而上学成为哲学的一个无法割舍的梦想，我们就生存在这个颠倒了生活与逻辑的迷梦里不能自拔。

从17世纪的“理性的时代”到20世纪“分析的时代”，理性主义在近400年的西方近现代哲学发展中一直是哲学的基本脉络。在17世纪近现代哲学发轫之初，康德即宣称所谓启蒙就是勇敢地运用自己的理性。① 19世纪以黑格尔为代表的哲学家开创了“思辨理性的时代”，20世纪则是一个“分析理性的时代”。虽然“非理性主义”、“反理性主义”不断地抗争着理性主义的压迫，但非理性主义只有借助于理性才能反对理性，而理性也只有借助于非理性才能确立理性的知识系统。所以说到底，表面的理性主义与非理性主义之争实质上却是理性与非理性之间的“共谋”。海德格尔以他毒辣的眼光看到了理性主义与非理性主义这种表面论争的虚假性。他说：“最令人担忧的是这样一个过程：理性主义和非理

① 康德．历史理性批判文集［M］．何兆武，译．北京：商务印书馆，1996：22.

性主义同样地陷入一种兑换业务之中，它们不仅不能从中脱身，而且不再想从中脱身。因此，人们否认有任何可能性，认为思想不可能达到一个指令面前，这个指令保持在理性与非理性的非此即彼的抉择范围之外。但是，这样一种思想或许可以得到准备，可以通过那种尝试以历史性的解释、沉思和探讨的方式迈出探索性步骤的努力来准备。"① 海德格尔认为，自柏拉图以来的西方形而上学是宰制存在的主体形而上学，其思维方式是表象－技术－控制式的，其实践后果则是技术时代的全面危机。特别是西方现代理性主义，虽然它发源于柏拉图的古典理性主义，但现代理性主义区别于古典理性主义的一个最为显著的特征，即在于它在失去了古典理性主义宇宙目的论精神背景的前提下，进一步推进了对生活世界的理性设计和规整。现代人通过工具理性实现了世界价值化与工具化，但同时人也实现了自身的工具化。正是这种人打着理性的旗号对人与智慧之间关系的割裂，导致了人类中心主义的危机。而这一西方哲学的总体的、人性的、哲学的危机，早在古希腊哲学的起源处就已经种下根苗。

在苏格拉底哲学的起源处，一个深刻的变革发生了，这是一场影响至为深远的"希腊奇迹"。在这场变革中，作为古希腊人世界解释框架的神话突然中断了，"哲学"被发现，自此理性成为西方人世界观的基本指引，理性与非理性之争也构成了西方哲学发展的基本脉络。但有种运思更原始、更本原，这种思就是在理性与非理性尚未有别之时的生命之思。在苏格拉底哲学之前，思是生命之思、生存之思，而苏格拉底把思变成了"哲学"。在海德格尔看来，思要比哲学更充盈，更具有本源性。对前者而言，人与智慧是合一的；对后者而言，人与智慧、与存在断然为二。尼采对古希腊那个悲剧、神话时代的"思"推崇备至，他说，他们真正懂得必须怎样开始从事哲学，"也就是说，不是等到悲苦之时，像某些从郁闷心境中推演哲学的人所臆断的那样，而是在幸福之时，在成熟的成年期，从勇敢常胜的男子气概的兴高采烈中迸发出来。希腊人在这样的时期从事哲学，这一点恰好启发我们理解哲学是什么，哲学应该是什么，更启发我们理解希腊人本身"②。包括尼采、海德格尔在内的创造性思想家已经不再满足于对西方哲学危机细枝末节的处理方案，而是试图清算整个西方哲学的形而上学思想，他们对形而上学所发动的总体性进攻、挑战，就是要回到那个更为本源的"思"的故乡。

传统形而上学的根本错误，海德格尔认为，在于混淆了"存在"与事实，从而在哲学的发问方式上，存在性的"being"与事实性的"what is it"也混为

---

① 海德格尔．海德格尔选集：上［M］．孙周兴，选编．上海：上海三联书店，1996：458.

② 尼采．希腊悲剧时代的哲学［M］．周国平，译．北京：商务印书馆，1994：5.

一谈。西方形而上学的所有病症都在于，它试图用概念来构造一个体系，把“存在”变成一个对象。这种思考方式在海德格尔看来使西方人遗忘了“存在”的本源性、本然性的意义。海德格尔认为，形而上学是以表象的思维方式来把握“诸存在”的“存在”。对海德格尔来说，存在不是知识性的对象，也不是实践性的对象，存在根本不能对象化。“存在”是最根本、最原始的状态和体验。这个原初的体验是通过“诗”得到表现，而不是像旧式形而上学一样通过抽象性的符号——知性的概念或范畴来表现。比“诗”更本源的是“思”。“思”不是理论性的，也不是实践性的，“思”早于一切学科知识分化之前。在1951年海德格尔发表的《什么叫思想》中，他指出，在探求本源的道路上，形而上学已经终结，开始了“思”的时期。于是如何清算“思”与哲学的关系，就成为哲学的核心课题。海德格尔把拯救形而上学的希望放置在了前苏格拉底哲学。“思”是什么的问题首先面对的问题是“思”不是什么。海德格尔认为，“思”不是存在的一种特性，“思”不是概念，“思”也不是“绝对”——即“思”不是一种静观的、抽象的、知识性的活动。“思”是时间性的、历史性的存在性活动。巴门尼德认为“思想与存在合一”，海德格尔将之发展为“真”即“无蔽”的思想。“真”不是对于理念的符合，而是“思”的澄明。对旧式形而上学来说，光进入澄明之中照亮黑暗。对海德格尔来说，“光”倒是以澄明为前提。所谓澄明，是一切在场者和不在场者的敞开之境。海德格尔对此解释说：“我固执地把‘无蔽’这个名称译为无蔽，这样做却不是为了词源学的缘故，而是因为当我们合乎实情地思被命名为存在和思想的东西时我们必须考虑那个事情的缘故。无蔽犹如这样一个因素，在这个因素中才有存在和思想以及它们的共属一体性。虽则‘无蔽’在哲学开端之际就被命名了，但在后来的时代里哲学却没有专门思这个无蔽本身。因为自亚里士多德以降，作为形而上学的哲学的事情就是在存在论神学上思存在者之为存在者。”① 正是在这一意义上，海德格尔才认为哲学把某种东西给耽搁了。

这种关键的耽搁已经酝酿了西方哲学在20世纪以降所爆发的总体性危机。西方世界以及整个世界所发生的危机，使人们不得不面对在哲学的起源处那种在“爱智慧”的指导下所发生的人与智慧分离的紧张。有现代学者忧心忡忡地认为：“今天，无论在西半球还是在东半球，‘主观’的人愈来愈无家可归。焦虑变成绝望，导致对麻醉品的享用。程度不同的精神病是我们时代基本的世界性病症。逻各斯信誉扫地。”② 当张扬理性、追求真理、热爱智慧的欧洲陷入人性的

① 海德格尔．海德格尔选集：下［M］．孙周兴，选编．上海：上海三联书店，1996：1256.

② 舍勒．资本主义的未来［M］．罗悌伦，译．上海：上海三联书店，1990：10.

残忍屠杀，人类欲望越发无可遏抑的时候，阿多诺甚至发出了这样的疑问，奥斯维辛之后还有哲学吗？吊诡的是，“爱智慧”似乎并没有为人类带来智慧的福音，反倒是这条追求智慧之路遍地陷阱，荆棘密布。理性越是希图为粗糙的现实生活世界找到一个绝对永恒的生活准则，为社会生活建立起一个一劳永逸的规划方案，理性就越是远离生活世界；理性越是宣称它只是追求智慧而非占有智慧，理性就越是在不同的历史时期宣称它已经占有了智慧的全部秘密。爱智慧预设了最高价值原理和绝对真理的存在，所谓爱智慧因而也就是对这一预设的不断发掘。而一旦这一秘密被理性洞穿，爱智慧的追问也就相应地得到了它本不想得到的“幻灭”。有学者对这种爱智慧的理性游戏进行了深刻的批判：“爱智哲学的基本思路是从‘有’追问到‘有’，从‘存在者’追问到‘存在者’。有人称这种追问是一种‘有底论’的追问，大致是不错的。这种哲学追问由于总是从存在者深入到‘底’，这样就在‘有’之间或者‘存在者’之间区分了层次、确立起‘深度’。它设定了一种最终的存在者，而哲学的追问就是要达到这个‘底’。因此，‘爱智范式’的哲学家好像在做一场‘挖掘’游戏，他们的目的是要比赛看谁挖得更‘深’。这种深入到‘底’的哲学追问没有触及‘无’的问题，更未触及从‘无’到‘有’的问题。因此，它关注的核心不是‘生’（创造或创生），而是‘知’。人的生命或生活的主题往往以一种扭曲的形式表现在爱智范式的知识论的追求中。这种哲学追问，从一种理性自识的意义上理解人的本性，最终把人理解成为‘认识者’、‘求知者’、‘理性的动物’和与‘客体’相对而立的‘主体’等等，它不大可能理解人的自为本性中那种‘从无到有’的创造性特质。所以，后来西方哲学凡是涉及到人的‘从无到有’的创造性本质的地方，都由‘神’或者‘神性实在’来加以解释。这是爱智哲学始终走不出超感性绝对和超历史永恒的广袤疆域的缘由。”① 当我们依然沉醉于理性的自证时，我们深感疑虑的是，理性的光明究竟有无能力照彻生存的深渊？我们究竟应如何来面对这个深不可测的生存深渊？

如果说理性主义是以“正”的态度去为人类生命找到一条光辉的坦途，那么尼采、海德格尔和后现代主义者则以“负”的态度直面生命的完整与生存的无奈。尼采认为柏拉图主义思想史本身就是“一段错误史”。在尼采看来，柏拉图主义是用“真理”的谎言来制作关于永恒、关于人性虚假的偶像，而“爱智慧”则最终将鲜活的生命风干为一具具“概念木乃伊”，由于对理性主义虚伪品质恨之入骨，他甚至以“杀死上帝”的极端宣言来宣告理性主义的死亡。所有

① 田海平．哲学的转向：从“爱智慧”到“弃绝智慧”［J］．南京化工大学学报：社会科学版，2001（2）：10－11．

关于“上帝”、“灵魂”、“美德”、“罪恶”、“来世”、“真理”、“永恒生命”等的观念在尼采看来都是来自于有害本能的谎言，它们充满了幻想，毫不真实。但这场木乃伊的制作影响是如此深远，以至于尼采认为“几千年凡经哲学家处理的一切都变成了概念木乃伊；没有一件真实的东西活着逃脱他们的手掌”①。形而上学家以理性的方式抽空了生命对于世界健全的敏感。尼采之所以要回到“酒神精神”，也正是看到了理性对于完整生命无情的诋毁和破坏。海德格尔则从基础存在论的角度彰显了“此在”的历史性与有限性，从而破除了传统形而上学寻找一个超历史永恒或超感性绝对的梦想。如果说前期海德格尔还有旧式形而上学痕迹的话，后期海德格尔从“物的纯真”和“人的诗意栖居”两个方面“思”存在的真理则是对传统形而上学的彻底颠覆。后现代主义者福柯在尼采宣称“上帝死亡”之后干净利落地宣告了人之死。福柯沿着尼采开辟的道路，对各种形式的看起来有智慧、有价值的思想（如人道主义、自我认同、主体性等）提出了质疑。福柯认为，所谓的理性、知识、主体性的绝对真理性，只不过是权力以及社会规范的不断渗透与运作而已。理性并没有像形而上学所宣称的那样带来自由的、民主的进步，反倒是社会的权力－控制机构使得整个社会就像一个大监狱。理性没有带来预期的光明，倒是实现了社会权力运作的“全景监视”。可以说，形而上学在后现代哲学那里遭到了彻底无望的失败。

不可否认，人类追求理性、热爱智慧的梦想孕育着人类存在的荣耀与尊严。但人类还不能不对生存的深渊怀有本然的敬畏之心。如果放逐了这种对“无”的敬畏，人类理性就会像已经被历史充分证明的那样流于放任。对于生存的挣扎与无奈而言，梦想产生了希望。但如果希望只是带来了理性的盲目乐观，人类中心主义将会葬送人类对于天命的听从而流于肆无忌惮。人类生存永远是一个解不开的谜团，也许只有当我们对这个谜团深怀敬意之时，我们才能领会到生存的真实。正如霍克海默所指出的，“我们就是带有嘈杂声的各种语言的百衲衣。一座塔加上噪声，一种体系加上喧嚣与躁动，一些建筑精美的墙垣，加上一些哭墙，那里的呻吟、呜咽和悲泣声可以使已经断开的石头碎裂。这时我们明白了。历史开始了”②。海德格尔也对那种更本源性的“思”提出了如此的期待，他说：“也许有一种思想，它比理性化过程之势不可挡的狂乱和控制论的摄人心魄的魔力要清醒些。也许恰恰这种摄人心魄的狂乱醉态倒是最极端的非理性呢！也许有一种思想，它超出了理性与非理性的分别，它比科学技术更要清醒些，更清醒些因而也能作清醒的旁观，它没有什么效果，却依然有自身的必然性。当我们追问

① 麦金太尔．德性之后［M］．龚群，等，译．北京：中国社会科学出版社，1995：1.
② 霍克海默．启蒙辩证法［M］．洪佩郁，等，译．重庆：重庆出版社，1990：201.

这种思想的任务时，首先要置疑的不仅是这种思想，而且还有对这种思想的追问。”① 哲学是什么呢？当哲学家舍斯托夫在庆祝哲学家胡塞尔六十诞辰时追问胡塞尔时，胡塞尔说，哲学就是反思。舍斯托夫严肃地回答说，不，哲学就是挣扎，是斗争。也许我们现在所做的不是要去洞察生存的奥秘，而是要学会聆听天命的声音。这也就是哲学家海德格尔提出的对哲学的拯救方案——思想的任务应该是：放弃对以往关于思的事情的规定的思。② 在这里，我们需要重新领会海德格尔的提醒：

“运伟大之思者，行伟大之迷途”！

第二节 教育智慧与美好生活

教育哲学家杜威如此界定教育与哲学之间的关系，而这个界定在现代教育哲学史上影响深远，他说：“教育哲学并非把现成的观念从外面应用于起源与目的根本不同的实践体系：教育哲学不过是就当代社会生活的种种困难，明确地表述培养正确的理智的习惯和道德的习惯的问题。所以，我们能给哲学下的最深刻的定义就是，哲学就是教育的最一般的理论。”③ 杜威对教育哲学的理解在这里表现为两种具有双重性质的立场：一方面，教育被视为一种现实的社会活动，教育哲学只不过是一种更好地理解社会生活需要的知识形式，而教育则是对社会生活需要的一种现实满足；另一方面，哲学提供了对教育价值的一般性论证。就前者而言，杜威显然是对自教育哲学作为一门学科诞生时起就具有的形而上学性质进行了一次深刻的反拨；就后者而言，正是因为哲学、教育和社会理想方法的改造是携手并进的，如果某种特别的教育改造是可欲的，就必须重新考虑传统哲学体系的基本思想——哲学集中地表现了人生的兴趣及其平衡，教育的任务就是完成它。如果不是过多地纠缠于概念，至少在教育哲学学科意义的理解上，杜威所行的其实是对古典教育哲学的一种承续，哪怕他的教育哲学看起来是多么的“现代”。从学科的角度探讨哲学与教育哲学的关系十分必要，但绝非重要。学科地理解杜威在哲学与教育之间的关系意义上定论教育哲学，只能流于浮泛。杜威哲学思维的穿透能力恰恰表现在学科之外。显而易见的是，杜威是从现代民主的角度去探索教育的应然价值的，这就使得他的教育哲学脱离了近代教育哲学固有的

① 海德格尔．海德格尔选集：下［M］．孙周兴，选编．上海：上海三联书店，1996：1260.

② 海德格尔．海德格尔选集：下［M］．孙周兴，选编．上海：上海三联书店，1996：1261.

③ 杜威．民主主义与教育［M］．王承绪，译．北京：人民教育出版社，2001：350.

形而上学性质。正是在杜威那里，近代教育哲学才走向了政治哲学。虽然杜威的教育是基于现代民主政治的一种政治实践，但就他将教育理解为政治而言，杜威在整个现代教育哲学中又显得如此“古典”。正是在这一意义上，杜威在现代教育哲学史上就是一个具有特别的思想史意义的“坐标”。当然杜威所提出的“教育即生活”还不能算是一个深刻的思想方案。也许这并不是杜威哲学的错误，而是因为杜威的哲学没有能力超越他所处于其中的现代民主政治背景所致。

笔者认为，从思虑方式上看，教育哲学的构建有两条基本的进路，一是形而上学的，一是政治哲学的。未来的教育哲学的发展也必基于这两条道路。然而随着现代哲学对古典形而上学的清算，形而上学的教育哲学已经越来越多地受到了批评、怀疑乃至否认。与此相应，如何定位教育在“古今之争”中的位置已经成为当代教育哲学的重要课题。正如当海德格尔宣布形而上学终结后，其弟子阿伦特和施特劳斯开启了政治哲学热潮的序幕，当形而上学的教育哲学走向终结，教育哲学的政治哲学思想方式也相应地取代了种种教育哲学的形上假设。笔者认为，时下复兴的教育哲学的政治哲学思想方式，是教育回归生活世界的最为重要的标志，它意味着教育哲学所关心的不再是学科逻辑的完整性、深刻性，而是去直面教育作为一种政治活动的可能性，即教育哲学已经不再满足于宣称它是一种智慧之学，而是试图揭示这样一个更具有实践性的问题——这种所谓的智慧意欲何为，它在现代民主政治中又何以可能？为了回答这个问题，教育哲学就不得不重新回到那已经被现代人遗弃的古典智慧中，去寻找教育与生活的本然关系。这也可能就是现代教育政治哲学兴起的根本原因所在。在这里，寻找教育与生活的本然关系，既是一个现代性的拯救方案，也是对教育现代性审理之必然。

教育哲学必须要思考的是究竟什么才是“好教育”的问题，也就是说，究竟什么才是美好生活，教育对于美好生活又意味着什么的问题。而什么才是美好生活的问题，说到底是政治哲学的根本问题。按照政治哲学家施特劳斯的说法，所有政治行为都带有寻求正确知识的目的，政治哲学就是人类为了获知何为“美好生活”而产生的。在西方哲学史上，第一位思考美好生活问题的哲学家是苏格拉底。前苏格拉底哲学关注数字和运动，探究事物来自何处、去向何方，而苏格拉底则是第一个将哲学从天国唤到尘世之人，他甚至把哲学引入寻常人家，迫使哲学追问生命与风俗习惯，追问好与坏。作为政治哲学的创始人，苏格拉底将究问世界本原的“是什么”的问题转化为“何以是好的”问题。追问“何以是好的”问题，就是追问什么才是合理的、美好的生活，而追求合理的生活只有在追求善的政治生活中才能充分地体现出来。迈尔（H. Meier）深刻地指出，苏格拉底为之奉献一生的所谓哲学，不是形而上学，不是伦理学，亦不是修辞学；它根本不是普通意义上的科学，而是追求完美的道德生活。柏拉图的苏格拉底视追求美德高于一切，当他受到指控的时候，他申辩说，不要关心自己的身体和财产，首先应该关心的，是尽可能地改善灵魂，美德并非来自钱财，钱财和一切公私福利都来自美德。苏格拉底所最真正关心的问题并非仅仅在于美好生活是什么的问题，而是美好的政治生活的可能性问题。哲人必须思考哲学在拥有一个既定的风俗习惯和政治风气的现实生活方式之中的正当性问题。为此，哲人就必须由"哲人"成为"政治哲人"。对政治哲人来说，城邦事务安排是最大的、最美的实践智慧。作为政治哲人的苏格拉底一方面说，"正义要求自己必须服从城邦的命令，如果你不能说服你的城邦，你就应该按照它的命令行事，忍耐地服从它加于你的任何惩罚"① ——苏格拉底最终坦然地接受了城邦对他的宣判；而作为哲人的苏格拉底则坚持未经理性省察的生活是不值得过的——为此苏格拉底像牛虻一样不停地刺蜇人们关于何为好的政权、好人、正义、虔敬、政治、高尚等问题的思考。这种哲学家挣扎的命运，昭示着政治哲人对政治目的与意义的追问，目的在于使生活在城邦中的人认识到现实的城邦是不完善的，他们应当关心政治生活的美好问题，努力追求现实的更美好的政治生活。

哲人苏格拉底对公民美好德性的辩证或修辞并没能阻止城邦对一个"好人"的宣判，这一事件使得柏拉图不得不去思考一个好的、正义的城邦如何可能的问题。对苏格拉底的政治哲学来说，哲人的根本任务是督促人们"看护好你的灵魂"。为此苏格拉底传教般地教导这样一个伟大的真理，即灵魂是我们身上唯一值得拯救的东西，而唯一能拯救灵魂的方式就是获取知识。色诺芬笔下的苏格拉底不仅是一位伟大的哲人，而且也是一位伟大的政治教育家。苏格拉底清楚地认识到了政治生活与超越政治生活之间的不同。按照色诺芬的解读，超越的政治生活比政治生活更高贵，然而，对城邦政治生活的尊重又是政治生活的必须，为此，苏格拉底必须强调灵魂的独特品质，比如节制。节制引导政治审慎以及政治认同。对哲人而言，对诸神的看法和对公众信仰的尊重并非基于习俗的正当性，而仅仅是因为它是现实的，而且在某种意义上是非常坚硬的现实——这样做更利于现实的政治生活。政治不是高贵的，但是紧迫的。苏格拉底的政治艺术正是通过对答案的寻找而非揭示来达到对共识的认同。然而，苏格拉底的努力以其悲壮的死亡宣告了一种哲学方案的结束，以及一种新的政治思考方式的兴起。对哲人苏格拉底来说，死亡是一个宿命，只要你选择了哲学。而在苏格拉底之后，美好生活的达成已经不再需要哲人付出生命的代价。这一方案在古典哲学时期完成于柏拉图和亚里士多德。

苏格拉底的悲壮之死唤醒了柏拉图对城邦正义而非灵魂拯救的关切。在

① 柏拉图．苏格拉底的最后日子［M］．谢善元，译．上海：上海译文出版社，1988：72.

《理想国》里，柏拉图集中讨论了伴随着美好灵魂秩序的美好政治秩序，在苏格拉底那里被认为是高贵、正义、美好的东西，对柏拉图来说只是政治秩序的建构而已。由于哲人的理性追求与现实城邦生活之间的尖锐对立（说到底是哲学与诗之争），为了防止哲人被迫害，从而更好地保护哲学，柏拉图要求他的哲人不进行苏格拉底式的哲学思考，而是必须下降到洞穴。对柏拉图来说，政治问题比如公民之间因为欲望、利益而产生的纷争，可以通过有智慧的人的统治来消除，智慧的人即哲学王利用他的智慧来让公民认同他的智慧并服从他的统治。但在城邦里，完全排除暴力又绝不可能，所以智慧的人就必须通过以对法律制定影响的方式来对公民施加间接的影响。《理想国》建立了这样一个自然合理、井然有序的完全合乎理性的城邦，它试图表明，普通人无法做到绝对的正义，只有那些用正确的方式培养理性的哲学个体才有可能做到正义，这就使得哲学家不得不独立于他所生活的城邦之外。苏格拉底提出了政治哲学最为本质性的问题，即什么才是正确的生活方式，而柏拉图的回答则是，哲人的生活是唯一合理的生活。这也就是古典政治哲学的核心问题——哲学不是某种“学说”，而是一种生活方式。

就生活方式而言，亚里士多德认为主要有三种：流行的享乐的生活、政治生活以及沉思的生活。① 每一事物都有其内在的善，而习俗主义的基本前提乃是将善等同于快乐。由于欲望先于快乐，而欲望又有其自然的顺序，如果人把他分内的工作、与人的天性相应并为人的天性所要求的工作做好，他就是善的。使人区别于动物的生活是人的思想、语言、理性，因此人类的善的生活就在于有思想的生活，在于理解，在于深思熟虑的行动。对此，施特劳斯解释说，善的生活就是人的自然喜好能在最大程度上按恰当秩序得到满足的生活，就是人最大程度地保持头脑清醒的生活，就是人的灵魂中没有任何东西被虚掷浪费的生活；善的生活就是人性的完美化。② 亚里士多德认为，人性的完美化就是与自然相一致的生活，合于自然的生活是人类的优异性或美德的生活，是一个“高等人”的生活，而不是为快乐而求快乐的生活。人天生是政治的动物，正是人自然的社会性构成成为自然权利的基础，但人性的完全实现则发生于受到政治家、立法者或者创建者恰当指导的活动中。亚里士多德看到，只有跟随领导或组织，“人民”才能政治性地行动，政治乃是人类优异性使自身得到充分发展的领域，因此正义的城邦与个人的德性之间本无二致。为了达到他发展的极致，人必须生活在一种最好的社会、一种最有利于达到人类优异性的社会中。这种最好的社会被称为“政治”(politeia)。现代人把最好的制度称为“理想制度”，最佳制度就是人们所祈愿的

---

① 亚里士多德．尼各马可伦理学［M］．廖申白，译注．北京：商务印书馆，2003：11.

② 施特劳斯．自然权利与历史［M］．彭刚，译．北京：生活·读书·新知三联书店，2003：128.

制度。而对古典哲学家来说，最佳制度乃是高尚人士所祈愿的制度，而且这一目标要由哲学家来阐释。所以最佳的合乎自然的制度存在于哲学家的言辞之中。政治因为是法律的源泉，所以政治较之法律更为根本。最佳的政治制度只有一个——合乎自然的制度，合法的制度则千差万别。施特劳斯认为，最佳制度与合法制度之间的分别根源在于高尚与正当的分别：凡高尚者皆正当，然而并非凡正当者皆高尚。① 在《政治学》里，亚里士多德声称人类有能力发现自己最好的生活方式，以及实现这种生活方式所必需的政治手段。对此，亚里士多德提出了最佳政制学——绝对王制。亚里氏多德认为，良好的出身、财富、自由、军事美德乃至正义，都是“好生活”的必要前提，但它们并不构成美好生活。美好生活的践行取决于由政治德性演变而来的高贵行为。对亚氏来说，好生活是人类生活的目的，好生活是沉思的生活或者德性的生活，而德性与教育则是达成美好生活的手段。与柏拉图一致的是，亚里士多德认为智慧是最高的统治名分，有智慧的人要比其他人更适合进行统治。

对苏格拉底和柏拉图哲学，西方哲学一直是以知识论（本质主义）的解读模式进行理解的。而施特劳斯则以其毒辣的眼光扭转了思想史的一贯解读方式，在他那里，哲学不再是知识论问题，而是政治哲学问题，也就是对人类美好生活的追求问题。追求智慧也不再是对知识的占有，而是对何谓美好生活、美好生活可能性的追问。近现代哲学从反形而上学的角度已经消解了哲学，比如用实际科学（经济学、人类学、语言学、社会学）取代哲学，或者用概念来编织所谓哲学，而施特劳斯则针锋相对地提出，质疑哲学必须首先搞清楚“为什么要哲学”。施特劳斯说：“现代哲学已经发展到了这样一个地步：哲学或科学本身的意义悬而未决。只要提一个最明显不过的例子即可了然：曾有一段时间，哲学或科学普遍被认为是、或者能够或者应该是社会行动的最佳指南。眼下十分流行讨论政治神话的重要性和必要性，仅此足以表明哲学或科学的社会重要性已经变得可疑了。我们再度面对 Why philosophy（‘为什么要哲学?’）或‘为什么要科学?’的问题。这个问题曾是哲学滥觞期的讨论焦点。可以说，柏拉图诸对话的无目的性，昭昭然如是：在全城议庭这个政治共同体面前辩明哲学或科学之正当性，以回答‘为什么要哲学?’或‘为什么要科学?’。究其根本，中世纪哲学同样如此：在律法或律法书的议庭面前辩明哲学或科学之正当性，不得不提出‘为什么要哲学?’或‘为什么要科学?’。哲学的这个最最根本的问题——关乎

① 施特劳斯．自然权利与历史［M］．彭刚，译．北京：生活·读书·新知三联书店，2003：141.

自身的正当性和必要性问题，对现代哲学来说不再是一个问题。”① 施特劳斯认为，哲学本质上就是政治哲学。既然哲学必须依据自然正当来追问何为值得过的生活，哲学的思考本身就是政治性的。而现代性的危机恰恰也就在于对哲学政治性与哲学正当性的放逐。他说：“现代性的危机表现或者说存在于这样一宗事实中：现代西方人再也不知道他想要什么——他再也不相信自己能够知道什么是好的，什么是坏的；什么是对的，什么是错的。”② 自马基雅维利之后，虚无主义的“技术时代”开始与传统政治哲学的理想主义决裂，由于人不再被认为是一个向善的存在，政治问题才成为一个技术问题。为此，现代哲学才不断地提出新的政治方案，而将究竟何谓美好生活之追问付诸阙如。施特劳斯由此才认为现代性的危机本质上就是政治哲学的危机。

在施特劳斯看来，启蒙运动以来哲学的根本问题在于它成为一门解决现世问题的“学问”，而不再如古典时期那样是一种生活方式。启蒙哲学以理性与信仰的冲突取代了古典时期哲学与律法的冲突，政治秩序问题从而成为一个私人信仰问题，何谓美好生活的问题从而成为个人的生活问题。这也就是施特劳斯所考察的“自然正当”（natural right）被个人欲望的张扬所制造的“自然权利”（natural rights）。如果说古代人关心的是应当如何生活的问题，现代人关注的则是人们事实上是如何生活的问题。对古代人来说，德性是国家为之存在的问题，而对现代人来说，德性仅仅是为国家之故才存在的问题。施特劳斯认为，古典政治哲学使政治服从于德性，而现代政治哲学从马基雅维利开始则使德性服从于政治，并且把哲学变成服务于人类现实需要的手段，从而降低了人类的可能性。现代性的诡异之处恰恰在于它试图通过“哲学”来改造“政治”，结果却是“哲学”被“政治化”，而“政治”则被“哲学化”为“科学的政治理解”，“而按照我们的社会科学，我们在所有第二等重要的事情上都可以是聪明的，或者可以变得聪明起来，可是在头等重要的事情上，我们就得退回到全然无知的地步。我们对于我们据以作出选择的最终原则、对于它们是否健全一无所知；我们最终的原则除却我们任意而盲目的喜好之外并无别的根据可言。我们落到了这样的地步：在小事上理智而冷静，在面对大事时却像个疯子在赌博；我们零售的是理智，批发的是疯狂。如果我们所依据的原则除了我们盲目的喜好之外别无根据，那么凡是人们敢去做的事都是可以允许的。当代对自然权利论的拒斥就导向了虚无主

① 施特劳斯．如何着手研究中世纪哲学？［J］．陈建洪，译．道风：基督教文化评论，2001，14：137.

② 施特劳斯．现代性的三次浪潮［G］//贺照田．西方现代性的曲折与展开．吉林：长春人民出版社，2002：86.

义——不，它就等同于虚无主义"①。现代以后产生了各种各样的虚无主义，比如韦伯的"高贵的虚无主义"，这种虚无主义不是来自于对所有高贵事物的冷淡，而是来自于一种对所有被设想为高贵的事物的无根基性的洞见，不管这种洞见是号称的还是真实的。

由于无法认识到现代性虚无主义的根基，现代思想的巨人们在筹划现代性方面都具有最彻底的"知性真诚"，正是这种"知性真诚"才使他们日益深刻地展开现代性的逻辑，从而暴露出更深刻的虚无主义——我们越是培植起理性，也就越多地培植起虚无主义，我们也就越难以成为社会的忠诚一员。虚无主义之不可避免的实际后果就是狂热的蒙昧主义。② 也就是说，现代思想家们与苏格拉底那个时代的智者一样，在教导人们一种虚假的智慧。古代的智者们的确与哲学家一样关心智慧，但他们之所以关心智慧，不是为智慧本身的缘故，而是为了因智慧而来的荣誉。智者要想成就他的至善，就必定得展示他的智慧。而展示智慧就意味着教导这样的观点：合于自然的生活或者说明智的人的生活，就在于将实质的非正义与表面上的正义结合起来。然而承认某人事实上不正义，这与成功地保持了正义的外表是不相容的。它与智慧是不相容的，并且也就使得由智慧而来的智慧成为不可能。因而，智者迟早得掩藏起他的智慧，或者屈服于他认为纯然是习俗性的观点。他必须退而由散播或多或少会令人肃然起敬的观点来获得声誉。正是出于这个原因，人们不能谈及智者们的教导，也即他们明面上的教导。③ 这实际上启发了政治享乐主义的生产——德性并不因其自身，而只是因其有助于达成快乐或避免快乐才是可取的。

施特劳斯认为，西方哲学自近代以来是一个日益走火入魔（philosophy gone mad）的过程。之所以如此，是因为现代哲学和现代政治哲学拒绝了古典政治哲学的自我认识，而狂妄地认为整个世界都可以哲学地改造。其结果是当政治不符合哲学的所谓真理时，哲学不断地展开对它的批判；而当政治不断地变革时，哲学也就在不断的批判中走火入魔——政治与哲学的双重扭曲——政治的哲学化与哲学的政治化。施特劳斯对现代哲学的拯救方案是回到古典政治哲学，因为哲学作为一种纯粹的知性追求，对任何政治社会都必然是危险的，苏格拉底就不得不从他的知性真诚——将哲学视为追求智慧的纯粹知性活动，转向神志正常或返回常识。也就是说，为防止哲学走火入魔，哲学就不得不下降为政治哲学。哲学就

---

① 施特劳斯．自然权利与历史［M］．彭刚，译．北京：生活·读书·新知三联书店，2003：4－5.

② 施特劳斯．自然权利与历史［M］．彭刚，译．北京：生活·读书·新知三联书店，2003：6.

③ 施特劳斯．自然权利与历史［M］．彭刚，译．北京：生活·读书·新知三联书店，2003：117－118.

其本性而言具有“癫狂性”，作为追求智慧的纯粹知性活动，哲学要求绝对自由，要求不受任何道德习俗制约，要求不受任何法律宗教控制，哲学就其本性而言与政治社会并不相容：哲学为了维护自己的绝对自由，必然要嘲笑一切道德习俗，要怀疑和亵渎一切宗教和神圣，因此哲学作为一种纯粹的知性追求，对任何政治社会都必然是危险的、颠覆性的。回归意见、回归常识的苏格拉底使哲学走向温良。而现代哲学和政治哲学却以“知性真诚”取代“高贵谎言”，并由此走上不断“走火入魔”之路。现代政治哲学之所以反叛古典政治哲学，是因为现代哲学认为知性本身是“非道德的政治”（马斯雅维利）、“非道德的历史”（康德）、“非道德的人生”（尼采）和“非道德的社会”（韦伯）。为了拯救现代政治哲学，施特劳斯认为政治哲学必须以现象学的方式还原到“前哲学、前科学、前理论的政治世界”。现代哲学建构起的所谓“哲学的、科学的、理论的政治理解”，损毁的正是对政治本性的基本关切。

其实自20世纪后期以来，政治哲学一反常态地处于哲学发展的中心论域位置。虽然以伯林为代表的相对主义与以施特劳斯为代表的绝对主义之间立场分明，虽然罗尔斯（J. Rawls）的正义论与后现代主义者的各种正义立场之间迥然有别，但着重于知识合法性论证的分析哲学和语言哲学已经走下神坛，让位于关注现实社会生活与价值秩序的政治哲学与道德哲学。哲学的使命似乎不再是试图建构一个一劳永逸的解释框架，而是更着意去理解“生活世界”本身及其意义。可以说，20世纪后期的哲学是对启蒙哲学的一次总体颠覆。哲学的担当不再意味着对社会总体方案的设计，而是一种基于对“现代性”民主政治和自由主义政治理念的反省。因此与其说政治哲学在行使一次对古典政治哲学的复古，不如说是现代政治哲学的一次自我救赎。就目前政治哲学（当然还包括施特劳斯所批判的现代政治科学）而言，现代政治哲学的核心理念在于审理公民权利和权力的政治正义。自20世纪70年代罗尔斯发表《正义论》以后，政治理论就非常关注政治正义问题，如同罗尔斯所指出的那样，正义被认为是社会制度的第一美德。与古典政治哲学对美德的关注相区别的是，现代政治关注公民政治权力与权利，而这一理念恰恰是通过政治的基本原则和社会的基本制度安排来展开的。的确，哲学家一直为回答究竟何为美好生活以及美好生活究竟何以可能所困扰。的确，不同历史时期的哲学家们还远远没有对人类究竟应该如何生活达成一致，但这绝对不意味着哲学就可以有充分的理由落入相对主义之中——人类的价值冲突将永远地持续下去，从而在本质上消解何为美好生活的追问——政治哲学就是为了这些根本无法解决的问题而存在的。而问题恰恰在于美好生活的价值关切已经被科学实证主义和历史相对主义放逐——关于“怎样的”技术性的相对知识取代了关于“为什么”的绝对知识。伯林坚持认为什么是美好生活这一问题根本无法进行最终裁决，为此自由的民主政制不仅必然，而且必须。而对古典政治哲学来说，没有政治制度，依然存在着好人、坏人之分——好人并不等于好公民，对何为好公民的追问必须以对好人的追问为前提，所以善要比政制本身更重要。对古代哲人而言，教育者必须是一个有美德的人，因为只有有美德的人才能培养出有美德的人。而对现代哲人而言，技术的非道德化和纯粹的技术训练已经将美德排除出去——好人的问题已经付诸阙如。

现代教育哲学将教育理解为某种达成处于教育之外的目的的可用工具或手段。在这种理解中，教育并不具有教育的意义，教育之作为教育的依据只是看它能否满足社会需要（经济的需要、政治的需要、文化的需要等），教育的品质则取决于教育满足社会需要的程度和质量。为了能够更好地满足需要，教育也将它域内的一切因素视为手段，比如教育者是代言需要的手段，而受教育者则是满足需要的可加工的质料。在这里，教化并非教育的本质，教育的本质端在于它的功能性实践。虽然教育如同它的古典状态一样，常宣称它是达成美好生活的必要途径，但由于它本质上已经将人手段化，所以所谓对美好生活的达成说到底只不过是对人的谋生需要的一种特别的社会安置。现代教育哲学还没有能力像政治哲学一样对其现代性的筹划进行总体清算，因此对现代教育哲学来说，它越是将教育视为社会秩序的构成要件，教育越是彻底无望地推进现代性。笔者曾经说过，近现代以后还没有真正的教育哲学。这里所谓的真正的教育哲学，不过是对古典教育哲学的一次精神缅怀、一种归乡的冲动，或者说是对教育作为教育的那个教育本体的一次精神求索。在古典教育哲学时期，比如在苏格拉底和柏拉图那里，我们已经看到教育对于他们政治哲学的重要意义，似乎与现代教育哲学一样，古典时期的教育也被认为是达成美好生活的最佳途径。不过鲜明的区别在于，比如在《理想国》里，教育被认为要比社会秩序更伟大，教育意味着把灵魂融入那个在人成长的每一个阶段都最适合其发展的环境，这是柏拉图正义观的逻辑结果。社会为了它自身的协调，必定向它的成员灌输它的原则以使其卓越地履行。在这层意义上，教育的过程就是一个社会化的过程。但同时，教育也被认为是洞察绝对真理的唯一途径，教育自身就是善的，并以自身为目的，它的目的就是对终极实在的沉思。所以，与现代教育一致的是，古典时期的教育存在是为了指引它的公民进入国家的精神生活；与现代教育相左的是，在那个古典时期，国家的存在是为了教育。而这种区别的背后，正是教育哲学的“古今之争”的核心所在——在柏拉图那里总是暗含着一种以目的论的心灵观为基础的目的论世界观，而现代教育却已经失去了这一目的论精神背景。对柏拉图来说，正确的行为就是懂得“善是一切存在之根由”的行为，教育的顶点和终点就是关于善的理念的知识，而正确的行为都是在关于目的的知识指导下的行为——“知识即美德”；而对现代人来说，知识只是某种规律性的东西，它的目的只是在于了解和控制自然并满足主体需要——知识即力量。

现代教育彻底无望地陷入了这样一种窘境却浑然不觉：它只不过是各种各样未经省察的“目的”的手段，但它宣称它自身的神圣；它只能塑造出仅仅具有工具的价值的“受教育者”，但它宣称它是培养“人”的活动；它完全割裂了人的整全性，但它宣称人依然具有灵魂——为此，现代教育只有进行自我欺骗，并在这种欺骗中沾沾自喜。它一方面故作姿态，一方面又虚与委蛇。我们从不否认现代教育在推进现代性并使现代性深入人心方面的特别功效，但我们也从不认为现代教育对现代人的生存有真正的拯救——它根本还没有自救能力。由此真正可怕的东西并非教育已经落入现代性的网罗，而是教育的自我欺骗和伪装。这种欺骗和伪装在藐视完美德性与宣称“全能”中达到顶峰，它颠覆了古典教育的精神性价值，魔法般施予了现代人自我保全的能力，满足了现代人舒适与快乐的要求。施米特对世俗化的批判完全可以认为是对现代教育的审判：“甘愿受其欺骗的人们只关注那种神话般的功效；自然俯首称臣，世俗化时代悄然来临；一切都被悉心呵护，聪明的预见和计划性替代了天意；像创造任何一切制度那样他也‘创造’了天意。”① 在今天，我们所真正需要的并不是批判教育的道德义愤，而是把道德义愤纳入政治哲学的批判之中——为教育哲学的正当性辩护，已经成为一种道德义务。

第三节 教育智慧与教育

正如古典教育哲学所揭示的那样，教育不仅是一种追求教育智慧的活动，它本身就应该是一种智慧活动，因为教育是个体善与公共善之间最佳的也是唯一的沟通方式。对近现代教育而言，最深刻的智慧依然在于我们究竟应该如何理解教育。由于近现代教育已经背离了它允许完美德性的本己性，近现代教育只不过是我们称之为“教育”的那种人类生存方式的一种异化形式。笔者并不认为教育智慧是一种实体的存在，一种可以握之在手并以之作为教育实践规则的东西。但无论如何追寻教育智慧都必须是教育的一种原则。“原则”（principle）常常被认为是反映规律的主观性要求。这种看法实际上并不尊重原则的“原则性”。“原则”一词与希腊人所谓的“本原”、“开端”相合，即某物据以被规定为它所是和如何是的那个东西。因此，所谓原则就是某物赖以立足的根据，是贯通并且支

① 转引自：迈尔．古今之争中的核心问题［M］．林国基，等，译．北京：华夏出版社，2004：28.

配着某物的整个结构和本质的东西。或者说，追寻教育智慧的意义即在于对教育何为教育、教育何以可能的那种教育本体的发问。笔者曾经很武断地说过，近现代教育还没有教育哲学，其原因就在于我们有本质说而没有本体论。如果不首要地发问教育本体，那么所有貌似严肃的教育研究只不过是种种戏论而已。海德格尔曾经说过，提问本身就是一条道路。我们将永远无法占有教育的终极真理，但我们走在这条追问的路上，并不得不如此地走下去。

本体论作为一门学问，在西方起源于对万物本原即"始基"的追问。古希腊最早的一批哲学家都希望能从现象界中找到其背后的根源，这是本体论最初的本原论形态。柏拉图实现了哲学从对本原的究问到世界本体的逻辑构造探索的转换，这是本体论发展了的理念论形态。亚里士多德把"作为存在的存在"作为其第一哲学的关涉对象，他认为有一个先在的本体客观地存在着，人们只要找到了这一最高根据和最高本原，就可以对世界的万事万物做出一劳永逸的解释。在亚里士多德那里，只有"实体"才是事物的本质，才是第一存在。这样"本体"就表现为"本质"（substance），对本体的追问也就是对本质的探寻，这是本体论成熟了的知识论形态。在今天，现代教育由于根本无法厘清"存在"与"存在者"的内在差别，从而以研究"存在者"的认识论形态来取代追问"存在"的本体论形态，而沦于对"存在者"的研究即科学的依附中。由于科学是究问存在者的"现实之物"的理论，所以当教育建基其上之际，教育便不得不沦为"杂多"和分崩离析。

本体论问题不是一个外在于人、与人无关的对终极存在和终极解释的意向性研究，而是与人的生存紧密相关的生存论问题。对人类而言，本体论之追问也就是对人之生存之"根"的寻求。卡西尔（E. Cassirer）认为："人被宣称为应当是不断探究他自身的存在物——一个在他生存的每时每刻都必须查问和审视他的生存状况的存在物。人类生活的真正价值，恰恰就存在于这种审视中，存在于这种对人类生活的批判态度中。"① 正是本体论才给出人生存的"充足理由"，没有这一根据，生存就会流于虚浮无据。对教育而言，依从于科学的"算计"，在人的道德感衰弱面前无能为力，一任对自然以及"他者"的"攫取"和"占有"，正是失去了本体论护持的必然恶果。如果教育仍然承认它构造了人与人之间的一种交往意义，如果教育仍然承认如何使人过上一种美好的值得过的生活是它所有的价值追求，教育就不得不虔诚地追问本体论问题，并以之作为其价值的根本原则。舍勒在谈到形而上学的意义时曾这样说："不论人对于人可能是什么和不是什么——不论是怀着爱还是恨，是任何形式的联合和理解还是斗争——不

① 卡西尔．人论［M］．甘阳，译．上海：上海译文出版社，1985：8.

论他还能够‘理解’什么以及他怎样去理解，或者不是去理解而只是去‘解释’；另外，不论他从哪种可能的群体构成基本形式出发把握和估价此一些或者彼一些此在和经历层次之邻人和同属的人——所有一切都取决于处在人的存在本身之此在的现实的不同阶段之中的和绝对的此在层面上的人与人之间最终的在之联结，以哪种方式存在和可能以哪种方式存在。人认知人的形而上学、人之可能的‘占有’的形而上学，即人与人之隐蔽的本体论和认识论的关系是多么深刻地从属于世界理由，以及在人与人通过世界理由及其中介的‘交往’中哪些方式是可能的，哪些方式是不可能的问题——这最终决定着人对于人是什么和意味着什么。”① 教育对本体论的寻求，并非要寻找一个与已无关的外在悬设，而是要寻觅那个作为家园归宿的意义世界，并将之作为整合教育意义的根据与可能的拯救之道。追问教育本体，是教育哲学之为教育哲学的最高标志。

然而何谓意义？意义即相关性。“意义”一词来自古英语的词根“愿望”（wish）与“打算”（intend），这就意味着所谓意义乃是指与其“所指”具有指向或倾向意义的关系性。“意义”根本地乃指与此在相关的、此在领会着并加以筹划的方向性。海德格尔指出：“意义是某某东西的可领悟性的栖身之所。在领会着的展开活动中可以加以勾连的东西，我们称之为意义。领会着的解释加以勾连的东西中必然包含有某种东西；意义的概念就包括着这种东西的形式构架。先行具有、先行看见及先行把握构成了筹划的何所向。意义就是这个筹划的何所向，从筹划的何所向方面出发，某某东西作为某某东西得到领会。只要领会和解释造就是此在之在的生存论状态，意义就必须被理解为属于领会的展开的生存论形式构架，意义是此在的一种生存论性质，而不是一种什么属性，依附于存在者，躲在存在者‘后面’，或者作为中间领域飘游在什么地方。”② 此在就生存在意义之中。此在根深蒂固地需要“意义”。此在对意义的关切是基本的、内在的。此在可能会离脱意义或怀疑意义，但此在对“意义”的离脱或怀疑是在此在“有”意义之后的派生现象。只要生存论追问存在，就必须追问存在的意义，追问存在就是追问存在的意义。只要存在进入此在的理解，追问存在的意义就是追问存在本身。③ 对此在生存的追问与对其生存意义的追问故不可须臾相离。

由于无时无刻不在面对可能的无意义性的威胁，此在对其生存意义的关注就无可避免地处于深刻与紧迫之中，对此在来说，“to be or not to be”是一个永恒

---

① 舍勒．舍勒选集：上［M］．刘小枫，选编．上海：上海三联书店，1999：339.

② 海德格尔．存在与时间［M］．陈嘉映，王庆节，合译．北京：生活·读书·新知三联书店，1987：185.

③ 海德格尔．存在与时间［M］．陈嘉映，王庆节，合译．北京：生活·读书·新知三联书店，1987：186.

的难题。“意义”对此在来说并不一般地表现为一个“问题”，更重要的是表现为一个“难题”，因为“意义”并不是此在的一个外在的预设，此在对“意义”的追问和寻求根本地决定了此在的生存价值与生存样式，此在的存在意义不是一个飘游无据的他物和在它本身“之外”的东西，而是领会着自己的此在本身。① 所以，此在对意义的领会与选择是关键性的而非附属性的，是内在性的而非一般性的。

对生存意义的发问源自于对“存在”的震惊。世界存在是令人震惊的，世界“竟然”存在更是令人震惊不已。正如维特根斯坦所指出的那样：“可惊的不是世界怎样存在，而是世界竟存在”；此在存在是令人震惊的，“我”的存在更是令人震惊不已。因为“我”原本可以并不存在。“我”不存在并不改变世界的一切，并不影响物转星移，但“我”竟然存在了。“我”对“我”“竟然”存在的震惊借助于“我怎样度过我的一生?”、“我怎样活得更有意义?”这一本己的自问成为本体论问题。然而，此在对“存在”的震惊实质地表现为对“非存在”的惊骇。所谓对“非存在”的惊骇，也就是对那个原本可以“不存在”假设的敬畏。存在神秘莫测。但此在能够想象超越存在之外的“虚无”。在虚无中料想存在，在存在中思量虚无，存在论问题于是就在“有”与“无”中挣扎不已。存在必有滑落“虚无”的危险。一旦此在滑落“虚无”，此在就丧失了有意义的命运；一旦此在丧失了有意义的命运，此在就会变得恣情任意，胆大妄为，因为此在可以以“非存在”的无意义摆置其有意义的生活。

在这个意义上，克尔凯郭尔（S. Kierkegaard）所谓的“反抗非存在的生存斗争”是个体永恒的任务，它意味着个体必须去创造本体参照点，并使之成为日常生活领域中“正在进行”的事件的一个固有方面，即以之为“根据”的方面。因此，所谓获得“意义”，根本上也就是赢获本体支持。无论是对个人的生存或社会的存在来讲，存在的意义都是必须的。个人需要“意义”来支持、充满他的生存过程；社会则需要“意义”来联结聚集它的社会成员。每一社会都有一个旨在对人追求意义作出解答的思想体系以及旨在获得存在意义的追寻与努力，弗罗姆（E. Fromm，一译“弗洛姆”）将其称之为“取向和信仰的构架”（frames of orientation and devotion）。② 每个社会都设法建立一个“意义系统”赋予世界以“意义”来维护对世界的解释，此在以此来显示与世界的联系。然而从来没有一个时代像今天这样，人们对其生存的观念是如此的模棱两可。他侈谈

① 海德格尔．存在与时间［M］．陈嘉映，王庆节，合译．北京：生活·读书·新知三联书店，1987：385.

② 弗洛姆．为自己的人［M］．孙依依，译．北京：生活·读书·新知三联书店，1988：62.

公正和理想，却从不付诸实践；他以道德来衡量社会与人的存在价值，却分不清善恶；他非常希望表现得像一个人，但行为的野蛮却像野兽；在社会需要团结的时候他大谈个人价值，在必须体现个人价值的时候他却隐藏在模糊的社会价值之后；在谈及科学价值时，他倾向于把人视为动物，在政治和社会变局之际，他却把人摆置在超越的神圣祭坛；他一边鼓吹现代人的生命活力，一边对人的生命活力大行压抑之能事；他一边借理性摧毁非理性，一边又以非理性的名义挑战理性；一方面他对生活中细枝末节的东西感觉极其敏锐，另一方面他对生活中那些至关重要的大事却麻木不仁；他向生活极尽索取掠夺之能事，却从不问为什么要这样做；他以游戏的姿态来嘲笑命运的摆弄，却又因没有任何反思能力而最终无奈地陷入命运更深的网罗。由于失去任何可以称之为“根据”的东西，此在于大量所谓“原则”充斥之际无所适从，他于所有能够有回旋余地的“两可”之间“辩证”地来回奔波。海德格尔认为模棱两可是此在沉沦的日常的在世方式，换言之，此在的模棱两可是其不可逃避的命运。① 克尔凯郭尔却对此在的模棱两可表现出异乎寻常的愤怒，他说：“由于模棱两可进入生活，善恶之间的区别就被一种关于恶的肤浅而傲慢的理论知识所削弱，被那种目空一切的聪颖所削弱，这聪颖认为善既不值得赞扬，也没有什么价值，在这个世界上，它不过和愚蠢相等。再没有人由于善的愿望而去从事伟大的事业，也没有人由于恶而陷入残暴的罪行，因而，就没有什么善恶可谈了。并且，由于这个原因，人们就越发闲话连篇流言蜚语。因为，模棱两可具有更大的刺激性，它比喜善仇恶更有的可说。”② 在现代，人们心中不是没有道德，而是没有道德标准；不是对道德冷淡，而是道德的价值颠覆。他比任何勤奋的牛马更关心道路的平坦与否，但同时他比任何听命的牛马更不关心道路的“何所向”——一种普遍的、无涉要旨的冷漠似乎笼罩着过去的一切。③ 哲学人类学家兰德曼（M. Landmann）针对现代社会因丧失意义而带来的虚无主义与空虚感，一针见血地指出：“人从来没有像现在这样成为有疑问的；他不再知道他是什么并知道自己不知道。由于不能确定自己的道路，由于自己有疑问，因此，他以无比的忧虑研究他自己的意义和实在，研究自己来自何方、走向何方”④。然而，当整个文明社会的信念丧失之际，路在何方？

在现代性的背景下，重要的问题不是如何生活的技术性问题，而是如何生活

---

① 海德格尔．存在与时间［M］．陈嘉映，王庆节，合译．北京：生活·读书·新知三联书店，1987：210 以下．

② 克尔凯郭尔．现时代［G］//熊伟．存在主义哲学资料选辑：上卷．北京：商务印书馆，1997：52．

③ 雅斯贝斯．时代的精神状况［M］．王德峰，译．上海：上海译文出版社，1997：126．

④ 兰德曼．哲学人类学［M］．张乐天，译．上海：上海译文出版社，1988：47．

得更有意义的终极性问题。个人的无意义感在物质主义至上的现代社会中越发地成为问题。由于技术世界的建立所带来的生存信念的丧失，个体如何可获致“本体性安全”（ontological security，吉登斯语）、如何应对存在与存在感的丧失（马塞尔语），成为人们不得不面对的存在性难题。在今天，科学技术在完全意义上建立了它独一无二的统治权。在政治哲学领域，科学实证主义与历史相对主义排除了对何为“美好的生活”的价值关切，它关心的不是具有终极性的“为什么”，而是完全技术性的“怎样”；在教育哲学领域，实证科学排斥了命运攸关的探问整个人生有无意义的问题，它关心的不是价值性的“为什么教”，而是功能性的“怎样教”；在道德哲学领域，形式主义沉湎于“必须遵守”的道德教唆，而切除了“为什么必须遵守”的道德神经；在美学领域，“意境”与“智慧”被视为大而无当的奢侈品束之高阁，而细枝末节的“技巧”则堂而皇之地登上了大雅之堂。技术的骨架控制了生存的血肉，而科技的控制性本质则取代了精神世界的超越性价值。

面对存在的非意义化与非精神化，人们寄希望于教育。教育被认为是充满希望的拯救力量。然而现代教育亦无其精神。现代教育如同它所倚恃的科学与技术一样，失去了它本真的信仰。失去了信仰的教育，与其说是一种意义活动，不如说是一种技术活动；与其说是奉行教化，不如说是职业培训。弗罗姆认为，存在有两个二律背反：一是生与死；一是每个人都具有人类的全部潜能，然而生命的短暂却不允许人全面实现他的潜能。① 教育在最积极的意义上可以说关注了第二个却忽略了第一个二律背反。因此，教育尚未根本地触及生存的有限性以及因之而来的意义问题。倘若无视现代教育的“成功”而做出教育可能探寻意义的假设，那么必须要回答的问题就在于：教育的意义是什么？教育的意义在哪里？教育的意义从哪里来？

教育必须首要地关切此在的“活着”。马克思和恩格斯在《德意志意识形态》中特别强调指出：“任何人类历史的第一个前提无疑是有生命的个人的存在。因此第一个需要确定的具体事实就是这些个人的肉体组织，以及受肉体组织制约的他们与自然界的关系”②，“人类生存的第一个前提也就是一切历史的第一个前提就是：人们为了能够‘创造历史’，必须能够生活”，因此第一个历史活动就是生产物质生活本身，然后在此基础上生产自然关系与社会关系本身。③ 为

---

① 弗洛姆．为自己的人［M］．孙依依，译．北京：生活·读书·新知三联书店，1988：57.

② 马克思，恩格斯．马克思恩格斯选集：一［M］．中共中央马克思、恩格斯、列宁、斯大林著作编译局，译．北京：人民出版社，1972：24.

③ 马克思，恩格斯．马克思恩格斯选集：一［M］．中共中央马克思、恩格斯、列宁、斯大林著作编译局，译．北京：人民出版社，1972：32.

了能够满足此在实存的生命生产的需要，教育必须倚助于劳动科学与效能科学。个人的实存所需不外乎两个基本的方面：一个是他为了个人能够“活着”保全其生命存在的需要；一个是他与他人交往的需要。前者致力于提高他的生活质量；而后者则致力于使其个人生活更为丰富多彩。但这两个方面的共性远远大于它们之间的差异。无论是个人保全其生命存在的需要，还是与他人交往的需要，都是社会性的、现实性的、适应性的、完全不需要有历史记忆的。这就决定了此在的生存完全可以独自依赖于人之经验能力与社会能力，从而依赖于经验科学。此在依赖于经验不断地重构世界，并以其实存的目的来改造世界、配置世界。学校教育因此也为了达成这一点而对利用性、专业性的“知识”情有独钟。斯宾塞所谓的“什么知识最有价值”的回答归根结底乃是经验利用意义上的实存方面。“为了直接保全自己或是维护生命和健康”、“为了间接保全自己”、“为了正当地完成父母的职责”、“为了解释过去和现在国家的生活”、“为了智慧、道德、宗教训练”之所以必须被科学所统治，关键是因为这些方面不过是经验性的、适应性的。此在之实存需要完全是适应性的。这一适应性建立在此在精神的“客观化”基础之上。此在于当代哲学发展中被把握为“生命”，而生命本身自近代哲学特别是自笛卡尔起就被设定为基本现实性，并且一切社会现象都被归结为这一基本现实性。生命之作为生命，动作于主体对客体的、生命对生命体的改造、利用之中，从而更一般性地讲生命总已“实存”于主体—客体的分裂之中。因此可以理解的是，在客观世界得到大量“发掘”、“利用”之际，主体性哲学大张旗鼓；而在主体性哲学自以为是之际，客观世界其实正对主体性哲学的兴起大行其保障之力。只有在这一意义上，“主体”（生命）的“审时度势”、“主体”与“客体”的相互适应才是有意义的。生命的实存化在近现代教育哲学中其实恰恰表现为生命的客观化。整个近现代教育哲学的价值论和目的论，就是建立在生命的客观化这一隐而不彰的秘密之上的。

其次，教育必须关注此在存在的意义。按照赫舍尔（A. J. Heschel）的说法，存在是指按照人的存在的本来面目来看他是什么，而存在的意义则指从比自身更大的范围来看人意味着什么。① 此在所探求的存在的意义，不仅是从有限的“我”出发的一些意义（比如功利），而且指一种超越于“我”之上的意义，此即蒂利希所谓的“终极关切”。蒂利希认为：“人最终关切的，是自己的存在及意义。‘生，还是死’这个问题，在这个意义上是一个终极的、无条件的、整体的和无限的关切的问题。人无限地关切着那无限，他属于那无限，同它分离了，同时又在向往着它……人无条件地关切着那么一种东西，它超越了人的一切内外

① 赫舍尔．人是谁［M］．隗仁莲，译．贵阳：贵州人民出版社，1994：48．

条件，限定着人存在的条件。人终极地关切着那么一种东西，它超越了一切初级的必然和偶然，决定着人终极的命运。"① "终极关切"问题本质上就是"生与死"的问题，也就是那个为近现代教育所忽略了的第一个二律背反。"终极关切"之所以对此在、对教育来说都是绝对必要的，根本原因在于它建基于人的本性之中。此在对意义的追求本质上乃是试图从比自我更大的角度、从超越此在的有限性的角度来理解自我，人不能从自身出发被理解。所谓超越，根本地指对作为有限存在的"人"的超越，从而在更高的意义上参与生命世界；指对根本的生存处境的超越，从而在高于现实之物的意义上不再纠缠于现实之物的理论。

综而观之，超越对于此在的意义主要表现为三个方面：一是纠正性的意义。所有将此在理解为现实存在者的近现代哲学社会学与哲学人类学最根本的错误，乃在于它们只把握了人现实地是什么，而完全忽略了人可能是什么。而唯当人可能是什么被问及了，人才能就其整体把握为人本身。以往的哲学社会学以及哲学人类学不是不关心人，而是对"人"关心太多，关注太多，以至于造成了一种过度的现象。由于只是从现实性上关心人，人之为人的重要方面被错失了。超越性正是对于这种过度现象的纠正，它不是从人本身的基础上理解人，而是从人的可能性的基础上去理解人。唯有从人的可能性基础上理解人，一切哲学思维才最终指向一个目标，即获得一切"超越性"的确信，从而达到人之生存的"根源"。在这里，重要的不是属性或个别性，不是现实性，而是那个尚未产生如此分裂的整体性。二是反抗性的意义。超越要求发端于人对无意义的反抗。之所以此在万劫不复地陷于无意义之中，根本的原因在于此在陷于现实的有限性之中不能自拔。由于此在将世界理解为材料性的、经验性的，并且归根结底是从属于它的存在的目的的，宇宙秩序便不再具有神圣的目的性，而所有的个体也因此只不过是此在为了完成其实存目的的工具，此在所需要的一切，也就根本地表现为功利。因此可以理解的是，无论是"道德"还是"理性"，在近现代教育哲学的视野里都是"工具性"的。超越性问题之所以得到人们的关注，正是在于这一问题根本地关涉此在对"人之为人"的把握和理解。三是建设性意义。超越性将人理解为一个普遍的精神存在。人之为人，正是在于它具有超越性。加达默尔认为："人之为人的显著特征就在于，他脱离了直接性和本能性的东西，而人之所以能脱离直接性和本能性的东西，就在于他的本质具有精神的理性方面。"② 此在的精神的理性方面也就是此在的超越性方面。根据这一方面，人按其本性就不是他应当是的东西，而是它可能是的东西。由此此在的超越性也就是此在的可能

① 蒂利希．蒂利希选集：下［M］．何光沪，选编．上海：上海三联书店，1999：1140.

② 加达默尔．真理与方法：上卷［M］．洪汉鼎，译．上海：上海译文出版社，1999：14.

性。此在的可能性并非寄存于它的现实存在即它的现实有限性中，而是寄存于它的整体性中，只有在整体性中，此在才有可能性的意义。

然而，教育对我们来说究竟意味着什么，仍然还是个问题。近现代教育的症结其实并不在于它不承认教育是培养人的活动，而是在于对于“人”、对于培养什么样的人的方面的理解的偏颇。人的片面发展，原因当然在于社会分工的限制，但对“人”的理解的片面化也许是同样重要的原因。对人的片面理解、片面的教育观念，导致了人的发展的片面化。甚至当人被认为是全面发展时，他正事实上片面发展着。要想理解教育对人究竟意味着什么，就必须理解“人是谁”。“人是谁”不是“人是什么”，“人是什么”的问题已经暗示了从人的功能或属性的方面进行回答的线索。对“人”来说，“人是什么”是个问题，而“人是谁”则是个难题①，因为后者涉及对人的处境的反思。“人是什么”是人的本质论问题；“人是谁”则是人的本体性问题。“人是什么”将人视同为物而从人的属性或功能方面理解人，“人是谁”去追问“人在宇宙中的位置”，从人之为人的方面理解人。这是本质论与本体论的区别，也是教育科学与教育哲学的区别。

“人”是谁？人是精神性的存在。动物从属于本能，而人类则隶属于精神。本能是物种性的，遵循一种有节律、固定的和无变化的轨迹。精神则使人的存在独立于欲望，能够从环境中脱离出来洞察事物的本质。精神也不同于生命。动物也有生命，但动物却没有精神。精神不受环境的阻隔。精神是开放的世界及其万物的最高存在。舍勒认为，精神的特征在于精神由事物的内涵来决定，以爱的形式导向世界，精神最基本的规定是具有区别本质与存在的能力。② 因此只有借助于精神，人才能够形成它的洞察本质的能力，它才能够以观念化的方式理解世界。

只有从高于人的方面，才能完整地理解人本身。在狄尔泰看来，所谓“意义”，所指的正是生活各部分对于生命整体的关系，能体现整体与部分关系的也就是意义。能够超越有限世界并能以整体性的形式来确证自己的，乃此在的精神性。唯有精神性能够导向此在的完善，并于此在的适应性与创造性之间维系平衡。统一体生命乃是精神本身的生命。人始终处于通往无限者或者整体的道路上。只要人是在“整体”中看，并且唯有从作为整体的生命这一开端出发来看，精神生命才具有可能性，而生命中的矛盾、界限才有其意义。从分裂的意义审视人生命的整体意义之所以具有“意义”，乃是因为生命整体本身也是可以“分

---

① 赫舍尔．人是谁［M］．隗仁莲，译．贵阳：贵州人民出版社，1994：2.

② 弗林斯．舍勒思想评述［M］．王芃，译．北京：华夏出版社，2003：24.

裂”的东西。那种被称为“整体性”的生命本身乃精神性。精神性常被无所教化人的认为一无所用。它对于个人生计与各类利益毫无用处。“精神”的确自身不具有“权力”或“效力”，甚至有时候它看起来一无所用，但实际上精神潜隐有力。在舍勒看来，精神是可能的文化发展的“决定性因素”。从“实现性因素”方面不能透视精神的本质，精神本身虽不是强有力的，但它对社会和历史却具有能动性作用。① 不仅如此。精神不仅对整个历史发展来说有所“用”，而且精神亦有其思想性，帕斯卡尔（B. Pascal）认为正是思想形成了人的伟大，正是由于“思想”，人才从一棵脆弱的“苇草”形成了其高贵和尊严。

教育的真实本质在于它的高贵性和神性。能够使人成之为人的事业一定有其高贵性和神性。近现代教育哲学陷入一种无可自拔的“此岸的高昂感”之中，它提倡人的主体性，将人视为能够对其存在指手划脚的发动者和指令者，这表面上提高了人的价值和尊严，而实际上却将人的价值和尊严降低到动物的水平。因为如果认为人仅仅是某种特别的、有理性的或者有改造能力的动物，那么一方面它必须在遗传学上承认人具备像动物一样行为的合法性，另一方面，它又必须承认人这种动物与神一样具备创造世界的力量。这是一种难以克服的深刻的悖论。整个近现代西方教育哲学其实也就在这两方面之间挣扎不已。为此，它创造了太多的教育理论，创造了太多的难以自圆其说的、各种各样的所谓教育哲学。这非但没有加深对人的认识，反而使对人的认识误入歧途。舍勒的一个为海德格尔所郑重引用的论断深刻地指出了这一点，他说，没有一个时代像今天这样，人类积累了如此众多的知识；没有一个时代像今天这样，这些知识得到了如此引人入胜的表达；没有一个时代像今天这样，以如此精巧的方式传递下去；也没有一个时代像今天这样，人对人知道得是如此之少。② 现代教育哲学的问题其实并不在于它没有理论，而在于它有太多的理论；不在于它认识的深刻性，而在于它表达的丰富性。现代教育哲学不是面对的问题太少了，而是太多了、太不集中了。我们对那些越来越少的问题知道得越来越多，而对那些本真的问题却知道得越来越少，施特劳斯就认为现代的知识积累其实是表面繁荣下的“鸡毛蒜皮”。

教育的神性是教育人性论的前提。近现代教育哲学认为，教育的意义在于提升人性，这是毫无疑问的。但靠什么来提升人性呢？近现代教育哲学其实存在一个隐蔽的“恶的无限”，它给的答案其实正是以人性为基础来提升人性。人性怎么能提升人性呢？人性能够提升人性正如同抓住自己的头发把自己提起来一样。要提升人性，只有借助于一个比人性更无限、更崇高、更内在的存在。这只能是

① 舍勒．舍勒选集：下［M］．刘小枫，选编．上海：上海三联书店，1999：1073.
② 舍勒．人在宇宙中的地位．李伯杰，译．贵阳：贵州人民出版社，1989：2.

超越于人性之上的神性。神性不外在于人，神性就在人性之中。人身上有神性，只不过人为了自己的一己私利，为了争取现实存在的合法性，而拒绝了神性。教育就是要把神性从人性中开发出来，让人去更多地接受来自于神性的启示（revelation）。启示就是提升。只有当人于存在的此岸接受了来自于彼岸的召唤，人性才有可能通过精神的磨难达到那个空间而歆享彼岸的关切。以彼岸的态度来过一种此岸的生活，这才是一种真正的来自于神性的人性。

教育培育人身上的神性，这就是教育的高贵之处。倚助于神性，在神性的指引下提升人性，这才是真正的教育智慧。人性是有限的，神性是无限的。人性可能是恶的，也可能是善的，但善也善得有限，恶则会每况愈下。神性是至善的。有限的人性的善与至善总处于一种欠缺状态中。对欠缺状态的弥补其实也就是一个成为人或“做人”的过程。教育界常奢言“做人”，却对“做人”不甚了了。“做人”是一个过程，是对至善的追求过程。人不是自然生成的，“人”是一点点地“做”出来的。中国传统教育哲学也强调人的至善，如《大学》认为教育目的就是“明明德”、“亲民”、“止于至善”，但它同时把至善放在了此岸，认为至善在人是可以实现的，这其实就已经排除了至善的超越性价值。至善是在彼岸的，对有限的人来说，仅仅具有实现的可能性，而不具有现实性。教育只能以至善来引导人，而不会将一个现成的善予人。从根本上讲，教育就是一种乌托邦。以帮助人成为人、以“爱”人为基础的乌托邦性质，对教育来说，就是它的神性。

教育是面向人的。人的发展是教育所有问题的核心。然而，何为人的发展？发展是人的生命的律动。人的发展是有节奏的，人的发展过程并非是一个持续不断无所变化的知识与规律的淹没过程，而是一种充满生机和活力的过程。正是由于人的发展的节奏和生机进入了德国文化教育学派的视野，危机、唤醒、劝诫、呼吁、遭遇、冒险和挫折等被传统教育哲学视为否定价值并最终为其抛弃的范畴，才独一无二地进入了现代教育哲学的视野。也正是在这一视野下，教育的非连续性才打破了客观、必然、连续的传统教育哲学的坚冰，而受教育者的生命过程才被视为一种积极的有价值的存在。博尔诺夫认为：“遭遇无论如何只是一种非连续的形式，它以粗暴的方式突然地中断通常是连续性的生活过程，并给其一个新的方向。这就是存在主义哲学严格意义上的存在事件，它在这里干预人们的生活，所以我们能够利用存在主义对人类生活的理解来正确地了解遭遇的本质。通过这些遭遇可以从最内在的核心部分来检验一个人，从中判断什么对他是真实的，什么是虚假的。”① 受教育者在其人生过程中总要遇到“危机”和各种不测

① 博尔诺夫．教育人类学［M］．李其龙，等，译．上海：华东师范大学出版社，1999：58.

的“遭遇”，只有勇敢地面对这些危机和遭遇，人的精神才能得到砥砺，博尔诺夫认为人的偶然遭遇会逼迫人们在两种可能性之间进行选择并做出取舍的决断。只有在这一决断中，他才真正知道自己生存的艰难。因此遭遇不仅不是教育的负面价值，恰恰是所有教育必须为之的方向。对文化教育学派来说，教育的本质不在于知识与能力的传播（教育借助于这一点实现它的生产力与意识形态方面的功能），而在于对生命的“唤醒”。“唤醒”教育乃是不受因果规律制约，从人生命深处唤起受教育者的创造力、价值感与生命感的教育。教育的根本价值就在于对生命的“唤醒”。

教育的德语词是“Erziehun”，它本身就具有“唤醒”的意思。“唤醒”意味着对已经失去的或正在沉睡的生命本质的追索和寻求。“唤醒”概念的首倡者斯普朗格（E. Spranger）认为，“教育绝非单纯的文化传递，教育之为教育，正在于它是一个人格心灵的‘唤醒’，这是教育的核心所在”①。教育只有通过对受教育者的生命感、价值感的“唤醒”，才能最终寻求到受教育者精神运动的“根”，教育才能实现对受教育者的“解放”，并使受教育者产生“内在性觉醒”。因此，“唤醒”所带来的不是教育方式的一般性变革，而是教育本体论的革命。通过“唤醒说”所昭示的人的生成的非连续性，受教育者的“顿悟”才不再是躲在传统教育哲学阴暗角落里的弃物，而成为具有创造能力和生命意识的受教育者的一种必须的存在方式；传统教育哲学才不再是逻辑层面的回旋往复，而进入直观的生命本身。在博尔诺夫看来，唤醒的存在论价值在于使人在灵魂震颤的瞬间感受到一种从未体味过的内在敞亮，从而获得一次心灵的解放，通过这种解放，使人的心灵获得更新与复活。② 教育工作者对受教育者的生命唤醒的意义，则在于使其在心灵震撼之余涤荡胸怀，获得（或重新获得）对生命意义的领悟，从而使其生命得以升华。

对近现代教育而言，关键的问题恰恰在于理性对存在性的取代。由于近现代教育倾向于认为大全是可以通过一门普遍的科学加以掌握的，因而它所关心的就不再是大全本身而是能够显露大全的科学。作为其必然结果，近现代教育异乎寻常地景仰理性主义，并特别地景仰理性主义所拥有的独特的领域——自然科学。正是自然科学的兴起，特别是伽利略以降的数学自然科学的兴起，一个冰冷的科学世界才僭越于它所源出的生活世界之上，人的问题从而被放置于物的意义上加以处理和解决，直观可体验的生活世界被抽象的、可测量的科学世界所代替。这也就是当下教育界纠缠不清的如何回归生活世界问题。说到底，教育向生活世界

① 邹进．现代德国文化教育学［M］．太原：山西教育出版社，1992：73.
② 邹进．现代德国文化教育学［M］．太原：山西教育出版社，1992：191.

回归问题的实质是如何应对科学的问题，是如何应对理性的问题。而这一问题之所以产生，根本的乃是出于理性对存在性的僭越。胡塞尔对此感觉极为敏锐，他认为，近代之初的关于普遍哲学的观念、任务发生了巨大的变化，一个广泛而深邃的出自纯粹理性的整体逐渐为一个有限、封闭的先天原理所替代，一个封闭的、具有统一系统的理论借助于公理、命题，以观念化的方式一义性地、预设性地决定了一切世内存在者，而这一世界的建立只有通过理性的僭越才是可能的。

受教育者是对教育的馈赠，而教育则是存在对此在的馈赠。作为馈赠，受教育者不必一厢情愿地感激教育（特别地不必感激教育者），而是必须接受教育的（特别是教育者的）感恩。只有相互的感恩充分地发生了，本真的教育才有所崭露。唯有如此，教育才不再大行其暴力或温柔暴力，而是默默地显示其拢集的本质。教育将天、地、人、神聚集于自身，并将这种拢集实现于在受教育者之处的逗留。受教育者以将四重整体栖留于自身的方式将教育现实化为生存必需。正是由于四重整体的先行流露，受教育者才会“约请”“教育”如期而至；正是由于“教育”诞生于四重整体相与谐响之际，“教育”才能栖留于受教育者之中。受教育者越是希求与四重整体的亲密，它就越接近教育；教育越是寻呼四重整体，它就越能在受教育者之处实现自身。受教育者与教育的双重意义实际上统一于四重整体中。如此受教育者才能安然地栖居于教育之中，并在教育中找到它的“根”。受教育者栖居于教育之中，并非栖居于某一现成的“空间”以期得到风雨之中的庇护（考虑一下“学历”对于当代人的生存意义），而是正是在教育之中，受教育者才能“学会栖居”。或许只有学会栖居，此在才可能于无家可归之际思虑归乡的意义所在。海德格尔认为：“栖居的真正困境并不只在于住房匮乏。真正的居住困境也比世界战争和毁灭事件更古老，也比地球上的人口增长和工人状况更古老。真正的栖居困境乃在于：终有一死者总是重新去寻求栖居的本质，他们首先必须学会栖居。倘若人的无家可归状态就在于人还根本没有把真正的栖居困境当作困境来思考，那又如何呢？可是，一旦人去思考无家可归状态，它就已经不再是什么不幸了。正确思之并且好好牢记，这种无家可归状态乃是把终有一死者唤入栖居中的唯一呼声。”① 唯有此在栖居于四重整体之中，它对教育的希求才是本己的、有所根源的。

如此栖居于四重整体的此在的“教育”乃高贵的教育。教育的高贵性乃在于唤起此在的精神性追求，于有限生存之中向往无限的永恒。舍勒对此指出：“如果我们撇开这种每时每刻使这么多高贵萌芽消失在黑夜中的东西，而是注意一下积极的教育刺激，那么，首先和最大的是赢得我们的爱和尊敬的个体价值典

---

① 海德格尔．海德格尔选集：下［M］．孙周兴，选编．上海：上海三联书店，1996：1204．

范。如果人要被‘教育’的话，那么整个人必然会沉浸在完整和真实、自由和高贵之中。”① 教育的高贵性由此乃是此在生存的必然要求。高贵的教育所奉行的是对受教育者的陶冶与教养，而陶冶与教养恰恰是对教育功能化的反抗。只有在对教育的现实功能化反思的基础上，教育过程的精神本身才能得到增长与培养。在舍勒看来，教养的知识是把握事物本质的形式和规则，这一形式和规则并非仅是知识本身即思维和直观本身，也包括了爱与恨、趣味和风格、价值评价和意志等。这样，教养知识就不再仅是知识中的一种，而是具有生成性的本体性意义。只有在知识成为生成方式的基础上，此在栖居于四重整体之中的问题才是可回答的、才是可能的。因此问题的关键在于如何理解教养知识。教养知识并非客观知识，它回答的不仅是知识是什么，而且也独特地表达了知识“为什么”的问题。正因为教养知识本己地关注了知识何所源的问题，所以教养知识本质上乃是此在的生成方式。舍勒由此认为：“由于知识是存在关系，从而它的客观目标，即知识‘为什么’而被追求，就不可能又是知识本身，而必然是一种生成，生成为他者……如同我们所爱和追求的一切一样，知识也必须具有价值和最终性的在体意义……关于‘为何’追求知识的问题，必须给予一个不同的、也许是更高价值等级的回答。对此，我们至今找到的答案只是：知识有助于生成。自然，由此又产生了这样的问题：有助于从何处的生成？有助于谁的生成？有助于向何处生成?”② 对近现代教育来说，真正的问题并不在于教育的功能化与高贵性的统一（因为这两者本是统而为一的），而在于教育的功能化与高贵性之间的不可调和的矛盾。这也许是教育哲学最深刻的“古今之争”。

① 舍勒．舍勒选集：下［M］．刘小枫，选编．上海：上海三联书店．1999：1387.

② 舍勒．舍勒选集：下［M］．刘小枫，选编．上海：上海三联书店．1999：1398.

第五章

教学与教育智慧

我们应该为生活而学习，不是为了学校而学习。

——塞涅卡

教学在整个教育系统之中处于核心位置，这在近现代教育理解中差不多已经是不证而明的真理。在近现代教育的理论框架下，无论怎样宣称教学的重要性都不为过。长期以来，教学论研究一直依附于教育研究而无法获得其自身的独立性，它只是作为一种实践的或者技术的研究演绎式地论证某一教育理论在教学领域的适用性与可行性。但随着教学实践领域的新问题逐渐显现，普遍的教育理论已经无力承担对教学问题的回答，教学研究因而越来越获得其本位性。在这里，笔者无意纠缠教学的技术性研究，而是试图在教学哲学层面探问本真教学的何所由来。随着教学研究的长足进步，教学哲学不仅成为必须，而且也成为可能。教学哲学的追问意味着教学本体必然性地进入研究者的视野，而这是追问教学智慧的必由之途。

第一节　近现代教学论批判：机械论教学哲学的神话

近代教学论肇始自夸美纽斯的《大教学论》。作为“教师中的王子”、“现代教育学的第一位传道士”的夸美纽斯和他的《大教学论》，被宣称为近代教育学的开端。夸美纽斯引导了整个的现代教学运动，他与当代教学的关系甚至可以等同于哥白尼和牛顿与现代科学的关系、培根和笛卡尔与现代哲学的关系。由此夸美纽斯获得了他在教育史、教学论史上的荣耀。《大教学论》之所以是开端，是因为它终结了古典教育哲学的目的论，开启了教育学研究方法论的序幕。正是从这个时代开始，教育学、教学论开始了它的科学化历程。这是一个不祥的开端。

夸美纽斯最有价值的洞见乃是方法。在夸美纽斯那里得以发现的最有价值的方法乃是“类比”或“相似”。“类比”或“相似”的源泉是自然界及自然界诸物。以近取诸物的方式建立教育原则在夸美纽斯的《大教学论》中比比皆是，甚至可以说夸美纽斯是将自然界的原则“复制”到教学中来而建立教学原则的。“它必然什么都做不了”。[①] 夸美纽斯通过模仿自然并且利用教育与自然的相似性建构了“相似论”的教育知识类型，这一知识类型不仅相当成功，而且影响深远，在他之后，福禄贝尔把儿童比作花木，把教育家比作园丁，以及关于“内在”和“外部”的见解与成长来自内部的观点，卢梭关于按照本性教育重要性的观点，裴斯泰洛齐关于必须使用可感觉的物体进行教学的观点，以及斯宾塞强调官能训练重要性的看法，就相继产生了。在夸美纽斯那里，经由一种有别于传统的“模仿”的方法所建立的“相似型”教育理论，标志着教育在近代成为了“科学”，惟其如此，夸美纽斯和他的《大教学论》才成为了近现代教育的“开端”。

另一个推动现代教学论科学化的关键人物是赫尔巴特，他对近代教育学的影响如此深远，以至于他本人已经成为近代教育的代表人物。赫尔巴特的教育学理解——教育学的两个根基——目的的伦理学根本和方法的心理学根基——顺应时势地成为近现代基本的教育学理解范式。他基于心理学的统觉理论所提出的教学过程与方法，基于伦理学提出的教学的教育性，基于科学主义所提出的心理的定量化，无论在教育学还是在心理学方面都对后世产生了极其深远的影响。赫尔巴特的教育思想既是实证主义的，也是形而上学的，而教学的实证化和形而上学化——这种矛盾的统一——恰恰就是近代教学之区别于古代教育的根本标志所在。赫尔巴特试图建立一个普遍的、超历史的教育教学体系，而这一体系的可能性，则完全依赖于教学论实证化与形而上学化统一的不可能性。后赫尔巴特时代教育学与教学论对赫尔巴特的批判，恰恰也就是在对这种貌似圆滑实则割裂的批判上完成的。

近代教学论颠覆了一个古典的时代，同时也开启了一个全新的时代。在近代教学论那里预设的科学主义的种子已经成长为所有的现代教学论所遭遇的理论困境。本质地看，现代教学论不得不面对那些由来已久的矛盾——思维方式上追求客观化与人的历史性存在之间的矛盾；研究方法上追求普适性的教学规律与作为

① 夸美纽斯．大教学论［M］．傅任敢，译．北京：教育科学出版社，1999：64.

情境的教学实践活动之间的矛盾；以及更深刻的教学要完成一个普遍的教育目的与实证主义所导致的相对主义对这一教育目的理解的完全无能为力之间的矛盾。由于没有能力解决这一矛盾，甚至还没有能力认识到这一矛盾，现代诸多教学理论也就仅仅流于严格遵循自然科学的规范和逻辑原则从而建构一个具有普适性的教学理论体系，完全置人的完整性、丰富性和教学的情境性于不顾。这一近现代教学理论的悲剧性特征在于，我们宁愿相信一个抽象的逻辑体系的真理性，也不相信作为实践活动的教学的可误性与粗糙性。我们宁可相信那具经过概念和逻辑风干的“木乃伊”的自证性，也不相信人的现实生活与现实生活中的人的生命性。近现代教学论与教育学一样，由于完全依附于科学主义的世界观而将自身改造为科学主义世界观普适的工具。如同近现代教育已经处于全面危机一样，近现代教学论也处于一个前所未有的危机之中。如果考虑到古典教育时期根本没有近现代教学论的所谓体系化、体制化的教学，那么可以想见的是近现代教学论从一开始就已经落入了危机。与近现代教育依然可以从古典教育哲学那里获得救赎不同的是，近现代教学论并没有一个它自身的救赎之地——它几乎没有历史。它的救赎可能恰恰来自于它曾经依附的教育学。如果近现代教学论认为它只不过是达成教育目的的一个毫无思考能力的工具，那么教育学对科学的依附本质上也就是教学论对于科学的依附。那些不通过教育学而是直接领会科学精神和科学方法的教学论研究已经算是足够聪明了。不过与直接或间接的领会方式丝毫不相关的是，近现代教学论实际上是对科学主义世界观在实践活动领域的一次翻版。而与之相关的则是，毕竟教育学研究因为尚有一个本真的起源还具有些微的批判能力，教学论研究则是将科学主义世界观彻底无望地复制为它的行动准则。在笔者看来，近现代教学论有三个基本危机：对知识的误识所导致的教学危机，对人的完整性的误识所导致的心灵危机，以及对人与人之间关系的误识所导致的控制危机。正是这三种危机的共谋构成了近现代教学论的总体危机。而这一总体危机的实质则在于，教学论将教学活动理解为行动而非实践，将教学活动理解为机械活动而非生命活动。

自苏格拉底提出美德是否可教的难题之后，教学论对这一问题的回答一直模棱两可。从信仰层面上，近现代教学论坚持认为美德是可教的，而且也把美德的可教性宣称为教学的教育性。但在近现代教学论所擅长的知识论层面上，它却从来没有对此给予明确、清晰的逻辑证明。但近现代教学论在教学的另一个功能上即知识传授上却不仅信以为真，而且言之凿凿。知识可以说是唯一一个得到明证的生产、复制和传播经验方式。知识问题由此成为近现代教学论最为无疑同时又最为要害的问题。然而恰恰也就是在这个问题上，近现代教学论无望地落入了深渊。知识社会学史表明，人们最初认为作为智慧的知识即所有的知识都是值得学习的因而是值得传播的，由于世界观全面变动以及价值颠覆的推动，转变为“什么知识是值得教的和值得学的”怀疑论的审视，这一问题则在现代性的背景下堂而皇之地发展为“什么知识是可以传播的”这一技术性追问，从而“怎样教”的方法论取代“教什么”的价值论和“何以教”的本体论成为时代精神。这在历史上不是第一次，但绝对是影响最为深远的一次。知识本具有求真与传播两大功能，在科技变革与价值观普遍发生嬗变的环境下，只有将知识转化成批量的资讯信息，才能通过各种新的媒体，使知识成为可操作和运用的资料。如此一来，知识就不是为了人的成长而存在着——知识的传播目的取代知识的本质，这是知识的一种现代暴力形式，也是知识的异化。知识本质的丧失在教学领域完全改造了生产与传播之间的关系，传统教育中知识作为“符码”，体现了人们的价值追求；现代知识则作为商品，从属于社会需要和交换原则，它本身就具有价值，或者说它就是价值本身。只不过其使用价值才是它真正的价值内核。对此利奥塔指出：“知识的供应者与使用者之间的相互关系，渐渐趋向商品生产者和消费者的供求模态，而且日益强化。它标示着，这一模态将以价值模式为依傍。今后的知识将为销售而生产，或消耗于新知识产品的稳定价格中。在以下两种情况下，都会出现目标互换的情形。即知识不再以知识本身为最高目的；知识失却了它的‘传统的价值’。”① 利奥塔认为，这种为了销售而存在的知识会像资金一样流通，传统知识的教育价值及其政治价值将为“有偿性知识”和“投资性知识”所取代。近现代教学论继承了韦伯所宣称的知识的价值中立性，它根本没有能力看到它所依附的科学知识不仅是知识论的，而且还是社会政治的——知识不能简化为科学。但近现代教学论只有在此简化的基础上才能鼓吹它的传播能力。如此一来，知识的传播者所传递的是价值无涉的知识，他只需要关注知识接受者的接受能力，而知识的接受者则只需要复制这些知识，无须将之扩展为伦理智慧的实践。正是这种“知识的旁观者理论”导向，用清晰而精确的术语，确定先验的课程概念以及教师将先验知识呈现并传递给学生的教学概念。泰勒原理不仅来自于科学效率观，也建立在这种认识论的基础之上。由于根本没有能力认识知识的社会定位及其所固有的政治价值，近现代教学论所制造的知识传播的神话说到底不过是对于知识传播的迷信——它只能在可教性意义上编制知识与课程，而缺少任何批判性反思。换言之，它只能在培养专家意义上安置知识，而在对知识的合法化认识方面则完全像个盲人。也就是说，当教学只是社会再生产的一种合法化方式的时候，它对此茫然无知。因此，哪怕近现代教学论如何宣称教学的神圣，它也只能是一套技术体系，因为它关注的仅仅是效果问题。这也就是

① 让-弗朗索瓦·利奥塔．后现代状况［M］．岛子，译．长沙：湖南美术出版社，1996：36.

我们的教师教育如此地重视教学技术（或者艺术）的根本原因所在——它除了技术，几乎一无所有。教学技术掩盖，放逐，亦制作。至少它催生了大量技术工人式的教师的生产，就像泰罗制里那个傻傻的工人施密特。

“心灵”是教育哲学的核心概念之一。这不仅是因为教育归根结底要建立在“心灵”之上，而且更为关键的是对“心灵”的理解根本地决定了教育观念的产生和建立。然而，在近现代教学论的起始处，心灵问题就被一种决定论的方式耽搁了。这一方面源自夸美纽斯的自然主义，另一方面则因于笛卡尔的怀疑主义。夸美纽斯在探寻教育教学方法、建立教育学体系方面的贡献是前无古人的。但同时在他那里心灵被认为是具有心理物理特征的自然，并且通过一种确定的规律性而得到规定。这一点被后世的继承者发展得更为精致和详尽。虽然夸美纽斯曾首要地提出了人的可教性问题，但他却从来没有继续追问下去，也没有提供人的可教性的人类学基础。由于自然的神性地位，自然主义一方面是将意识自然化，另一方面是将观念自然化，并因此将所有绝对的理想和规范自然化。正如胡塞尔所指出的那样，自然主义者在其行为中是观念主义者和客观主义者。① 因此，在夸美纽斯将教育学建设成一门工艺学之际，在他详尽列举了教育原则和教育方法之后，夸美纽斯并没有对教育的可能性即教育的普遍的明见性和明察性作出前提性的阐释和证明。而心灵问题的关键性耽搁则始自笛卡尔。从笛卡尔起，近代哲学建立了与传统哲学截然不同的研究模式，即在主观性中寻求它的最终根据。笛卡尔坚持纯粹的客观主义，同时又对这种客观主义作主观的论证。为了缓解这种矛盾，笛卡尔只有通过将“我”、“心灵”这一认识的绝对的基础纳入客观世界科学研究的对象才能完成。心灵必须连同这些科学中的其他东西一起被加以论证。首先一切科学的有效性都必须得到“怀疑”。为了达到这一点，笛卡尔必须对一向被当作毫无疑问的、不言自喻的感性经验的世界和一切从它那里派生出来的思想生活的有效性表示怀疑。从笛卡尔的中止判断出发，一切建筑在经验基础上的意义和有效性的成就都被质疑。对“心灵”的怀疑是对科学怀疑的延续和引申。或者说是为了进一步保证科学怀疑的有效性，笛卡尔又必须对“人”加以怀疑。但是笛卡尔却以伽利略的信念为前提：确信存在一个普遍的绝对纯粹的物理世界，这个世界具有仅仅可感性地经验的东西与作为纯粹思维对象的数学的东西之间的差别。感觉是指向自在和存有的，只是感觉可能欺骗我们，因此必定存在解决这种欺骗的理性的途径，而数学的理性就是认知这种自在的存有的途径。② 所以，“人”、“主体”在笛卡尔这里成为“理智实体”。自此“理性”——自伽利

① 胡塞尔．哲学作为严格的科学［M］．倪梁康，译．北京：商务印书馆，1999：9.

② 胡塞尔．欧洲科学危机和超验现象学［M］．张庆熊，译．上海：上海译文出版社，1988：94.

略以来抽象掉了作为过着人的生活的人的“理性”，抽象掉了一切精神的东西的“理性”，抽象掉了一切在人的实践中物所附有的文化特征的“理性”——既成为研究的题材，又成为研究这种题材的“工具”。作为一种自然结果，“理性”、“主体”与“客体”的二元对立就在笛卡尔那里产生了。

在笛卡尔那里已经与身体分离并通过对身体的认识来把握的心灵问题，在洛克（J. Locke）那里被继承为像一个被隔离起来的空间一样的实在的东西。用洛克著名的比喻来说，心灵就像一块白板，心理材料在它上面来来去去。这种材料感觉论及其关于外在的、内在的感觉的学说统治了几百年，直到今天的心理学和认识论。英国经验主义的代表人物洛克和霍布斯实际上都将心灵等同于数学运算。霍布斯认为心灵只是计算（即加与减）的结果，洛克则把简单观念说成与简单的整数数字相似，复杂观念只是简单观念的相加。作为观念的所有思想内容都是从外部输入心灵里的。心灵是对外部世界的反映。按照这种知识论概念，任何一种信念要被接受为知识，就必须能为人的心灵所把握和表述。这就意味着认识论既是基础性的又是表象性的。罗蒂（R. Rorty）认为认识论观念只不过是把人心看作“自然之镜”的隐喻所产生的一个虚构，他将这种知识论称为心灵的“镜喻”。① 对这种镜式哲学而言，知识只能被发现，而不能被创造；只能是客观实在，而非主动建构可成。知识理解的关键不是知识的拥有者对知识的建构和内化，而是知识的输入者输入知识的方式。正因为如此，知识输入的准确测量和评估以及对输入成果的预测才显得极为重要。这一观念深刻地影响了近现代教学论。由于教学哲学信奉的数理模型在教育领域的广泛应用，教学中的“知识”脱离了生活的经验和智慧，而成为分离的、孤立的量，教学的中心问题也就相应地从做出良好的判断转向做出精确的预测。② 早在近代哲学的开端，笛卡尔就将心灵视为作为身体一部分的“实体”。因而，心灵在笛卡尔那里已经不再是人类的精神方面，而只是一团由物质碎片组成的惰性物质。

按照怀特海的一个有趣的说法，19 世纪的最大发明是找到了发明的方法。这些方法的最本质的特征是设法将科学概念和最后达到的成果沟通起来。③ 这一点前所未有地为机械论和决定论哲学准备了条件。科学在这个世纪接受了以唯物论为基础的机械论，形成了一种以非纯物理学、非纯生物学而以机体为主要研究对象的新面貌。机械论哲学的含义在于三个方面：一是认为复杂的世界可以还原

---

① 理查·罗蒂．哲学和自然之镜［M］．李幼蒸，译．北京：生活·读书·新知三联书店，1987：13.

② 小威廉姆 E. 多尔．后现代课程观［M］．王红宇，译．北京：教育科学出版社，2000：161.

③ 怀特海．科学与近代世界［M］．何钦，译．北京：商务印书馆，1997：94.

成一组基本要素；二是认为这些要素彼此之间基本上是外在的，它们不仅在空间上是分离的，而且每一要素的基本性质彼此之间也是独立的；三是认为这些要素之间仅仅是通过彼此推动而产生机械的相互作用，这些作用力难以影响到其内在性质。早在近代科学之父伽利略那里，机械论哲学就已经有所萌芽了。伽利略试图以数学方法与实验方法的结合来解释自然规律，并且至为关键的是，他认为自然规律可以通过数学的理念化方式加以发现，并能够在人类社会中加以应用的。胡塞尔认为伽利略的这一观念的意义是革命性的，他说："伽利略这位物理学或物理学的自然的发现者……既是发现的天才，又是掩盖的天才。他发现了数学的自然、方法的理念，他是无数物理学的发现和发现者的先驱。以前人们只知道直观的世界的……普遍的因果性，而伽利略发现了自他以来一直被称为因果规律的东西，即'真正的'（理念化和数学化了的）世界的'先天的形式'，'精确的规律性的规律'，按照它在'自然'（理念化了的自然）中所发生的一切事件必定服从精确的规律。所有这一切既是发现又是掩盖，以致我们现在把它们当作不言自喻的真理。"① 伽利略从几何的观点、从感性可见的和可数学化的东西的观点出发考虑世界，由此他抽象掉了活生生的人，抽象掉了一切精神的东西，作为其必然结果，事物成为纯粹的物体，这些物体的集合构成了作为实在的自我封闭的世界。伽利略的形而上学体系把宇宙中的人变成了一个旁观者，一个在必然的自然规律面前束手无策的人。

科学革命时期另一个更为关键的人物牛顿则在完整意义上建立了自然的机械体系。在牛顿那里，力学是对自然规律的最佳的同时也是最普遍的揭示。自然已经不再是一个具有目的性的等级体系，而只是一个力和质量的结构。世界作为一个复杂的机械体系，世界之中的一切运动都是可以得到精确预测和精密控制的。牛顿的自然哲学在整个近代科学与哲学领域占据了支配地位，对后世产生了革命性的影响，以至于在今天，这种哲学观念仍旧拥有巨大的能量。然而机械论的重要代表依然是近代哲学的起源笛卡尔。笛卡尔声称，所有动物都是没有理智和感情的自动装置、复杂机器。对这部机器而言，其所有功能都取决于其各种器官之间的配置，正如钟表或其他自动装置的运动取决于其摆锤与齿轮之配置一样。因此，要想解释它的功能，就完全不必想象在机器内存在着一个植物性的或敏感的灵魂，或是存在着关于运动和生命的其他原理，能够起作用的仅是血液和由心脏持续燃烧的火——这种火与无机界的形形色色的火并无任何区别。这样，由伽利略提出并通过牛顿得到发展的机械自然观终于在笛卡尔那里实现为精致的机械论哲学。这一哲学产生以后，哲学努力解决的全部认识论问题就成为机械论哲学的

① 胡塞尔．欧洲科学危机和超验现象学［M］．张庆熊，译．上海：上海译文出版社，1988：63.

问题，并且这一哲学由于他们的后继者的推动而扩展为对整个宇宙的解释框架。

在自笛卡尔以来的世界观的核心中，“生命”已不再是本原现象，而只是机理过程与心理过程的综合。当从机理上理解生命，活的生命体就被看成一架机器，生命组织被视为一批有用的机件。现代生命观有四个特征，这四种特征构成现代教育形而上学的基础。第一生命整体是可分的，并可以通过分解的形式加以教育，整体只是部分之和。第二，分成的部分可以还原为“工具”和“器官”。第三，生命是对环境的适应而非创造。第四，生命是机体化和实体化，不仅身躯和机体是生命现象的载体和场所，而且生命也只是人体固有的一种综合特性。只有在这样的生命观的指导下，教育的工业主义、效益主义才能同时渗入教育世界之中，生命现象才从属于力学原理。在现代文明发展中，人之物、生命之机器、人通过力学原理解释和控制的自然异化为人的统治力量。人高扬自己的主体价值的结果是成了微乎其微的存在，成为存在者的一个附属。在教学领域，“拟人化”和“拟物化”是等量齐观同时进行的。在这样的压迫性的生命观的指导下，教学内容的选择和设定事实上奠基在以机械论和决定论为理论框架的行为主义的形而上学基础之上。课程被视为固定的、先验的“跑道”（curriculum），是转化受教育者的基本通道。教学必须围绕预定的目标而展开，而且教学的目标一旦预设就取得绝对的合法性，不得干涉和任意改动甚至曲解。教学目标以规范和标准来指导自身的设定，单向地决定性地影响整个教学过程。受教育者被认为是“有欠缺的”和“必须要接受这样的”。教学评价也不是教学目标形成的有生力量而只是教学目标的附属成本，它的目的不是审视教学目标的合理和可行，而是监督教学的实施过程是否遵从预设的教育目标，以特定的量化的方式衡量人的发展。教学评价手段依赖教学目标的合法而取得其合法地位。在这种视野里，错误、分裂和干扰是不被容忍的，教学系统将尽其所能地降低、克服乃至消灭这些对达成教学目标“不利”的负面因素。为此，近现代教学论设计就必须关注因果性。因果性不仅超越目的性，甚至因果性就是目的性本身。事实上近现代教学的能力源泉就在于此并仅在于此。近现代教学之于因果性，犹如信徒之于信仰，离脱因果性近现代教学本身毫无能力。因此可以理解的是为什么近现代教育异乎寻常地关注“输入”（imputing）及与之有关的“输入过失”（imputing culpability）——教学只是信息流通，只要控制了信息的输入与产出，教学本身就一定是可控的与因果必然的。近现代教学本能地依赖于因果性并特别地依赖于因果性哲学即机械论哲学。因果关系在自然科学领域表现为有效原因、接近原因或必要原因，在精神领域则表现为必要原因或第一因，而自牛顿以降的机械论哲学则将因果关系局限于线性的因果必然：每一个结果都有一个先前的原因；同样的原因必有同样的结果。只有在这种线性因果必然的情况下，教学才能合法地实现它的控制、预测以至加工塑造的功能。事实上也只有借助于线性的因果必然性，近现代教学才能找到其合法性基础——教学决定论、教学预测论、教学行为论、教学管理论都无一例外地构筑于这一基础之上。杜威在批判这种塑造理论时指出，塑造论的缺陷在于忽视生物具有许多主动的和特殊的机能，这种哲学强调智力环境对心灵的影响，但忽视了环境实际上包含着个人对共同经验的参与。这种哲学过分夸大了有意识地形成和运用方法的可能性；而低估了充满活力的、无意识的态度的作用。因此塑造论的代表赫尔巴特的哲学考虑了教育的一切事情，却唯独没有考虑教育的本质。① 之所以说赫尔巴特没有考虑教育的本质问题，根本地是因为他在放弃了对"心灵"的建基性思虑的同时，也就放弃了教育中的"他人"，从而根本地放弃了作为教育本质的人与人之间的交往。

近现代教学论从来对它的技术性批判耿耿于怀。它从不承认它是技术性的。但如果稍稍注意一下自己在知识、心灵、传播与控制方面的误识，近现代教学论就不得不低下它高贵的头颅，老老实实地承认它只不过是近现代科学技术主义在教学领域的应用而已。技术主义对近现代教学论的影响是如此深远，以至于如果教学论不谈及技术，它就不能自视为一种实践活动。技术主义彻底地剥夺了教学的生命色彩，使教学从属于一种完全的技术性生活。技术主义其实影响的并不仅仅是近现代教学论，而且也深刻地影响到了近现代的教师教育。教师教育对于技术主义的崇拜与教学论的技术主义崇拜本质上如出一辙。

批判还不是建设，但批判无疑是建设的起点。也许只有当我们对近现代教学论问题有所觉察并对之深刻反省之际，我们才能在近现代教学的复杂理论背后发现它的简单本质。寻求教学智慧从来就不是一件大张旗鼓的广告行为，支撑在它背后的是我们对教学的那种生命关系的敬畏之心。对所有那些尚对自己有所要求的教师而言，这种敬畏感深藏于心。其实在我们日常的教学行为之后，教师需要做的就是再行前一步。不是推进，而是回归。回归到教育的真正起源，在这里，埋藏着教学论救赎的精神资源。

第二节 回归生活世界的教学论意蕴

我们已经对脱离生活世界的哲学进行了批判，同时也对生活世界的哲学意蕴进行了简单的勾勒，在这里已没有床上架床的必要。正如笔者已经指出的，无论生活世界的所指究竟是什么，无论我们怎样看待生活世界，回归生活世界理论已

① 杜威．民主主义与教育［M］．王承绪，译．北京：人民教育出版社，1990：81.

经成为现代哲学的一个基本的精神方向和发展趋势。生活世界理论在当下已经有了某种象征性意义，它集中地表达了哲学对于它所宣称的那种内在真理性的不满。生活世界理论所试图反拨的正是西方传统哲学的本质主义的野蛮。这不仅是思维方式的转变，更重要的也是哲学生存方式的转变。现代政治哲学的代表人物施特劳斯之所以要回到古典政治哲学的苏格拉底，笔者以为最根本的原因就在于施特劳斯的魔眼看到了现代政治哲学的病根——如果不下降到洞穴，哲学就有走火入魔的危险。施特劳斯对哲学的拯救本质上是对哲学生存方式的拯救，而并不仅仅是思维方式的转换。在哲学、教育哲学乃至教学哲学领域发生的令人扼腕的本末倒置在于，我们不是认为我们对生活世界的构想出了问题，而是认为生活世界出了问题。所以当我们生产的种种理论失去了对生活世界的解释力的时候，我们所质疑的不是逻辑的真理性，而是生活世界的粗糙性与可误性。我们还没有能力反思理论本身的暴力色彩。就教学论研究而言，我们试图通过发现教学规律从而制定关于教学的若干原则，但我们却从来不会反思这些规律和原则是不是对教学实践的真理性把握。试图用几条简单的原理、本质去把握丰富复杂的教学世界是危险的，更危险的是我们对原理的遵从远胜于我们对生活世界优先性的尊重。所以当我们以所谓的“专家”身份来面对教学实践时，我们所割除的恰恰是“专家”最应该反省的问题，即我们对生活世界的抽象真的有效吗？我们构造世界的逻辑起点是否真的如我们所宣称的那样不证而明？

教学论学者对于教学脱离生活世界的弊端还是了然于胸的。比如有的学者站在人文精神失落的角度批判指出：“传统教学的弊端主要表现在：教育体制的整齐划一、刻板和自我封闭性；以培养应试能力为教学目标，多而杂、又脱离社会实际和学生实际的教学内容；只面向少数学生、以记忆为中心的教学方法以及对分数的过分关注。这种片面追求升学率的激烈竞争，导致学生学习被动、缺乏个性，参与意识和参与能力不强，动手实践能力差，缺乏创新意识和创新能力。加之教师和家长的过分保护、过分干涉和包办代替，养成学生的高依赖性，自理、自立能力差，毅力差，缺乏自我教育能力，社会适应性差。”① 有的学者则对传统教学认识论提出了深刻的批评：“把丰富复杂、变动不居的课堂教学过程简括为特殊的认识活动，把它从整体的生命活动中抽象、隔离出来，是传统课堂教学观的最根本的缺陷。”② 脱离生活世界的教学所达致的那种东西并不仅仅是抽象和隔离，它本质上是对生存的一种异化。现代教学论所鼓吹的科技理性和工具理性极大地摧残了人的完整性，人成为一架有效率地处理外部信息并占有外部世界

① 裴娣娜．发展性教学与学生主体性发展［J］．河南教育，1999（1）：14－15．
② 叶澜．让课堂焕发出生命活力——论中小学教学改革的深化［J］．教育研究，1997（9）：4－5．

规律的机器。为了达到处理的信息化与处理的科学性，这架机器也必须把一切存在者视为和他同样的物。知识可以被加工、处理与传播，学生学习的主要任务是不假思索地占有这些客观知识。不仅知识可以交换，人格也是通过市场交易的原则而形成的。所以笔者一直认为当前课堂教学最主要的问题不是教师的教学技巧问题，而归根结底是教学观念即教学哲学的问题。如果说我们已经认识到了错误的知识观所导致的知识与生存的不睦（以杜威的实用主义教育哲学为代表），那么我们还没有认识到这种教学方式在人格形成方面的巨大破坏力。人本主义哲学家弗罗姆曾经概括了当前教学活动的非人性化，想必他所记述的这些东西对于我们的教师和学生来说已经耳熟能详：

在学习上——

倾向于重占有生存方式的大学生们，在听课的时候只注意教授的话、话与话之间的逻辑关系及其含义，并且要尽可能完整地把一切都记在笔记本上，以便课后将这些笔记背下来去应付考试。但是，所讲的内容并没有成为其思想的一部分，他们的思想领域并没有因此而更为丰富和扩展。他们把自己听到的东西变成僵死的思想或完整的理论储存起来。学生与讲座的内容彼此之间没有什么联系，如果说有联系的话，那就是每个学生都成了另一个人所提出的某些诊断和观点的所有者（这些论断和观点或者是这个人自己提出的，或者是他从别的来源获得的）。

倾向于重占有生存方式的大学生只有一个目的，就是要把“所学的东西”牢牢地抓住，或者是记在脑子里，或者是将笔记仔细地保存起来。他们不需创造或生产新的东西。对于这种“占有的人”来说，任何有关他的课题的新观念和新思想实际上只会令其不安，因为新的东西会使他已经占有的全部信息都成为疑问。在个人与世界的关系中，如果是重占有倾向占主导地位的话，那么一些不易于记录下来和抓住的思想以及一切发展、变化、不受控制的东西都会使他感到害怕。

在记忆上——

如果一个人的记忆是重占有的，那他的大脑皮层的神经联系完全是机械性的，比如说，通过多次地同时运用而使两句话联系起来或者这种联系是建立在纯粹的逻辑关系上的，比如说相对的两个词、近似的概念，或者根据时间、空间、规模、颜色，或者按照一定思想体系的属性来建立这种联系。

采取一种重占有的方式来回忆一张面孔或一种风景，其回忆的计划调节就像大多数人在观看照片时所采取的那种方式。这是一种典型的重占有的回忆方式。对于大多数人来说，照片是他们记忆的基础，为的是能够再认出一个人或一处景物。他们对照片的反应往往是"对，这就是他"或"对，这就是我"。对于大多数人来说，照片是一种异化的记忆。

异化的记忆还有一种形式，就是把我所想要记下来的一切都写下来。只要把它写在纸上，我就占有了这个信息，我从不尝试把它记在脑子里。我对我的占有很自信，除非我将这些记录丢失了，那也就将应该记忆的东西都丢了。我的记忆能力与我脱离，因为我的信息库（笔记）取而代之，成为我的外化的一部分。

在阅读上——

学校努力将一定数量的"文化财产"传授给学生。然后，在学业结束时给学生出具一张书面证明，证明他占有了文化财产中的极小的一部分。因此，学校教给学生读书的方法，都是为了使他们能够复述作者的主要思想。学生就是通过这种方式来"认识"柏拉图、亚里士多德、笛卡儿、斯宾诺莎、康德以及海德格尔和萨特的。谁能够最准确地重复一位哲学家所说的话，那他就被视为是优秀的学生，他就像博物馆中知识渊博的向导。可是，除了他所占有的这些知识之外，他什么也没有学到。他没有学会向这些哲学家提出疑问和与他们交谈；没有意识到哲学家自我矛盾的地方以及他们避而不谈某些问题和题目；他没有学会去区别作者的哪些观点在当时的条件下是必然的，因为这些观点和看法在当时还是"合理的"，以及哪些观点是作者的新贡献；他体会不到作者什么时候是用他的纯理智来说话，什么时候又注入了自己的情感和思想；此外，他也发现不了这位作者所说的是确实可靠呢还（是）只是夸夸其谈，等等。①

弗罗姆对教学存在方式的描述无疑是深刻的，但如此之教学活动通过知识的贩卖最终的产物并非学习活动的异化，在根本上是人格的异化。教学领域市场功能的张扬已经使得教学本身遗忘了人的精神生活和人的生命的超越性向度。无论从教学内容、教学方法，还是教学评价上讲，由于教学活动"人"的"物"化，教学目的对于"成功"莫名其妙地追求，它为受教育者在自我保全方面的努力已经使得它自身变成一种单纯的投机行为而失去了全部高贵性。如果说学生的学习方式、阅读方式和记忆方式毕竟在某种程度上是可以矫正的，那么这种教学活动背后的教学观念却根深蒂固。如果说知识传授毕竟不是人类生活的全部，那么人格的市场化所产生的影响则是摧毁性的。市场经济的价值观强调价值交换。价

① 弗罗姆．占有还是生存［M］．关山，译．北京：生活·读书·新知三联书店，1988：33－37，41.

值交换以社会的商品化事实形式僭越了它原所依从的商品领域而促生了人格商品化，即以交换价值作为个人价值的性格心向。可以说，人格的市场化和人格市场的形成，是现代市场经济条件下人格形成最具本质性的标志。人格的形成取决于市场的需要，在市场上以出卖商品的形式出卖人格，这在历史上还是第一次。在弗罗姆看来，现代人格在以消费为价值取向的社会中有异化为商品的危险，在交换价值成为决定原则的市场经济条件下，人已不再是本身能力的积极承担者而只是内容贫乏的“物”，从而作为一个“物”成为依从于在他之外的经济条件和政治条件的俘虏。当社会文明以普遍强制形式建立起它在精神人格方面的商品化优势时，“人”已经不再是“人”本身，而只不过是某种待价而沽的商品。人格的市场化是人的物化的某些质的总和。在今天，“人格”已经不在促进成功方面起多大作用，倒是“人格的因素”特别是人格的物化因素在促进成功的过程中经常起决定性的作用。对此弗罗姆指出：“能否获得成功大部分取决于：他在市场上怎样有效地出卖自己，他怎样有效地使自己的人格被人所理解，他的‘包装’是否精美，他是否‘快乐’、‘可靠’、‘健康’、‘进取’、‘奋发’，此外，他的家庭背景如何，他属于哪一组织，他是否了解有关人士……他也得在市场上赶时髦，因此他还注意市场上究竟需要哪种人格。”① 市场经济的发展为人格的新进路创造了充分的物质和社会学基础，人格取向受其影响前所未有地发生了扭转。人格取向的市场化决定了人格的内在性“我是我”转变为“我是你所需要的”，而传统的自我观念“我是我认为的那个样子”转变为“我是我所占有的东西”、“我所占有的东西就是我”。在今天，要确立一种身份，要知道你是谁，你必须首先知道你不是谁。你可以成为任何“人”，但你永远无法成为你自己。这种现代性悖论是深刻的，也是无奈的。

当下教学论所面临的最深刻的问题即在于教学活动如何以充满人文关怀的方式关注现实生活品质，并形成正当的价值导向。教学活动有必要回归到它的本体上来，即它必须超越传统教学论视野以成就其自身的完整人的培养的允诺。从抽象的理念世界走向人的现实生活世界，这将是现代教学论不得不面对的一个趋势。有学者在研究视界、价值取向、思维方式三个维度上将现代教学论的发展趋向概括为如下三个方面：在研究视界上，它是面向人的现实生活的，从认知领域扩展到生活和生命全域；在价值取向上，它是面向现实生活中的人，从“价值中立”走向“价值负载”；在思维方式上，它是指向人的动态生成过程，从实体主义思维走向关系性思维。② 一般地说，教学是教师的教和学生的学所组成的一

① 弗洛姆．为自己的人［M］．孙依依，译．北京：生活·读书·新知三联书店，1988：60.

② 王攀峰．走向生活世界的课堂教学［M］．北京：教育科学出版社，2007：104.

种人类特有的人才培养活动。通过这种活动，教师有目的、有计划、有组织地引导学生积极自觉地学习和加速掌握文化科学基础知识和基本技能，促进学生多方面素质全面提高，使他们成为社会所需要的人。这一概念用数最广、使用最频，影响至为深远。仅仅从技术学意义上，这种对教学的理解的确是对教学活动的一种事实性描述。但仅仅是对事实的描述而已，除此之外，并没有对教学活动的原则性的东西有任何层面的揭示。因为此种定义只是把握了作为现实活动的教学的特征性的艺术水平，而付教学为何称为教学的根据于阙如。显而易见的是，在教学内容上，这一定义唯一性地加强了文化科学知识的重要价值，而在教学价值上，则唯一性地加强了社会价值对于个人价值的宰制。在这一定义里，知识是客观性地可以在市场上传播的东西，而教学价值则是片面地强调了人的有用性。教学脱离生活世界是这一意义上的，教学世界对于这一脱离的反拨恰恰也是这一意义上的。

回归生活世界的教学本质上也就是回归教学本体的教学。教学本体是教学作为教学的根据之所在。所谓对教学本体的追求，也就是对教学之作为教学的根据之寻求。而回归生活世界则是一种可能的理论方案，同时回归生活世界也是对教学的一种现实性拯救。回归生活世界意味着教学生活观、生命价值观的建立。这正是教学世界之意蕴所在。海德格尔指出，组建着世界之为世界的意蕴的指引整体“固定”在一个为什么之故中。把这个指引整体，把“为的是”的形形色色的联系同此在所为的东西概括在一起。① 理解何为教学的根本意义所在，也就是追问教学所指向的那个终极目标。对教学的任何反思和批判，必须在对终极目标的反思中得到表现。雅斯贝尔斯甚至认为，“哪怕是最微小的行动也应和终极目标联系起来”②。近现代教学向来认为教学只是一种服务于教育的单纯的技术性动作，殊不知，教学虽然是教育的一种最重要的实践构成，但教学并不就是教育。我们的教学论研究已经习惯于将教育对于文化科学的演绎复又演绎于其自身活动之中。如此的教学论研究所寻求的并非教学作为教学的东西，而是教学应该如何地成为教育的工具。教学与教育一致的是，教学的终极目标也必须建立起其自身的信仰。教学必有其信仰。没有信仰的教学无关宏旨。没有宗旨，无所“宗”的教学说到底只是一个技术体系。近现代教学的根本问题就在于其缺少对自身“何以可能”的思虑而丧失根本目标。由于现代人对何为“人”缺少整体性把握，因此，在现代人眼里，“教学”只是一种没有根本目标的“工具”，它

① 海德格尔．存在与时间［M］．陈嘉映，王庆节，合译．北京：生活·读书·新知三联书店．1987：232．

② 雅斯贝尔斯．什么是教育［M］．邹进，译．北京：生活·读书·新知三联书店，1991：177．

只因其能够为“人”带来各种实利性效果而被认为是“成功”的——比如知识灌输的数量与质量。由于缺乏对终极价值和绝对真理的虔诚，教学所能带给学生的就不再是关乎学生现实生活的东西，而只能是混杂的知识。这些混杂的知识的价值只能根据“效用”标准来评价。这种教学由于失去了它由于关注学生的生存而获得的内在权威，也就只有通过外在权威比如教学制度的科学与效率来维持。雅斯贝尔斯认为：“我们生活于其中的世界是一个亵渎神灵、‘上帝已经死了’的世界，这里缺乏自由的法则更胜于人情的冷漠，这里只有秩序、人们的共同参与和互不干扰。人们已不愿意重新为自己树立真正的权威，而只好让不自由的暴力占据权威的位置，这种暴力所能替代的东西，必须出自另一个新的本源。……根据效用标准来评价的话，这种生命力已再无任何意义，它的真正的任务在于，接触事物和道出事物的本质，而只有当生命力被纯粹的内涵和自然世界的可能性重新注入灵魂时，它才能去接触和解释事物。”① 丧失了权威的教学丧失了它内在的“灵魂”。教学之所以丧失其“灵魂”，是因为它脱离了生活世界整体性而从属于现代人狭隘的实用观念。我们的教学观如此，我们的教师教育观亦如此。

丧失了生活世界整体的教学因为丧失其“为何之故”而失去“意蕴”。没有意蕴的教学也就是与生活世界丧失了精神联系的教学。而教学世界对于生活世界的放逐则是因为它无法赢获得对于人、对于生命、对于生存价值与意义的正确理解。或者说，近现代的教学观阉割了人、生命、生存的完整性而从属于人、生命、生存的片面的功能。海德格尔将“人”从有其世界到丧失其世界的过程称为“世界的没落”。“世界的没落”表现为诸神的逃遁、地球的毁灭、人类的大众化、平庸之辈的优越地位。因此“世界的没落”实质上是世界精神的没落。② 没落的世界实施着对世界的精神剥夺。剥夺并非褫夺，精神力量剥夺是对精神的曲解或篡改。现代文明对精神世界的曲解或篡改主要表现在如下几个方面：第一，将精神曲解为智能，这是决定性的误解。这种智能就是单纯的理智，它思考、计算和观察那事先给出的事物、它们可能出现的演变以及那随后出现的新事物。这种理智是单纯的才能，是可以训练和批量分配的。这种理智自身驯服于组织化的可能性之下，而与精神格格不入。纯粹的才智是精神的假象并且掩盖了精神的匮乏。第二，如此被曲解为智能的精神因而就沦入为其他事情服务的角色，成为既可教人也可学到的东西。第三，对精神的工具性曲解导致了人们对其现实行为合法化即其自我有效上。第四，对精神的最后一种曲解植基于前面所说的一

① 雅斯贝尔斯．什么是教育［M］．邹进，译．北京：生活·读书·新知三联书店，1991：74.

② 海德格尔．形而上学导论［M］．熊伟，王庆节，合译．北京：商务印书馆，1996：45.

些篡改中。这些篡改把精神想象为智能，把智能想象为为目的而设的工具，而把工具和产生出来的产品一起想象成为文化的领域。作为为目的而设的智能的精神与作为文化的精神最终就变成了人们摆在许多其他东西旁边用来装饰的奢侈品与摆设。① 对精神的剥夺是近现代教学得以产生的前提。只有当精神的世界失落了，近现代教学才是可能的。近现代教学只有借助于世界的非精神化，才能取得其自身的合法性。教学的非精神化与教学的工具化是一致的。"非精神化"为现代教学提供了充分的思想基础和发挥空间。现代教学之所以对"精神"这回事置若罔闻，就在于整个教育世界的"非精神化"的普遍合法性。而整个世界的非精神化则是由于"人"对于自身分裂的听之任之。没有"精神"的"人"造就了没有"精神"的教育，而没有"精神"的教育也只能造就没有"精神"的"人"。联合国教科文组织前总干事勒内·马厄曾提醒教育界关注世界的非精神化，他认为："在没有精神空间的地方，精神不能生存，人类掌握不了自己的命运"。② 换言之，人类若能够掌握其命运，必须依助于精神世界的建立。雅斯贝尔斯则肯定地指出："教育依存于某种超越它而又是它的源泉的东西，即依存于精神世界的生活。教育不可能从自身发源，它只能传达那直接地在人的行为中表现自身的生活。对于那种提供人类生活必需品的系统的现实，以及对于国家，教育已经自觉地采纳了一种见解：教育是通过利用在精神层面上被创造出来的东西而兴旺发达的。我们时代中的教育必须决定这种尚具有可能性的教育的价值。"③ 必须建立精神世界，乃是教育的思想前提。人类能够建立起其精神世界，则需要教育的帮助。从不能掌握命运到能够掌握命运，教育都无法袖手旁观。

当"人"对其整体性加以反思的时候，教学才有可能通达其本体之源。只有当教学对其整体性加以反思的时候，"人"的整体性才真正地成为问题。"人"的问题在"教学"的问题里更显得突出，因为教学的终极价值首先必须建立在"人"怎样成为"人"、成为怎样的"人"的问题上。在"人"已经成为"问题"的时代里，对"人"的问题的催逼更显得触目。"人"必须为其"是其所是"提供见证。"人"与"物"的根本区别就在于他必须对其所是提供证明。而且他的价值也就在其为其所是提供证明之中。对此卡西尔指出："人被宣称为应当是不断探究他自身的存在物——一个在他生存的每时每刻都必须查问和审视他的生存状况的存在物。人类生活的真正价值，恰恰就存在于这种审视中，存在于

① 海德格尔．形而上学导论［M］．熊伟，王庆节，合译．北京：商务印书馆，1996：47.

② S. 拉塞克，G. 维迪努．从现在到2000年教育内容发展的全球展望［M］．马胜利，等，译．北京：教育科学出版社，1996：85.

③ 雅斯贝斯．时代的精神状况［M］．王德峰，译．上海：上海译文出版社，1997：103.

这种对人类生活的批判态度中。”① 弗罗姆也认为“人是唯一自寻烦恼的动物”，“人是唯一发现自己的生存是一个问题的动物”，他不得不去解决这个无法逃避的问题。② 解决问题也就是为其存在寻求证明。所谓“受过教育”即是指通过“教育”人们才对自己的存在有所自觉。教育的根本目的就在于指明人的“存在”需要证明并提供证明的必要帮助。对此，亚里士多德在《形而上学》第四卷中给了我们一个暗示：没有受过教育就是不能分辨何处必须寻求证明，何处不需要寻求证明。“人”对其存在的“证明”，既是对“人”的完整性的领悟，也是教学建立其“意蕴”世界的精神前提。而且，教学只有通过这种方式，才能通达其“本源”。

近现代教学为了其自身技术体系存在的合法性，不得不将它域内的一切改造成可计算的东西。因为只有通过计算的方式，它才能控制其系统的目的性，才能保证教学是可行动的。而为了成就教学过程的可控制性，教学就不得不把教师与学生的精神联系“物”化，只有“物”化，才是可计算的。如此一来，近现代教学就建立起了一个抽象的理念世界——一个把一切生命性的东西抽象化、可计算化的世界。这也就是我们所谓的教学世界对于生活世界的脱离。可计算的教学世界是一个很特别的世界，这个世界没有“精神”，因为人性以及自然的“物”性都已被扭曲，但这个世界却有其灵魂，那就是对一切可以“物”化的东西的加工和制作。这与其说是教学的一种迫不得已，倒不如说是它的一种有意为之，在这一切背后，隐藏着的是教学对于人、对于生活、对于生命的别有用心。

教学计算性思维的本质乃是将域内一切表象化。也就是说，教学所面对的一切并非事物本身，而是对事物的抽象；教学研究所要呈现的东西，并非事物的内在性，而是对事物内在性的抽象。在这里，概念之间的逻辑关联要比事物之间的现实联系更为真实，也更为可靠。表面上看起来，似乎教学理论在大行其解释之道，但教学理论意图所达到的却是改造——改造域内一切事物的内在属性。表面上看起来，教学理论似乎也面对事实，但实质上教学理论更关注于事物之间的因果性。由于失去了体验，放逐了经验，由于对生动的作为现象的教学活动的表面化，教学理论由此成为一种貌似深刻实则干瘪的概念游戏。这种表象化的形而上学的思维方式并非没有意义，但形而上学的思维方式却加强了对事实本身的抽象，从而使得现象的直观呈现不再可能。胡塞尔现象学的努力，后现代主义对于形而上学的克服，正是试图回归生活世界的优先性。海德格尔在批判形而上学时如此认为：“形而上学本身唤起并且加固了一个假象，仿佛它追问并且解答了存

① 卡西尔．人论［M］．甘阳，译．上海：上海译文出版社，1985：82.

② 弗洛姆．为自己的人［M］．孙依依，译．北京：生活·读书·新知三联书店，1988：56.

在问题似的。而事实上，形而上学绝没有回答存在之真理的问题，因为它从未追问过这个问题。形而上学之所以不问此问题，是因为它只是通过把存在者表象为存在者去思考存在。形而上学意指存在者整体并且说及存在。形而上学命名存在，并且意指作为存在者的存在者。自其发端乃至其完成阶段，形而上学的陈述都以某种奇怪的方式活动于一种对存在者与存在的普遍混淆之中。这种混淆当然必须被思为居有事件，而不能看作一种错误。这种混淆的根据绝不可能在于一种单纯的思想之疏忽，或一种言说之含混。由于这种普遍的混淆，当有人断言形而上学提出存在问题时，这种表象就达到迷乱的顶峰了。看起来，事情几乎就是：形而上学通过它对存在者的思考方式而受到指引，在它毫不自知的情况下充当了界限，对人阻挡了那种存在与人之本质的原初关联。"① 鲜活的生命被抽象为"受教育者"，复杂的精神活动被抽象为可以计量的外显行为，生命的整全性评价被抽象为若干量化指标的叠加，正是这种表象式的思维方式，吞没了教学领域的生命感受。应该说，在近现代这种表象式教学论的宰制下，教师与学生并非全然没有感受，并非没有体验，正如我们的经验所告知我们的那样，但教师与学生的这种生命感受只是教学活动为了更好地发动自己而必然产生的副产品。我们并非没有教育爱，但教育爱只是为了使学生更好地接受控制的"糖衣炮弹"。我们也并非没有尊重、感动，但所有这些感受都是在保证教学活动顺利进行、在保证教学活动的技术性本质的前提下才是可能的。爱，在教学乃至教育领域已经失去了它的纯朴本质。我们必须面对的一个迫切的追问是，当爱也被工具化了，教学是否还有希望？

教学必须居于它的意蕴世界之中，对这个意蕴的世界有所领会，并以领会意蕴世界的方式展开自身。这是此在的生存方式，也是教学的存在方式。教学必须由此而获得自己的根据。对于教学实践第一线的教师而言，他们可能无法理解教学回归生活世界的复杂理论，但至少将教学视为其生命的体验比领会理论要亲切得多，也深刻得多。或许，根本就没有什么复杂理论，所谓的复杂的教学理论仅仅是对简单道理的复杂表述而已。所以，教师的所谓"理论崇拜"和"专家崇拜"，也有可能仅仅是个"剧场幻象"而已。

第三节 教学生活认识论批判

近现代教学论有一个基本的预设，并且将其作为一个不证而明的前提，那就

① 海德格尔．路标［M］．孙周兴，译．北京：商务印书馆，2000：436.

是知识是生活中最核心的东西，它足以提供给个人社会生活所需要的一切条件。因此，近现代教学论一直将自身有意识地限定在认知领域。它所传授的是社会生活所必需的知识，这保证了知识的价值性；它所传授的是基于学生心理发展规律的知识，这保证了知识的可复制性；它所传授的是可以量化的知识，这保证了知识的可评价性从而保证了知识传播过程的可复制性。近现代教学论可以说在教学领域演绎了哲学认识论——哲学认识论是近现代教学论的一般理论，教学论则是认识论的特殊实践。近现代的哲学认识论则从属于科学世界观。正是以这种客观主义知识论为理论基础，教学活动才被简单地理解为一种客观知识的传递过程。而这个客观知识的传递过程并没有人的因素，比如教师和学生，他们在知识（考虑到意识形态的作用）的权威面前毫无反思之力——教师仅仅是知识的传播者，并不制作知识，而学生则仅仅是知识的被动接受者。因此所谓的知识传递过程本质上是一种“知识专制”。

客观主义的教学论要么将教学理解为一个一般认识过程，要么将教学理解为一个特殊的认识过程。毫无疑问，我们并不否认知识传播的重要性，只要我们还有一点生活常识的话，但同样毫无疑问的是，知识传播在教学活动中显然并非唯一性的东西。认识论的教学论所最终完成的东西其实并非知识如何才能科学地传播——它有更大的野心——那就是对人与人之间关系的改造。而它之所以要改造这种关系，恰恰是因为科学世界观自身合法性的需要。显而易见的是，在温文尔雅、富有节制、科学、效率的课堂教学背后，隐藏着科学主义对于世界宰制的险恶用心。笔者一直觉得在我们课堂教学的表面的繁荣背后有种让人窒息的东西。这种东西压迫得让人喘不过气来。巴西教育家保罗·弗莱雷（Paulo Freire）在他的《被压迫者教育学》中深刻地揭示了教师和学生所遭受的压制。教师遭受到知识的压制，而学生则是遭受到来自于教师和知识的双重压制：“它把学生变成了‘容器’，变成了可任由教师‘灌输’的‘存储器’。教师越是往容器里装得完全彻底，就越是好教师；学生越是温顺地让自己被灌输，就越是好学生。于是，教育就变成了一种存储行为。学生是保管人，教师是储户。教师不是去交流，而是发表公报，让学生耐心地接受、记忆和重复存储材料。这就是‘灌输式’的教育概念（‘banking’ concept of education）。这种教育让学生只是接收、输入并储存知识。”① 笔者曾经指出，无论是近现代教育学还是近现代教学论，它们其实都没有反思能力，它们唯一所具备的是依附能力——对于科学世界观的依附。

① 保罗·弗莱雷．被压迫者教育学［M］．顾建新，等，译．上海：华东师范大学出版社，2001：24.

现代哲学在清算传统形而上学的思维方式之际，也清理了这种传统形而上学的思维方式所必然导致的科学认识论，并相应地提出了救治方案即生活认识论。现代哲学开始把认识论的视野从抽象的科学世界转向人的现实生活世界，从而知识不再是存在于人的现实生活之外的工具和手段，而是某种具有本体性的东西。认识是人的一种生活方式，是人的生存的一种本体论形式，这是包括经典马克思主义、实用主义、批判理性主义、人本主义在内的近现代哲学流派的基本观点。经典马克思主义从一开始就将认识作为一种与旧式形而上学对立起来的东西，它站在唯物辩证法立场上对于形而上学的批判，就是要将抽象的形而上学拉回到活生生的生活实践上来。马克思认为："主观主义和客观主义，唯灵主义和唯物主义，活动和受动，只是在社会状态中才失去它们彼此间的对立，并从而失去它们作为这样的对立面的存在；我们看到，理论的对立本身的解决，只有通过实践的方式，只有借助于人的实践力量，才是可能的；因此这种对立的解决绝不只是认识的任务，而是一个现实生活的任务。"① 实用主义将其理论称为"以生活为中心的哲学"，批判理性主义者波普尔试图找到认识论在科学领域之外的另外一个基本的研究领域即生活领域。应该说，现代实践哲学的兴起在很大程度上为生活认识论的产生创造了必要的精神条件。在生活认识论看来，人类的理解、认识是某种具有本体论意义的生活方式。生活认识论试图在人的生活世界之中揭示人类认识的源初基础，将认识视为指向人的生活，以追求更幸福的生活以及人自身的不断发展、完善和生成为目标的生存方式。这不能不说是一个伟大的进步。同时，这一伟大的进步也推进了教学论自我认识的深入。自觉地以生活认识论为指向，现代教学论开始着意于突破传统认识论的理论框架，从对生存人文关切的角度，促进教学认识论的人文化、生活化和生命化。叶澜先生指出，必须突破（但不是完全否定）特殊认识活动论的传统框架，从更高的层次——生命的层次，用动态生成的观念，重新全面地认识课堂教学，构建新的课堂教学观，它所期望的实践效应就是：让课堂焕发出生命的活力。② 有学者指出，从传统的科学认识论走向生活认识论，由"认识领域"扩展到"生活和生命全域"，由科学知识、认知层次提升到完整的生活和生命层次，努力建构学生完满的精神生活世界，这是一场深层次的教学观念的变革。③ 自 1990 年代以来在我国教学领域发生的这场变革无疑意义重大。应该说，这是一场在现代哲学认识论转向以及当下

① 马克思，恩格斯．马克思恩格斯选集：一［M］．中共中央马克思、恩格斯、列宁、斯大林著作编译局，译．北京：人民出版社，1972：127．

② 叶澜．让课堂焕发出生命活力——论中小学教学改革的深化［J］．教育研究，1997（9）：3－7．

③ 王攀峰．走向生活世界的课堂教学［M］．北京：教育科学出版社，2007：107．

我国教学领域问题反思的基础上所发生的一种理论自救。这场变革将对现代中国教育的救治起到非常积极的作用。

这场变革自有令人敬畏之处。教学论从传统认识论到生活认识论的转向所遭遇的压力是可想而知的，唯其艰难，这场变革将获得它应有的荣耀。但这并不意味着教学论域生活认识论的转向可以免于批判。如果教学论依然是依附性地对传统认识论行使它的反动，那么生活认识论就有可能成为教学论一种新的理论崇拜。这将不仅使得教学论对教学生活认识论的问题缺少清醒的批判的态度，也将使得教学认识论有可能从一个误区走向另外一个误区。如果我们对教学生活认识论的批判仅仅通过对生活认识论的批判就足以完成，那么我们的教学认识论依然没有获得它的自我。生活认识论的许多模糊的甚至错误的观念在教学领域还没有得到深刻的反省，以至于当教学认识论抓住了生活认识论这条救命稻草之际，它也将自身像曾经交付给传统认识论一样完全交付给生活认识论。在这里，笔者更关心教学论的生活认识论视野。生活认识论对教学论的启发从当下教学论研究来看集中体现为三个方面：一是生活世界观，二是生命观，三是多元价值观。因为正是这种教学论研究的生活认识论视野，构成了现代教学论转向的内核及特征。在某种意义上，笔者宁可认为这是现代教学论对生活认识论的教学论改造。虽然教学论只是生活认识论的依附者，但只有通过改造，这种依附才变成貌似教学论自身的东西。

从传统认识论转向生活认识论据现代教学论看来是生活世界观转向的结果，所以现代教学论才有可能视认识为一种生活方式，并且将知识的传播根植于生活世界之中。初看起来，现代教学论似乎在完成一个巨大的进步，而且的确现代教学论已经把现代生活世界观视为一个新的教条，在教学实践中，它所追求的教学的实践指向似乎也和传统认识论所坚持的那个世界观迥然有别。但这一切只有在现代教学论对于世界观一无所知的前提下才是可能的。也就是说，唯当现代教学论没有能力认识到传统认识论与生活认识论在世界观方面的本质联系，现代教学论才把生活认识论转向视为某种革命性的东西。或者说，只有当现代教学论完全无视传统认识论与生活认识论对于教学所产生的影响之间的内在一致性，现代教学论才有可能获得它对于生活认识论的虚假的利用。问题的关键在于世界观。现代教学论宣称它是生活世界观转向的结果。然而，那个所谓的世界观究竟是什么？这一问题在现代教学论研究中尚付诸阙如。“世界观”意味着从种族、民族、时代等方面来理解世界的理解方式的结构。此结构往往是各种思想的混合物；在结构内部，宇宙的重要和意义的问题都在宏观的基础上作出定论，并从结构中推论出生活理想、至善和最高行为准则。这个结构是由一种内在心理状态所决定的，按照这种心理状态，对事物和环境的评价是喜欢还是讨厌，是满足还是憎恶，是同意还是不同意，都是建立在人生真实推论基础上的。一个哲学家若要建立他的“世界观”，就必须以科学的“世界图景”为根据。哲学不能从任意思辨中构建它的“世界观”，这种“世界观”必须从经验科学中得来。也就是说，只有当立足于世界的主体把他一切可能存在的周围世界当作世界的存在时，世界观才发生。世界观之为世界观本质上就意味着世界的图像化以及主体意识的产生。对此，海德格尔深刻地指出：“对于现代之本质具有决定意义的两大进程——亦即世界成为图象和人成为主体——的相互交叉，同时也照亮了初看起来近乎荒谬的现代历史的基本进程。这也就是说，对世界作为被征服的世界的支配越是广泛和深入，客体之显现越是客观，则主体也就越主观地，亦即越迫切地突现出来，世界观和世界学说也就越无保留地变成一种关于人的学说，变成人类学。毫不奇怪，唯有在世界成为图象之际才出现了人道主义。”① 马克斯·韦伯在其《学术作为志业》中谈到世界观理念时曾经指出，科学对于世界观的确立无能为力，统一的世界观要求与或然性、假设性的科学格格不入，但当现代世界观将世界图像化之际，作为一种“主义”论述，科学主义假定科学的优越性，而这又恰恰是一种关于世界的信念表达，当科学主义把科学知识的有效性推向历史真理的普遍性位置，科学由此成为一种世界观，而且在近现代以后，科学成为世界观的典型，任何世界观都根本上无法脱离科学将世界图像化这一根本图景。这种典型的现代世界观将世界视为一个有序的总体，世界观的正确性则来源于对世界的解释的正确性，如果解释是正确的，这种解释便会成为预见和控制事件的手段。控制既与命令性行为相关联，也与可能性的操纵相关。这样一来，在社会实践中，控制的有效性与知识的正确性就共同构成了一个世界的解释框架以区分现存实践之优劣。而这一解释框架的合法性则决定了实践必须具有更大的普遍性，更少的“地方性”、“特殊性”和“局部性”。在世界观那里，世界不是世界，而是主体对于世界的态度决定了世界的有效性，主体把世界驱赶到它的面前以形成对于世界的态度，人（在康德以来是“主体”）作为世界的解释者和改造者，相信可以通过科学改造和控制世界以完成主体的自证。由此现代主义哲学家形成了一种主体性的观念，其基本特征是：对基础、权威、统一的迷恋；视主体性为基础和中心；坚持一种抽象的事物观。这正是现代人世界观的根本起源。由此可以看出，在现代文明中，不是人创造新的世界观，而是某种业已得到预设和普遍公认的世界观支配着生命和人的生长。

现代教学论当然有理由宣称它所依附的生活认识论是对传统认识论的伟大变革，但它不能看到的是，传统认识论与生活认识论一样都在建构某种基于主体欲

① 海德格尔．海德格尔选集：下［M］．孙周兴，选编．上海：上海三联书店，1996：902－903.

望的图像化的意欲框架。现代教学论同样不能看到的是，无论是传统认识论，还是生活认识论，都是统一的世界观崩溃之后的必然的哲学产物。传统认识论与生活认识论一样，都为消除统一世界观崩溃之后人的心理不安而产生，它们同样地都是来源于主体对于世界的需要，唯一的区别也许只是在于主体的需要有别，而由此产生的满足需要的行动纲领也相应有别而已。生活认识论也许表面上推进了传统认识论，但它们的思维方式实质同根同源。所以现代教学论打着生活认识论的幌子扬弃它曾经依附的传统认识论，只能是一种虚假的进步。它除了在经验事实层面上注意到了现实生活的知识需要之外，并没有对知识提供更多的有益的思考。

与传统认识论下的对受教育者的抽象与压迫不同的是，现代教学论视野内的生活认识论强调人的生活化、生命化，具体地说，前者是把完全的生命体当成认知体来认识，而后者则试图从完整的生命意义的角度对待生命。在这里，现代教学论特别倚重于生命哲学。生命哲学的基本观点是，反对传统的形而上学，特别是德国的理性主义哲学方法，力图超越所谓主客体关系的思维栅栏，把传统的以认识论为主体的哲学层次改变为以生命存在为本体的哲学本体化层次；以个人现实的生命存在现象和运动现象作为哲学的唯一对象，达到对生命存在的本体把握和动态说明。这一基本的哲学原则，构成了现代生命哲学的灵魂。正如笔者曾经指出的，“生命”这一概念在我国教育哲学界所取得的成就是惊人的。“生命”在受到广泛的压制之后似乎井喷般地勃发兴旺起来。“生命”的灼热自有其价值，但“生命”的过热却值得深思。现代教学论似乎已经把生命当成了它扬弃传统认识论的标志性符号。因此如果不首先把生命问题澄清了，现代教学论所宣称的对生命的尊重就有可能是虚与委蛇或者自以为是。对于生命问题的张扬，海德格尔曾经警告说，这个开端难题并不能通过空忙一场的形式主义的思索来完成，而且我们不可把它看作某种“特殊的东西”和“新鲜的东西”，使之完全适合于在哲学中引起新的轰动效应，并且去讨好那种新文化忙碌活动——后者尽管现在充分地在宗教上装腔作势，但根本上却是渴求得到完全不同的事物的。① 现代教学论虽然同生命哲学一样视生命如圭臬，但生命在现代教学论视域内还不是个本原现象，而依然是一个有待加工的对象。也就是说，生命依然是对象化的，客观化地存在于教学论领域之内的，一旦生命成为本原现象，作为工具的教学就有可能失去内在的价值。而且，哪怕就是那个启发了现代教学论的生命哲学，也没有能力在本体论意义上谈及生命问题。对此，海德格尔批判地指出：“在生命哲学的倾向中，都未经明言地有一种领悟此在的存在的倾向。但‘生命’本身

① 海德格尔．路标［M］．孙周兴，译．北京：商务印书馆，2000：33.

却没有作为一种存在方式在存在论上成为问题，这始终是很明显的，而且这就是生命哲学的根本缺陷。”① 如果说在本体论意义上要求生命哲学未免有些强人所难的话，生命哲学将生命理解为肉体生命，以及在此基础上所强调的生命体验，说到底也只不过是受自然的感官知觉支配的本能涌动的自我控制，和通过自我控制所能实现的对象化而已。这依然是哲学认识论的东西。在自笛卡尔以来的生命观里，生命就已经不再是本原现象而是机理现象。也就是说，我们并没有追求生命的超越性本质的精神冲动，哪怕是我们大谈特谈所谓生命，生命也只不过是一种生理性的社会适应现象而已。如果生命还不是精神意义上的生命，那么我们的所谓教育或教学也就不能深入到教化的精神领域，而在这里恰恰维系着教育的本真意义。海德格尔认为，现代生命哲学的生命含义主要沿着两个方向发生偏移，一是生命是最广意义上的客观化，是创造性的塑造和成就，是从自身放逐出去，并且指向自身的东西；二是生命是体验，生命是经验、把握、向自身赶超，而且与此在模模糊糊地相联系的东西。② 而现代教学论也正是站在生命客观化的角度，站在生命体验论的角度来理解所谓生命的。与传统认识论相较，生活认识论的进步之处在于生命被设定为一个按理念来看须得在总体上得到把捉的、未被分割的领域，但同时生命的本质、生命的不安和运动也被放逐出去。因此现代教学论所宣称的生命整体乃是一切形态得以从中突现出来的那个东西，从而同时也是“分裂”的东西。现代教学论鼓吹生命，但根本没有能力看到生命有限与无限的“二律背反”。现代教学论通过生命问题的表白把自己打扮出几分哲学的色彩，但它所谓的哲学并非来自于生命深处而是来自于生命的表层。

概括起来讲，现代教学论之所以重视生命哲学，并非为了回答“生命的意义”这个问题，而是回答经验真实性的问题，精确地说，是同生活连在一起的问题。生命哲学之所以在现代教学论领域特蒙重视，是因为生命哲学的产生是作为对哲学体系的反应，这些哲学体系要在概念上概括在发展的高潮时期一个时代的生活感觉。这种反应一般是针对理性提出的过分的绝对化的要求。而生命哲学的解决方案是在于它试图通过对自我意识的新的解释获得更开阔的、能包罗生活实践的经验范围。生活认识论从生命哲学的角度对认识进行修正的目的，是减弱科学命题的绝对要求。所以不断变化的基本思想就是：科学认识仅仅拥有一种手段的地位和价值，这种手段的作用就是为了能在一个与人类敌对的世界中生存下去。既然科学在很大程度上是不精确的，那么生命的信念就自然地成为问题的关

① 海德格尔．存在与时间［M］．陈嘉映，王庆节，合译．北京：生活·读书·新知三联书店，1987：58.

② 海德格尔．路标［M］．孙周兴，译．北京：商务印书馆，2000：18.

键，即“我为什么相信?”。我们唯一能相信也就只能是自我经验和自我的想象状态。这也就是为何生命哲学特别强调体验的真正原因。生命哲学感兴趣的并不是如何才能得到真正的认识，而是一个好的生命究竟需要多少真理。对此，费尔曼（F. Fellmann）指出：“如果我们提出存在的矛盾性是如何同道德的要求联系在一起的问题，回答就是：只能通过一个人面对他的性格实际和他的生命进程的偶然性所采取的态度方式。这里生活风格就具有了基本的、形成价值的功能。这里也许就能最清楚地看到，生命和自我经验是怎么样联系在一起的。这种联系在一起的想法是出于一种真诚，一种严肃性，为得到自我图像而进行斗争的严肃性。理性的道德根据试图在纯逻辑上从矛盾的原则中形成的东西，生命哲学可以通过个人生活的风格使人们理解这种东西，这种风格使人负有责任，同时又使人有能力继续走他认为是正确的道路。这样道德的问题就出现了变化。道德寻找的不再是好行为的普遍原则，而是成功生活的形式。作为生命范畴的‘成功’包含两个内容，一个是目的的合理性，另一个是象征形式：成功指的是有能力把生活内容归纳到自我图像里。两个内容的共同作用赋予个人的生活风格一种说服力，这种说服力的原因只有一个，就是人本身。一种生活风格过时了，这种风格再也不能保证‘好的生活’，往往是因为风格的美学上的缺点。内容和形式的分离从来就是不成功的生活的相当可靠的指标。”① 对现代教学论来说，它所理解的生命只能是生命，生命无法比生命更多。由此，生命还无法成为现代教学论的挡箭牌，生命哲学也没有能力成为现代教学论的救命稻草。一切似乎都刚刚开始。

现代教学论把生命与自我联系起来，而且也只能把生命与自我联系起来。因为现代教学论所宣称的正是要通过它的教学活动塑造受教育者的个人生活风格，而且也只有自我经验具有真实的可信性。如果我们把这样的一种生命哲学同传统的主体哲学进行比较，可以把生命哲学称为是对认识论的扩展。生命哲学也是把意识置于存在之前。但生命哲学同理性和经验主义的流派不同，它把意识解释为是状态。生命哲学之所以屡屡被现代教学论提及，根本原因就在于生命哲学看到了个人生活的意义。生命哲学认为，哲学的思考只有服务于生活才有价值。生命哲学对于生活的价值也恰恰在于它将自我经验带入了生活过程之中。现代教学论域的“学会选择”、“教会选择”其实都是形成自我经验这一意义上的。自我经验的实践所依据的是一种信念，那就是发现和承认自己的想象和愿望会导致“真正的我”的突破和“实现自我”。不管这样的实践听起来是多么的时髦，但却是目前社会状况所需要的。在一个崇尚消费和消极地接受各种信息的世界里，

① 费迪南·费尔曼．生命哲学［M］．李健鸣，译．北京：华夏出版社，2000：207.

存在着自我异化和失去自我主宰的危险。人们感觉到非个性化和外来的主宰是对现代生活的现实威胁，这些威胁可以通过自我经验的实践得到克服或至少可以减弱。所以可以把自我经验理解为是在当代实现德尔斐的神谕“认识自己”。① 自我是一个既普遍又个别的概念，它只是不断在形成的东西而已。萨特认为，人的本质内在于人的存在的基本自由，人据此选择自己，从而造就自己。一个人就是他的一生，他就是构成他的一生活动的总和，一点也不多，一点也不少。要真正理解一个人的一生，我们只需把握把所有公开活动结合在一起的一个既简单又复杂的结构。这个结构实际上就是这个人对自己一生的独一无二的、不可取代的设计，也就是个人的生命。对于个人的生命来说，其自我经验和信念都具有绝对优先的位置。这就使得生命哲学的生命从一开始就落入了相对主义价值观之中。正如生命哲学的代表狄尔泰在其《世界观》中所指出的那样，通过那种包纳所有过去的观察，生命状态的某个个别形式、哲学与宗教丧失了绝对的有效性。第一次世界大战以后，特别是经由斯宾格勒（O. Spengler）的推动，生命哲学变成了某种意识形态的东西。“生命”不再是作为有争论的概念用来澄清体验的结构，而是越来越拥有一种超越个人的权力的特点，在这方面，生命概念看起来是一种很好的手段：用生命反抗精神，用生命反抗机械化，用生命反对文明等。在今天，生命哲学依然具有同样的指示意义。意志是同生命的形式、同生命的不可置疑的现时性连在一起的，这一点使意志成为现实的非自觉起作用的原因，也使意识成为道德的原因。

舍勒曾深刻地批判了这种基于意志和偏好的现代相对主义的道德观念，他说，所有现代道德理论的一个共同前提是价值（尤其道德价值），但它都只是人的意识中的主观现象，离开人的意识，价值就不存在，就没有任何意义可言。这一现代道德的基本观点可能导致两种结果，这两种结果构成了现代道德的两个出发点：要么为道德判断问题上的极度混乱辩护，结果得不出“确定的东西”，或者采纳一个可代替真正的价值客观性的代用品，一个所谓普遍有效的“类意识”，它以一种干脆命令式的“你应该”强制对每个人有效：对一种意愿和行动的普遍承认或其“可承认性”，应该代替所缺少的价值客观性。② 当传统认识论的大厦在黑格尔那里达到顶峰并开始坍塌之后，经由生命哲学的奠基人叔本华，判断现实的标准不再是认识内聚性的统一，而是人通过在这个世界所遇见的事物所感觉到的意义。也恰恰是从叔本华（A. Schopenhauer）开始，达到本源的哲学转化为一种嘈杂和伤感的情感哲学和生命哲学。要求对存在进行亲自体验的意

① 费迪南·费尔曼．生命哲学［M］．李健鸣，译．北京：华夏出版社，2000：3.
② 舍勒．舍勒选集：上［M］．刘小枫，选编．上海：上海三联书店，1999：502.

志，变成了仅以对生机性的东西体验为满足；要求返归到本原的意志，变成了一种对原始性的追求，而对等级的鉴赏品评，竟可变成对真正的价值秩序的一种背叛。传统认识论无疑因其对生命的控制而遭受抑制，但生活认识论对传统认识论的反拨似乎并没有为生命找到一个真实的渡口。对此，蒂里希指出："有三种主要的运动一直在努力抵制这种控制性认识的浪潮，即浪漫主义、生命哲学和实存主义。它们全都获得了短暂的成功，但它们在长时间里却失败了，因为它们未能解决真伪标准这一课题。"① 浪漫主义的自然哲学把诗和象征性直觉混同于认识，从而忽视了客体世界的陌生性。生命哲学认识到生命不是控制性认识的一个客体（对象），但无法为直觉提供合理的验证。实存主义力图拯救个体的自我之自由，使之摆脱控制性认识的支配。但是对自由的描述却缺乏任何准则和任何内容。如果说传统认识论看到了人的可悲之处在于缺乏知识从而着意于知识的创制与传播，生活认识论则有可能因其对个人生存体验的过分张扬而导致人的偏见或者虚伪。因此我们还无法认为生活认识论较之于传统认识论在任何意义上都是一种进步，它也可能是种倒退，而且是种可怕的倒退。

教学论走极端的钟摆式研究让人有些提心吊胆。其实在我们国家，不仅教学论研究如此，教育哲学研究亦如此。这一次的新课程改革可以说又是一次强劲的回摆。如果说传统认识论视野下的教学论只是把学生当作一个事实性的存在，那么生活认识论视野下的教学论则是把学生当成了一个独一无二的个体性存在。现代教学论对于自我、生活经验以及个人体验的过分强调在很大程度上推进了个人主义的深入革命。如果说这不是庸俗的人本主义，那么它就是对人本主义的庸俗理解。现代教学由此甚至变成了这样一种东西，即在这个以张扬个性为目标的精神活动中，任何对学生的批判都有可能触及人本主义者敏感的自我核心的神经。如果说传统认识论将个体抽象为普遍从而湮灭了个体的身份诉求，那么现代教学论则可以为了个体欲望满足的合法化放弃对于学生的精神指引——无论教学方法、教学内容，还是教学评价，都在迎合人本主义的低级趣味。现代教学论的这个极端并不比它曾经的那个极端更有意义。它只不过是从一个极端走向了另外一个极端而已，此外无它。笔者认为我们第一线的教师甚至包括某些教育教学研究工作者一直在用一种错误的、扭曲变形的人本主义理念来指导我们的教育教学工作，以至于我们甚至可以杜绝最基本的批评。人本主义并非以张三为本，以李四为本，或者以任何一个学生为本，而是以学生的全面发展、品质提升为本。以张三、李四或者任何一个学生为本，教师只能做他可以做的（合法性），而以学生的全面发展、品质提升为本，教师则是在做他应该做的（合理性）。传统认识论

---

① 蒂里希．蒂里希选集［M］．何光沪，选编．上海：上海三联书店，1999：1002.

特别地强调了教师中心，而且为了知识的传授也只能倚重于教师这个中心，生活认识论则从教师中心转移到学生这个中心上来。杜威曾经很自豪地将他的这一转向称为“哥白尼式的革命”。[①] 然而，这一转向绝不具有他宣称的那样一种意义，除了这个中心的的确确地已经在实践层面发生转移之外。从一个中心，走向另个一个中心，本质上是从一个极端走向另外一个极端。这种“中心－边缘”的思维方式仍然是某种旧式形而上学的产物。杜威批判形而上学，但在思维方式上仍然落入了旧式形而上学的窠臼之中。因此理论上的杜威革命并不彻底，唯一彻底的是在教学实践中杜威对教师内在权威的剥夺。考虑到杜威的自由主义政治哲学追求，那种被他改良了的民主主义学校所培养的也只能是相对主义价值观的信徒。在某种意义上，我们今天所进行的新课程改革深深地打上了杜威教育哲学的烙印，因此我们对杜威民主主义教育改革的可能后果不得不察。教师对于理论的尊重是必须的，但教师对于理论的迷信则是可怕的。如果教师失去了对于理论与实践关系的反思，失去了他对于时代性的体察，那么他对于任何理论的依附其实并没有什么本质的差异，最后的结局并无二致——要么盲从，要么虚与委蛇。

或许没有一个教师敢于宣称教学活动只是一项单纯的技术性活动，但事实上我们的教学活动却正是以不假思索的单纯的技术性活动的面目出现的。区别仅仅在于，有的技术性活动是完全经验性的、无指导的，有的则是完全按照某一理论的规约复制的。如果教学仅仅作为一种单纯的技术性工种，那么教师就和任何一个工匠没有本质性的差别。这不仅是对教育本身的不恭敬，也是教师本人对其自身的自我放逐。我们并不奢望一个对生活大彻大悟、有着大智慧的教师能在这个时代产生，以造就一个充满教化意义的世界。也许我们需要的仅仅是，当教学活动行云流水般行进的时候，教师能够驻足思虑，并对其所正在进行的活动以及这个活动的将来略有所思。这是个并不高的要求。但在这个浮躁的时代，这一追求已经弥足珍贵。

第四节　教学的生活意义

克里斯蒂娜·马斯拉奇（Christina Maslach）和迈克尔·雷特尔（Michael Leiter）于 1977 年提出了职业倦怠的工作匹配理论。他们认为，员工与工作在工作负荷、控制、报酬、社交、公平、价值观冲突六方面越不匹配，就越容易出现职业倦怠，而教师群体恰恰是职业倦怠的易发人群。就目前笔者掌握的资料来

① 杜威．学校与社会；明日之学校［M］．赵祥麟，等，译．北京：人民教育出版社，1994：44.

看，绝大多数教师都会在其教学生涯的某个阶段产生职业倦怠感——情感衰竭，态度冷漠，无力感。教师日复一日、年复一年地站在三尺讲台，不得不面对来自于社会、家长、学校的重重压力，他会发现他那种透入骨髓的疲惫较之于他曾经的教学幸福感更为刻骨铭心。而他之所以仍然不得不继续他的教育生涯的根本原因，并不是他希望回归到他的教育幸福感上来，而仅仅是因为生活所迫，别无选择。这是我们在进行教师教育时不得不面对的一个棘手问题。任何对这个问题漠然置之的所谓教师教育都只能是无视现实的空中楼阁。对从事某一职业的人来说，其职业倦怠感的产生自有其心理学意义上的必然性。一旦职业与生活是割裂的——职业是为了生活，职业并不是生活，那么职业的劳顿感和挫折感就是必然的。职业倦怠问题当然可以是一个心理学领域的问题，但笔者更倾向于认为这是一个教育哲学领域的问题。我们同样会对生活产生倦怠吗？也许。但对生活的倦怠和对作为职业的教育教学的倦怠显然并不具有同样的深刻性——生活倦怠与职业倦怠的结果是完全不一样的。所以从一开始，职业倦怠问题就没有获得如生活倦怠同样的高度和深度去思虑。如同幸福感受制于生活感、生命观一样，职业倦怠的心理感受也只有在某种特定的生活感、生命感的精神状态下才是可能的。由此，在情感现象学维度上，职业倦怠问题本质上就是生活观、生命观的问题。

职业（calling）原有“天职”的意思，它是指接受某种神圣的“召唤”而进行生命的供奉。近现代以后随着分工的专门化，职业越来越成为一种获得物质生产资料的必要手段，相应地产生了与职业相关的行为规范即职业道德。“我”所遵守的因此就不再是天命的召唤，而是世俗世界对于行业的特殊要求。只要“我”不违背职业道德，那么“我”就可以免于道德批判，“我”所接受的这种道德要求显白地有悖于公正与爱。既然“我”只是一名职业者，那么“我”就可以合法地做“我”可以做的一切，而对于那些“我”应该做的东西，则完全取决于“我”是否自愿。① 自近代公德、私德各自占有自己的地盘，一种普遍意义的道德要求便不再可能。值得思虑的问题恰恰在于，为何教学道德或教师道德与生活道德之间竟然会有如此的不睦？我们何以能信誓旦旦地坚守职业道德的自我性而竟置生活道德的优先性于不顾？伦理学或社会学显然不能无视这一问题的

---

① “范跑跑”（范美忠）就是这样为自己的逃跑辩护的。笔者认为“范跑跑”应该成为一个现代思想史上的重要事件，因为它集中地体现了自由主义的内在矛盾性。从职业道德意义上，“范跑跑”并没有违背任何道德要求。这并非出自于“范跑跑”对于职业道德的误识，而是职业道德的无力所致。通过“范跑跑”事件，我们不仅应该反思现代性精神背景下教师的生存状况，更应该反思的是职业道德究竟应该在何种意义上对教师提出要求以及应该提出怎样的要求。这一事件背后，没有胜利者，虽然我们站在职业道德的角度指责“范跑跑”。“范跑跑”是一个失败者，因为他以最低的职业道德要求来衡量自己的自私；职业道德也是一个失败者，因为它通过规训的方式成功地塑造了一个失败者。

存在。而此一追问，必然地关涉教学与生活的关系问题。

我们还需要面对的一个关键问题在于，近现代教学论认为教学是一种特定时空内的课堂组织行为，无论从内容、方式、目的上讲，课堂教学都是对日常生活世界的一种“断裂”，课堂教学的内在规律性是如此的顽强以至于它自身已经成为生活之外的一种特别的组织形态。教师课堂教学所信奉的只是组织行为学的科学性，至于其组织行为是否与学生的生活世界相关，则不在其考虑之内。正是在这个特定的时空里，教师与学生建立起一种特别的改造与被改造的关系，特别在近现代科学主义的影响下，教学活动建构了一个完全不同于人的世界的物的世界，教师与学生的关系是一种技术伦理指导下的制作关系。科学世界竟然有能力超越生活世界具有教学世界的优先性，这应该是近现代教学必须首先反思的精神问题。对于这个问题，笔者已经提供了一些思考线索。而当下的问题依然在于教学与生活的本然关系究竟如何可能。这是教育哲学不得不进行的发问。

所有情感现象学、伦理学以及教育哲学的追问都不得不纠缠于教学与生活之间的关系问题。一旦教学脱离生活世界所造就的恶果暴露无遗，一旦回归生活世界成为一种教学论的理论自觉，一旦教学实践哲学成为一种教学理论成长之必须，教学与生活的本然关系之思便自然地成为课题。虽然当下的教学论研究已经对教学回归生活世界问题有所建树，但仍有必要提供一个相对清晰的思考线索。笔者认为，教学的生活意义是一个具有价值序列的三级命题：教学作为一种生活方式；教学作为一种特别的生活方式；教学作为生活的提升方式。这三组命题前后相随，层层递进，共同构成了教学生活世界的整体意蕴。这三组命题也是笔者对教学生活意义探索的三种思想类型。已有的关于教学回归生活世界的研究并非没有价值，而是尚无法形成对这一问题明晰的系统认识，以至于当我们谈及这一问题的时候，要么流于经验证明，要么仅仅只是零星地触及。笔者在这儿提出三组命题，并非奢望问题因此而得到解决，而仅仅是试图把教学的生活意义问题切近地拉到面前。

杜威的“教育即生活”以及陶行知的“生活即教育”的说法在教育领域人们已经是耳熟能详了。“教育即生活”以及“生活即教育”都是在以斯宾塞为代表的“教育准备说”的基础上提出的。斯宾塞认为，教学活动的真正目的和任务在于教导一个人怎样学会生活，以为人的将来的完满生活做准备。人的完美的生活在斯宾塞看来包括直接有助于自我保全的活动，能获得生活必需品而间接有助于自我保全的活动，目的在于抚养和教育子女的活动，与维持正常的社会政治关系有关的活动以及在生活中的闲暇时间用于满足爱好和感情的各种活动等。①

① 斯宾塞．斯宾塞教育论著选［M］．胡毅，王承绪，译．北京：人民教育出版社，1997：58.

教学就是根据人的未来完满生活的需要来安排其当下的活动。在这一观念里，教学与生活之间虽然貌似有所联系——比如教学是达成完满生活的工具，教学为未来的完满生活做准备，但教学活动其实与生活格格不入。因为很显然，当下的教学并不等于未来的生活。为了将来的生活的教学没有当下，而着眼于当下如何的教学则没有将来。斯宾塞的确试图为当下的教学指明一个可能的方向，而且这一方向也的确有诱人之处，但斯宾塞所遗忘的一个最为根本的问题恰恰是未来成人生活对于当下教学的可能性。对现实的教学来说，未来成人生活是种想象；而对未来成人生活来说，当下的教学只能是未来成人生活模式对于未成年人的强制。因此斯宾塞教育准备说理论方案的提出只有在模糊了成人与儿童、未来与当下的界限的前提下才是可能的。当然斯宾塞的教育准备说对于教学实践来说因为一个清晰的理论框架的产生而具有相当的吸引力，特别是完满生活也易于调动教师的教学热情。但其代价恰恰是教学所不能承担的，因为它必须以牺牲现实生活、牺牲童年为前提。斯宾塞的这一错误本质上不是教学论意义上的错误，而是哲学意义上的。受制于科学线性思维方式，斯宾塞不能看到的是时间哲学是未来已经存在于现时之中。

19 世纪末 20 世纪初，杜威深感于美国教育日益脱离社会生活、脱离学生实际生活的弊端，对斯宾塞的教育准备说进行了激烈的抨击，并针锋相对地提出“教育即生活”的命题。他站在实用主义哲学立场上指出一切事物的存在都是人与环境相互作用的产物，教学活动只是一种学生的生活过程，是学生经验的不断地改造。杜威指出，现代教育把学校当做一个传授某些知识，学习某些课业，或养成某些习惯的场所。这些东西的价值被认为多半取决于遥远的将来；儿童所以必须做这些事情，是为了他将来要做某些别的事情；而这些事情只是预备而已。结果是，它们并不成为儿童的生活经验的一部分，因而并不真正具有教育作用。学校只有呈现现在的生活，加强教学活动与学生当前所处的现实生活之间的联系，教学活动才具有真正的意义。陶行知则从中国社会实际出发，强烈反对中国传统脱离生活实际的“老八股”教育，并相应地提出了“生活即教育”的生活中心论教育观。他以饱满的热情批判指出：“没有生活做中心的教育是死教育，没有生活做中心的学校是死学校，没有生活做中心的书本是死书本。在死教育、死学校、死书本里鬼混的人是死人。”① 陶行知认为，所谓“生活即教育”包括“生活的教育”（education of life）、“用生活来教育”（education by life）以及“为生活而教育”（education for life）三个彼此联系的方面。无论“教育即生活”还是“生活即教育”，都看到了教学与生活脱离的弊端，也都强调指出教学与生

① 陶行知．中国教育改造［M］．北京：东方出版社，1996：150.

活的天然统一性。与教育准备说的教师中心论相比，教育生活说更为关注学生的现实生活，更为尊重学生的主体地位。更重要的是，教育生活说更贴近学生的成长与发展这一教育学本质。因此可以理解的是，教育生活说较之于教育准备说更具有理论上的合理性，也更易为理论界所接受。但这并不意味着教育生活说是一种具有内在真理性的理论。正如教育实践充分证明的那样，教育生活说在一定程度上忽视了教学活动的特殊性（而这一点恰恰是教育准备说的优长所在），它在强调关注学生现实生活、加强学校与社会联系的同时，忽视了教学活动应建构一种更有意义、更有价值的可能生活这一根本目的。所以笔者认为，强调知识价值与社会价值的教育准备说，较之于强调人的生长与发展的内在价值的教育生活说，更少具有理论上放纵的色彩。的确，教育生活说更具有一种实践取向，但它片面地强调了对儿童需要与欲望的迁就，以至于知识与社会的价值有可能得到藐视。教育生活说无疑看到了教学的本体论意义——教学是一种生活方式。教学活动与人的现实生活并非是统一的活动，而是说教学活动对教师来说就是一种生活方式。教师是以教学的方式存在着的，教学对教师来说不是工作，不是职业，而本质上就是他的生活。教师正是通过他的教学活动获得了其生存的意义。在传统认识论意义上，学生只是教师加工和塑造的对象，而本真的师生关系却在于，学生是教师生活不可分割的部分。但毕竟教学还不是生活，对教学与生活之间的联系的过度强调有可能取消教学甚至教育存在的必要性。

教学是一种生活方式，但并非一般的生活方式，而是一种特殊的生活方式。教学活动作为一种培养人的社会实践活动，它与现实的社会生活既有联系，又有区别。教学活动只有对现实社会生活保持一种批判和超越的态度，创造一种高于社会现实生活的更为美好的生活，才能引导学生从当下的现实生活走向一种更有价值、更有意义的可能生活，只有在这一意义上，教学才有存在的必然价值。这种特殊的生活方式通过有目的、有计划、有指导的俗常特征并不能得到正确的说明。这仅仅是点明了教学的组织行为学特征。除此之外，并没有对教学精神价值的任何说明。有学者指出，教学作为一种特殊的生活方式其意义在于三个方面：首先，教学活动是一种具有教育性的生活，指向的是人的生活，它不仅是一个认知性的知识授受过程，而且也是一个完整的人的生长与发展过程，致力于人的整体生成和完满精神世界的建构；其次，教学活动是一种主体性的生活，指向的是现实生活中的人，强调通过主体与客体、主体与主体以及主体与自我之间的相互作用，促进教学主体的成长与发展；再次，教学活动是一种动态生成性的生活，指向的是教学过程本身，强调教学活动是一个教学主体自主建构和不断创生的过程，是教学主体不断地超越现有的生存状态，从而不断地走向更加充盈和更加丰富的可能生活。① 这一对教学生活方式特殊性的论证显然要深刻得多。但由于没有对教学生活特殊方式的特殊品质做出更深刻的说明，因此这一说法似乎仍然略有不足。教学方式当然不同于一般的生活方式，这个特殊性究竟何在呢？品质只有从精神气质方面才能得到恰当的说明。

笔者认为教学生活方式的特殊性首先在于它的对话性，在雅斯贝尔斯看来，对话是产生真理与自我认识的唯一途径。教学引导学生走向真理的世界，而对话便是真理的敞亮和思想本身之实现。对话性不同于对话。对话性是比对话更为深层的东西。对话性的基础是对话，但又是对话的进一步延伸。对话性是对话向独白、向非对话形式渗透的现象，它使非对白的形式，具有了对话的“同意或反对关系、肯定和补充关系、问和答的关系”。对话是一种文本形式或文体形式，而对话性则是叙事所秉承的精神与深度。巴赫金（M. M. Bakhtin）在《关于陀思妥耶夫斯基一书的修订》中将对话性定义为“地位平等、价值相当的不同意识之间”“相互作用的一种特殊形式”②。巴赫金敏锐地发现，陀思妥耶夫斯基作为一个艺术家的最伟大之处乃在于“可以听到自己时代的对话，或者说得确切些，是听到作为一种伟大对话的自己的时代，并在这个时代里不仅把握住个别的声音，而首先要把握住不同声音之间的对话关系、它们之间通过对话的相互作用”③。他认为陀氏复调小说的意义在于扬弃了独白原则，因为“独白原则最大限度地否认在自身之外还存在着他人的平等的以及平等且有回应的意识，还存在着另一个平等的我（或你）。在独白方法中（极端的或纯粹的独白），他人只能完全地作为意识的客体，而不是另一个意识”④。显然，巴赫金在对陀氏的解读中所表达的正是他自己的思想。他在分析陀思妥耶夫斯基思想的对话性时指出：“他（陀思妥耶夫斯基，笔者注）深刻地理解了人类思想的对话本质、思想观念的对话本质。陀思妥耶夫斯基发现了，看到了，也表现出了思想生存的真正领域。思想不是生活在孤立的个人意识之中……思想只有同他人别的思想发生重要的对话关系之后，才能开始自己的生活，亦即才能形成、发展、寻找和更新自己的语言表现形式、衍生新的思想。人的想法要想成为真正的思想，即成为思想观点，必须是在与他人另一个思想的积极交往之中……思想……并非是一种主观的

① 王攀峰．走向生活世界的课堂教学［M］．北京：教育科学出版社，2007：133.

② 巴赫金．关于陀思妥耶夫斯基一书的修订［M］．晓河，译//巴赫金全集：第五卷 诗学与访谈．钱中文，主编．石家庄：河北教育出版社，1998：374.

③ 巴赫金．陀思妥耶夫斯基诗学问题［M］．白春仁，顾亚铃，译//巴赫金全集：第五卷 诗学与访谈．钱中文，主编．石家庄：河北教育出版社，1998：117.

④ 巴赫金．关于陀思妥耶夫斯基一书的修订［M］．晓河，译//巴赫金全集：第五卷 诗学与访谈．钱中文，主编．石家庄：河北教育出版社，1998：386.

个人心理的产物……它的生存领域不是个人意识，而是不同意识之间的对话交际……同言论一样，思想也希望能被人听到，被人理解，得到其他声音从其他立场作出的回答。同言论一样，思想就其本质来说是对话性的"①。

对话性问题深刻地揭示了主体间性的平等问题以及思想，正是对话性揭示了使对话成为对话、使话语成为话语的对话性关系所建筑其上的"同时共存和相互作用"的精神基础。正是在这一意义上，对话性才成为思想与存在分析的启示性理论。从本体论的角度讲，教学是一种超越"它"而与"你"建立精神上相遇关系的对话方式。对话不仅仅指两者之间的言谈，而且指双方内心世界的敞开和彼此接纳。雅斯贝尔斯认为，人在自我的生存上有三种需要尽其全部人性去冲破的阻力，与这三种阻力相对应存在着三种不同的教育方法：一是训练，二是教育和纪律，三是存在之交往。雅斯贝尔斯认为只有在存在交往中，人才会将自己与他人的命运相连，从而处于一种身心敞开、相互完全平等的关系之中。任何中断人与人交往的做法都会最终导致人类萎缩。雅斯贝尔斯之所以如此推崇苏格拉底式的教育并将其视为三种教育的基本类型之一，正是因为只有在苏格拉底式的教育里才真正体现了人格的平等和对真理的虔诚。所谓教育，在雅斯贝尔斯看来，不过是人对人的主体间精神和灵魂的交流活动，教育旨在通过知识内容的传授、生命内涵的领悟、意识行为的规范而使年轻一代自由地生成。从根本上讲，教育是人的灵魂的教育，而非理智知识和认识的堆集。作为人的灵魂的教育，只能通过由对话精神所引领的教学方式才能完成，因为只有对话才是探索真理与自我认识的真正途径。在苏格拉底式的对话性教育中，教育的意义在于师生共同探索对于双方来讲都未知的真理，教学双方均可以自由地思索，只有通过无止境的追问而感到自己对绝对真理的一无所知。苏格拉底式的教师一贯反对做学生的最大供求者，师生之间只存在善意的论战关系，而没有屈从依赖关系。只有在这种对精神的无限性的敬畏上，教师才真正唤起了人的潜在的本质，从而达到自我认识与探求智慧。雅斯贝尔斯认为，苏格拉底式的教育形式主张教育不是知者随便带动无知者，而是促使师生共同寻求真理，这样师生就可以互相帮助，互相促进。师生在似是而非的自我理解中去寻找难题，在错综复杂的困惑中被迫去自我思考，教师指出寻求答案的方法，提出一连串的问题，而且不回避答疑。当基本知识清楚于胸以后，真理就清晰显现出来，而成为维系群众精神信仰和安身立命的纽带和本源。

既然人是共在的，那么在俗常意义上，人与人之间也会产生对话关系。但教

① 巴赫金．陀思妥耶夫斯基诗学问题［M］．白春仁，顾亚铃，译//巴赫金全集：第五卷 诗学与访谈．钱中文，主编．石家庄：河北教育出版社，1998：114．

学中的对话关系是以精神或价值为指导的一种方式，这就是笔者所认为的教学生活方式的神圣与高贵性。教学的真实本质在于它的高贵性和神性。能够使人成之为人的事业一定有其高贵性和神性。近现代教育哲学陷入一种无可自拔的“此岸的高昂感”之中，它提倡人的主体性，将人视为能够对其存在指手画脚的发动者和指令者，这表面上提高了人的价值和尊严，而实际上却将人的价值和尊严降低到动物的水平。近现代教育是社会学意义上功能和属性的胜利，或者是低级价值对高级价值的胜利。在近现代教育学的伦理价值体系中，感官的价值、活力的价值这些仅与生命相关的价值，取得了对于精神价值和神圣价值这些与人的存在相关的价值的绝对优势。无论近现代教育如何宣称它所创造的价值，由于只是从属于科学，从属于对事物的功能或属性的算计，所有的这些价值就只能采取一种低级的价值形式，即一种实用主义的价值模式。有用的价值高于高尚的价值，这已经成为近现代伦理学体系的普遍规则。这其实正是现代文明堕落的象征。马克斯·舍勒将这种先验的理性法则的破坏称为“价值的颠覆”。当教育以感官的价值和活力的价值作为它的出发点和归宿，教育也就会排斥对人来说更至关重要的精神价值和神圣价值。近现代教育已经成为“教育”的异化形式。

近现代教育也曾通过宣称“知识的爆炸”而张扬它在知识生产与传播方面的伟大贡献，但既然近现代教育着力于利用与算计，它所生产与传播的知识就只能是与功利、实用相关的知识。近现代教育的知识问题并不在于它对知识的态度，而在于它对整体性知识的分解和破坏。当科学知识以排他的方式拒绝了其他知识类型特别是形而上学知识与宗教知识对生活与生命的参与，所谓教育对知识生产与传播的贡献也就只能是在种种零乱的、碎片般的知识间的辗转往复。整体性知识的欠缺则意味着生存意义的放逐。所有能被称为“教学”的生活都意在培养一个有精神的人。舍此根本不能称为“教学”。精神使人的存在独立于欲望，能够从环境中脱离出来洞察事物的本质。精神也不同于生命。动物也有生命，但动物却没有精神。精神不受环境的阻隔。精神是开放的世界及其万物的最高存在。舍勒认为，精神的特征在于精神由事物的内涵来决定，以爱的形式导向世界，精神最基本的规定是具有区别本质与存在的能力。① 因此只有借助于精神，人才能够形成它的洞察本质的能力，它才能够以观念化的方式理解世界。教学的意义在于培养“人”，即培养有精神的“人”，教育的全部的意义都在于使“人”成为“人”，成为一个真正的人。有精神的人是指能够充分认识到自身有限性，能够对无限有所领悟，能够对存在完整性有所追求的人，即能够对人之为人的本体问题有所关注并因此而找到其在宇宙中的恰当位置的人。对“人”的

① 弗林斯．舍勒思想评述［M］．王芃，译．北京：华夏出版社，2003：24.

精神的理解本质上是对人的整体性的理解。人无疑是有限的，因为“人”是一个在时间中的存在，它有时间的限定，但这个有限存在却是一个对无限充满了渴望的存在，在有限对无限的追求过程和空间中存在的恰恰是人的精神。人的命运似乎就在于在有限中追求无限。人的所有的悲哀与崇高也就在这个空间之中挣扎、往复。

通过教学使人成为“人”，使人成为有精神的“人”，这就是教学的神圣性和高贵性。教学只有出于悲天悯人之心才有可能将人“教育”成“人”。对人的教育是对人之为人的生存境域的关怀和同情，是对人之为人的本质的永恒向往，这些只有出于“爱”才是可能的。“教育”人的本质在于“爱”人。“爱”人的意义在于使人成为“人”，而不是使人走向异化的深渊。“爱”人就是要使人能够更清楚地认识自己，认清自己在宇宙中的位置，即通过教育，使人能够得出人之为人的证明。所谓“受过教育”，即是指通过“教育”人们才对自己的存在有所自觉。教育的根本目的就在于指明人的“存在”需要证明并提供证明的必要帮助。

教学生活方式的第三种特殊性在于，与教学的精神性相关的是，教学是一种表达爱的方式。这是深刻意义上的一种生活方式。对于教育爱，我们已经谈论得太多。但我们更多的是从对教育爱的利用上去谈论它的，即我们愈是表达对学生的爱，学生越是对教师心悦诚服地服从。这不是教育爱。这是对教育爱的污蔑。本真的教育爱是我们由于对教育的虔诚而产生的个体精神价值的拓展与升华。教育是爱的事业。没有爱就没有教育。教育不是加工和控制，教育是基于同情而建立起来的追求无限、追求真理的活动。同情不是怜悯，怜悯是居高临下的，同情是教育者以悲悯之心同情式地理解受教育者并同时反观自身。教师向学生所展示的不是自以为是的知识，而是他对于自我实现严峻性的切身体验。这样，教学就不再是劳务性的知识授受，而是一种精神的共勉与相契。教学相长的本真意义即是如此。“爱”的意义是“泛爱众而亲仁”，“爱”并非如近现代教育那样仅仅是对那种出于有限的甚至功利的目的而对其加以选择的个别受教育者的爱，而是对所有受教育者的爱，是对受教育者的无差别的爱。爱不是手段。爱本身就是目的。爱是对人的所有的爱，是对整个存在的爱，而不是对人的某种个别属性和特别能力的爱。只有以爱为基础的教育，才是有精神底蕴的教育。爱的理解是现代教育价值的升华，也是本真教育的必有之义。爱，行使对现代教育的救赎。教育爱实际上出于对存在的虔敬。只有当人以卑微之心面对“大全”（The All）时，人才会深深地体会到自身的有限性。只有当人以赤诚的心灵面对“至善”时，人才会觉得自己是多么的渺小。只有当人有能力产生这种体验，人才会保持他的虔诚而放弃自身的傲慢。老师与学生的关系其实不是近现代教育所谓的屈从依赖关系，而是具有平等的思考权力的共生关系。通过教育，人才会真正认识到自己的绝对无知，从而保持对精神的无限性的敬畏之心。在这一点上，苏格拉底应该成为也必须成为教师的精神导师。因为苏格拉底真正地在无限面前坚守了他的虔诚。教育是人与人精神的契合。教育就是一种对话和交往的活动，在对话和交往中，可以发现所思之物的逻辑及存在的意义（雅斯贝尔斯）。教育是使人成为人的一种精神性生活方式。教育的根本目的在于养成人的精神，至于教育的功利性，则是它的附带方面。思考和精神，对教育来说，可以迟到，但永远不能缺席，因为精神和思想的缺席将使人失去对其本质的占有。而思想和精神，不是给予的，而是在共生共处中生成的。这一切，唯有借助于对“大全”、对“无限”的渴求，即必须借助于爱和虔诚才是可能的。这无疑需要教育者的爱与良知。

教学生活方式的第三组命题是教学乃生活品质的提升方式。在这一意义上，教学的本质是教化。“教学”的奠基意义乃是“教化”（Bildung）。教化是生活的一种形式，其支柱乃是精神之修养和思想的能力，其范围乃是一种成系统的认识。教化作为其实体内容而言，包含对已经存在的诸形式的思索，包含作为高度准确的洞见的认知，包含关于事物的知识以及运用语词方面的熟练。教化首先是一种“自然造就”（nature Bildung），它意指外在的形象的形成，在“自然造就”的基础上又意指人类发展自己的天赋和能力的特有方式。但教化并非仅限于对天赋素质的培养。在教化中，某人于此（教化）并通过此而得到教化的东西，完全变成了他自己的东西。因此，教化作为相对较高价值的形式——作为基础的评价体验和意愿体验——引发、决定经验从而根本地区别于经验的沉淀。加达默尔指出，教化没有自身之外的目的。教化本身根本不可能是目的，它也不能作为这样的目的被追求，因为这样的目的只存在于教育者的意图之中；教化如果作为教育者的主观意图，那么教化就有可能成为达到一种“非教化”的目的的手段。教化概念超出了对天赋自然素质单纯培养的概念，尽管它是从这样的概念推导出来的。对自然素质的培养乃是发展某种被给予的东西，因此自然素质的训练和培养只是一种达到目的的单纯手段。所以，一本语言教科书的教学内容乃是单纯的手段，而不是目的本身，掌握它只有利于语言能力的提高。反之，在教化中，某人于此并通过此而得到教化的东西，完全变成了他自己的东西，虽然就某种程度而言，所有被吸收的东西都是被同化了的，但是在教化里，被同化了的东西并不像是一个已丧失其作用的手段。教化不同于知识的生产，加达默尔正是以教化的概念，取代了作为思想目标的“知识”概念。加达默尔认为，当我们读得更多、谈得更多和写得更多时，我们就成为不同的人，我们就“改造”了我们自己。使我们说出关于我们自己的新的、有趣的东西的事件，比改变了我们的形态或生活水准的事件，对我们来说更“基本”。按照与认识论的或技术的观点相对立的教化的观点看，谈论事物的方式，比据有真理更重要。传统知识论影响下的教学试图去传播某种特别的知识，为此教学必然地需要传播的程序或态度。但教化不是一个程序或态度的问题，它所追求的并非特定的知识，而是一种超出自身而进入普遍性的提升。在古希腊，关于教化的思想第一次被充分地实现和理解，并且其理解的方式从那时起就一直适应于每一个有理解力的人。到 18 世纪，教化已经占据主导地位成为当时最伟大的概念。而如今，教化意味着某种永远不成形式的东西，某种以奇特的强烈程度出自空虚而又迅速返回空虚的东西。教化已经普遍降格为能力的专门化，而知识则由于被合理化地处理到让一切浅薄的理解力均能接受的程度而贫困化了。雅斯贝尔斯对当下的这种精神状况批判地指出："一种对教化的敌意已经形成，这种敌意将精神活动的价值贬低为一种技术的能力，贬低为对最低限度的粗陋生活的表达。这种态度是同这个星球上的技术化过程相关联的，也同一切民族中的个人生活与历史传统相脱节的过程相关联。由于这一过程，一切事物都被置于新的基础之上。除了在由西方造成的新世界中找得到技术上的理论根据的事物之外，其他一切事物都不能继续存在。这种事物尽管在其起源上是'西方的'，但就其意义和作用而言，却是普遍有效的。因此，人的实存，从根底上被动摇了。这一震荡，对于西方来说，是曾经经历过的最为广泛的震荡。"① 而这一教化的普遍降格，在空间意义上已经成为世界事件，而在精神意义上，占据了这个时代所有最精明的头脑。当下的教学已经不再是教化，而成为一个单纯的技术活动了。

虽然我们试图在理论上澄清教学生活意义的真实意蕴，但教学生活意义的真正展现却依然寄于教师的真实体验。只有教师出于对教育、教学的虔诚而对教学的生活本体论意义有所领悟，教学才会成为教师自觉的而非迫不得已的选择。而只有当这种领悟产生，教学生活方式的真实意义才成为可能。这种领悟，无疑亦系于教师的理性、爱与良知。

① 雅斯贝斯. 时代的精神状况［M］. 王德峰，译. 上海：上海译文出版社，1997：111.

第六章

教师与教育智慧

我认为每个教师应当认识到他的职业的尊严；他是社会的公仆，专门从事于维持正常的社会秩序并谋求正确的社会生长。这样，我认为教师总是真正上帝的代言者，真正天国的引路人。

——杜　威

如果教师与学生的关系是真诚的，就绝不会有“万事通”发号施令和专家的权威影响作威作福之地。成为一名教师，才是更高的事务，这与当一个有名气的大学讲师或教授完全是两码子事情。

——海德格尔

海德格尔曾经说过，任何发问都是一种寻求。任何寻求都有从它所寻求的东西方面而来的事先引导。提问永远比回答更重要。正是提问的优先性才启示着思的道路。教师与教育智慧的关系问题，是教师教育智慧研究最为根本的一个问题。而当我们问及教育智慧对教师来说究竟意味着什么时，我们所面对的就不仅仅是教师问题，也不仅仅是教育智慧问题，而是问及教师与教育智慧之间的本真关系。只有当这种本真的关系已经先行展开，教师的从何所出，又向何所归的本体论问题才成为可能。正是在对这种本真关系的有所领悟之中，教师才可能成为教师。从知识论的角度先行地界定教师、教育智慧并非没有意义，但与这种实证科学的存在者状态上的发问相比，存在论上的发问更加本源。存在论的任务在于非演绎地构造可能方式的存在谱系，存在论最为优先的问题恰恰在于教师是以怎样的方式领悟教育智慧的，并正是以这种领悟现实地选择了他自己的生活。对于教师来说，他事实上在做什么和应该做什么的问题，是对其生存论分析的关键问题。然而，更关键的问题尚在于他究竟想成为一个怎样的人。正是他对智慧的态度以及他试图成就其自我的方式，决定了教育智慧的实践可能。

第一节　追求智慧：圣哲的想象

政治哲学家艾伦·布卢姆（Allan Bloom）在他的那本著名的《美国精神的封闭》中开宗明义地谈到教师观念的来源，正是教师的观念决定了教师是一个怎样的人以及教师对于学生来说究竟意味着什么：

> 教师，特别是从事通识教育的教师，必须始终盯住人类完美的目标，同时也要把握自己面前的学生的禀赋。他得不断地认识前者，评估后者达到这个目标的能力。关注年轻人，摸清他们的渴望和领悟能力，是这一行的本质。必须探测和找出这些渴望。不能对切实的需要做出回应，就算不上真正的教育；缺了这一条，再多的收获也无足挂齿。每一代人的状况，要从他们与人类的永恒关切的关系中才能找到，而这种关切又能从每一代人的情趣、娱乐尤其是愤怒（这在以冷静自觉而著称的年代尤为真切）中找到。尤其能够揭示真相的就是专门勾引年轻人的各路骗子。这些文化贩子有着投年轻人所好的强烈动机——所以他们也是引导我们进入时代迷宫的有益向导。
>
> 教师的观点不是随便想出来的。它既不完全取决于学生想成为什么人或他此时此地成了什么人，也不屈从于特定的社会需求或变幻无常的市场。人们费了很大力气，想证明教师一向只是这些力量的代理，但事实上不管他愿意与否，他都是受一种意识或预见的引导，他认为确实存在着某种人的天性，他以帮助实现这种天性为己任。他不是用抽象思维或复杂推理做到这一点，而是从学生的目光中看到它的。学生只有潜能，但潜能可以超越自身，这就是希望的源泉，虽然几乎总是让人失望，但这种希望仍在不断复活：人并非全然是偶然的产物，被他出生时的特定洞穴束缚和塑造。助产术认为，一个鲜活的婴儿降生人间，不是因为有助产士，而是出于自然。用它来描述教育过程要比“社会化”一词强多了。一个健壮孩子不靠助产士的帮助而诞生，是老师的真正欢乐。这种喜悦对他的激励作用远大于任何乏味的道德责任感，他的基本经验是，沉思要比任何行动更使人满足。凡是真正的老师都不会怀疑，自己的使命是帮助学生抑制世俗和偏见的扭曲力量，使人性臻

于完美。对人类天性的洞察力有可能受到遮蔽，教师多少也有一定的局限性，但他的行为是由他本身以外的因素引发的，同时也为他提供了评判学生能力和成就的标准。另外，没有哪个真正的教师在实践中不相信心灵的存在，以及通过授课影响心灵的魔力。所以，老师们肯定认为，在教育起步时，或者可从外部对心灵给以奖惩，以便为它注入活力。但说到底这种活动是它自身的收获，它是自给自足的。①

支撑着这一表白的是艾伦·布卢姆三十余年的从教经验。也许在我们这个时代，很少有人像艾伦·布卢姆那样清楚地知道，健全的文化精神对于民主体制的重要性。而教师恰恰也就是构成一个社会的精神生活的“助产士”。对学生来说，教师是洞察其天性，帮助其抑制世俗和偏见的扭曲以使人性趋于完美的精神力量。无疑，艾伦·布卢姆像他的导师施特劳斯一样赋予了“教师”更多历史文化符号的东西，就像一个来自于历史深处的圣者教化的回音。同时，艾伦·布卢姆也将教师置于“洞穴”之中，并顽强地坚守着教师对于学生天性的引导这一神圣使命。在这里，布卢姆寄予了教师哲学家的身份想象。但布卢姆还是注意到了教育对于哲学的威胁——哲学思考是孤独者的探索，而教育必须盯着“听众”。在《美国精神封闭》这一“发自前线的报道”的前言中，布卢姆所表达的对于学生的感激之情绝非俗常的客套或虚与委蛇，因为伟大的才智是需要教育的，而对伟大才智的教育则需要教师具有更高的智慧。所以这一切都集中地指向这样一个问题，即教师对于其社会责任承担的领悟——他究竟以怎样的身份参与他那个时代的知识实践。

随着现代化不加遏制地深入推进以及虚无主义所孕育的市场原教旨主义的兴起，经济对于政治乃至整个社会领域的决定作用日益突显出来。在教育领域，以经济为主导的教育观念摧毁了公民教育的公共空间以至于学校教育只是一个仅仅训练劳动力的职业准备机构（想想舒尔茨的人力资本理论的破坏力），而学习也因为对于生产知识独一无二的强调从而割裂了与社会变革之间的联系。可以说，近现代以后的教育是一个较为单纯的经济活动而不是一个复杂的伦理或政治实践。作为一种伦理和政治实践活动，学校是创制公民主体以及提升社会主体的价值和社会意识的关键场所。如同杜威所相信的那样，学校将对于塑造公民生活和建构民主社会起到极为关键的作用。批判教育学的代表人物亨利·吉鲁（Henry A. Giroux）在他的《教师作为知识分子》的中文版序里对中国教师提出了一个非常尖锐的问题——中国教师能成为知识分子吗？如果考虑到中国本土文化与知

① 艾伦·布卢姆．美国精神的封闭［M］．战旭英，译．南京：译林出版社，2007：001.

识实践后发外生的依附性质，这个问题其实并不仅仅具有中国特色。但吉鲁的提问依然发人深省，那就是在一个平庸的世俗化时代里，教师是否有必要成为公共知识分子以参与对公正、良知以及社会秩序的修葺。当前教师所面对的最大的威胁，就是日益盛行的强调对教师培训和课堂教学采取技术进路的工具性意识形态（instrumental ideologies），其结果是教师日益成为单纯的技术手段的执行者。应对这一危机的必由之路在于重新思考和建构教师的工作本质，而这就意味着必须把教师视为知识分子。吉鲁从批判社会学的角度即政治性与规范性的角度，认为把教师视为知识分子的必要性和意义在于三个方面：第一，它提供了一种理论基础，来把教师工作看作智识劳动（intellectual labor）的一种形式，这与用纯粹工具性的或技术性的术语来界定教师的工作是对立的；第二，它澄清了教师作为知识分子发挥作用所必需的种种意识形态的与物质的条件；第三，它有助于弄清楚教师在通过支持与采用某些教学方式而生产和合法化各种政治、经济与社会利益的过程中扮演的角色。① 如果我们尝试跳出教育领域的局限性，也可以发现教师成为知识分子的可能。从谱系学的角度看，教师的知识分子角色的承担似乎也早已实现。波兰社会学家弗·兹纳涅茨基（Florian Znaniecki）在他的那本富有创见但长期被忽视的著作《知识人的社会角色》里从拒斥认识论和形而上学假定的立场对知识人可能扮演的各种不同的社会角色进行了分类并研究了支配知识人之行为的规范模式。他将知识分子的社会角色分为技术顾问、圣哲、神圣学者与世俗学者、知识创造者四种不同的类型。兹纳涅茨基指出，社会圈子对知识人的要求，会随着期望他所扮演之角色的不同而变化。当兹纳涅茨基的知识社会学理论面对教师的知识分子角色时，无疑会遭遇一个意想不到的困难，那就是教师几乎历时地或同时地扮演了兹纳涅茨基的四种不同的知识分子类型。这四种不同类型的区分在教师那里失去了意义。当然这既可能出于兹纳涅茨基的知识社会学理论自身不足，正如著名知识社会学家默顿（R. K. Merton）所指出的那样，其理论较多地注意到了角色的功能而对角色之间的结构性关系注意不够。② 另外，更重要的也许在于，教师可能并非一般意义上的知识分子，所以有关知识分子研究的理论有可能在此失效。在这里，笔者无意对兹纳涅茨基的知识社会学过多地纠缠，对于教师教育研究来说，我们更应该关心的问题毋宁在于，教师是何种意义的知识分子。如果考虑到知识与智慧之间的关系，考虑到教师社会角色的承担，此一追问似乎势在必行。

吉鲁的回答是教师是一名转化性的知识分子。吉鲁认为，探索教师作为知识

① 亨利·吉鲁. 教师作为知识分子［M］. 朱红文，译. 北京：教育科学出版社，2008：152.

② 弗·兹纳涅茨基. 知识人的社会角色［M］. 郏斌祥，译. 南京：译林出版社，2000：144.

分子的社会功能的出发点，是把学校看作与权力和控制问题不可分离地联系着的经济、文化与社会的场所。而这意味着学校和教师并非以中立的或客观的方式传递一套共同的价值与知识，相反，学校具有引领与合法化社会生活的特定形式的功能。而一旦学生成为积极的、批判性的公民成为必要，教师就必须成为转化性知识分子。吉鲁认为，转化性知识分子的核心是有必要使教育更具有政治性，使政治更具有教育性。使教育更具有政治性意味着学校对权力斗争的参与，而教师的使命是帮助学生形成深刻而坚定的信念，为克服经济、政治与社会的不公正斗争；使政治具有教育性，则意味着教育具有解放性的政治旨趣，以为所有人（即处于不同文化、阶级、种族、历史与性别情况下不同的个人和群体）创造一个性质上更好的世界而奋斗。吉鲁在谈到教师成为转化性知识分子的任务时强调指出："转化性知识分子需要发展一套话语，把批判性的语言与可能性的语言统一起来。这样，社会教育者就会认识到他们可以作出改变。为此，他必须大声反对无论是学校之内还是学校之外的经济、政治与社会的不公正状况。同时，他们必须努力创造条件，让学生有机会成为具有知识与勇气的公民，为了使绝望不再出现、使希望成为可能而奋斗。这项任务对社会教育者来说看似困难，但是，这是一项值得进行的战斗。不这么做，就会断绝社会教育者成为转化性知识分子的机会。"① 以吉鲁为代表的批判教育学将教师视为转化性知识分子是以学校教育作为民主的公共领域为前提的。而所谓转化，是指教师必须要有能力发展一种话语或假设，以决定在特定条件下的学校日常生活方式——比如写作、合作、研究、开发课程以及共享权利。批判教育学的"转化"这一范畴在笔者看来，既是本体论的，也是方法论的。其本体论意义既在于揭示了学校的政治本质，即学校作为民主的公共领域；又揭示了教师的政治生存方式，即培养具有批判能力与道德勇气的公民。其方法论意义则在于，它建构了一个由"解放记忆"（liberating memory）和"历史记忆"（historical remembrance）所构成的方法论框架。"解放记忆"事于唤起对过去的危险事件的回忆，也关注苦难的主体以及那些被视为"他者"的人们所处的现实，而"历史记忆"则依据关于人的可能性的视界来发展社会以形成一种更好的生活方式。这一切其实都围绕着知识与政治的关系展开。吉鲁指出，转化性知识分子必须了解主体性是如何由历史地产生的各种社会形式所创造与规约的，而这些社会形式又是如何传递与体现具体利益的，为此，转化性知识分子的转化意义正是在于教师必须形成种种探索模式——比如重思学校教育的语言，重建课程，发掘写作与声音的政治学——既探究经验是如何在诸如学校之类的特定社会形式中被形塑、传递和承受的，也探究特定的权力装

① 亨利·吉鲁. 教师作为知识分子［M］. 朱红文，译. 北京：教育科学出版社，2008：154.

置如何制造各种知识形式，来把特定类型的真理与生活方式加以合法化。

吉鲁的转化性知识分子的说法与其说是一种判断，不如说是一种宣言——其实转化本身就具有某种程度的革命色彩，当然也是一种对于传统教师事于传递而弱于转化的诅咒。与布卢姆的立场一致的是，吉鲁的转化性知识分子最终指向学生经验转化的可能性。吉鲁认为，教师最终必须通过使学生形成一种社会想象和公民精神来使知识和经验成为解放性的从而帮助学生介入他们的自我形成、他者形成以及介入总体意义上的生活的社会再生产过程。与布卢姆的精英主义立场有所区别的是，布卢姆有一个古典主义的精神源泉，而吉鲁则只能将对于近现代霸权性或顺从性的知识分子的批判作为动力。作为转化性知识分子，在吉鲁看来，教师必须把学校视为一种解放实践，把学校建设成为民主的公共领域以及促进一种与平等和社会公正的民主命令相联系的公共话语。虽然吉鲁的批判教育学的自由主义立场恰恰是布卢姆所批判的，但他们都表达了对于现代教育同样的期望，而这一期望也是当代卓有见识的教育家的共识，那就是学校和教师必须认真对待伦理和政治的优先地位。

吉鲁站在批判教育学的立场批判性地指出教师应该挑战现存的“真理的体制”，接受转化性知识分子的角色，审慎地从事社会转化性的实践，这与哲学家鲍曼站在后现代主义立场上的对教师的知识社会学批判可谓不谋而合。对吉鲁说来，教师成为知识分子的意义在于“转化”的政治实践，鲍曼则认为，“成为一个知识分子”的意向性意义在于，超越对自身所属专业或所属艺术门类的局部性关怀，参与到对真理、判断和时代之趣味等这样一些全球性问题的探讨中来，是否决定参与到这种特定的实践模式中，永远是判断知识分子与非知识分子的尺度。① 鲍曼认为，“知识分子”这一概念是从对启蒙时代的集体记忆中获取自身意义的。正是在启蒙时代，作为现代性之最显著特征的“知识/权力”之共生现象被确立。知识分子的产生只有在新型国家权力与自治性的和进行自我管理的讨论活动共生时才是可能的。在鲍曼看来，问“谁是知识分子”，而且期待着一套具有客观标准的回答（如同兹纳涅茨基所做的那样），或者更进一步指出哪一些人是知识分子，或者在知识分子与非知识分子之间划分出一条明确的界限都没有意义，因为“知识分子”这个概念的创生之初就意味着对复兴“知识者”传统的召唤的响应，它更像是一个通过唤起人们的关怀、忠诚和促发自我阐明的活动，从而使得艺术家和专家们从某一领域的权威成为知识者团体的政治、道德和审美的集体权威的“所指”。在现代性与后现代性两种截然不同的境遇中，知识分子的实践模式，包括他对世界的理解、对社会生活领域的理解等，迥然有别。

---

① 齐格蒙·鲍曼．立法者与阐释者［M］．洪涛，译．上海：上海人民出版社，2000：2.

在典型的现代型世界观中，知识分子的角色是立法者，程序性规则的普遍有效性，决定了知识分子团体拥有更多的机会和权利来获得更为客观的知识，从而被赋予了从事仲裁的合法权威。而在后现代世界观中，为了促进独立自主的参与者之间的交往以防止交往活动中发生意义的曲解，知识分子的角色就只能是阐释者。鲍曼认为，从立法者到阐释者，是知识的“理想范型”转换的必然要求。这种转换绝不意味着知识实践的提升，也不意味着阐释者隐喻对于立法者隐喻的普遍主义的拒绝。知识分子的立法者隐喻是现代型世界观追求充分知识和知识普遍性的产物，而知识分子的阐释者隐喻则是对知识的“地方性传统”以及对知识判断标准的“意义共同体”中的习俗和信仰的适应。换言之，知识分子角色的转换是对知识实践与国家观念转换的适宜性变化。为了能够适宜知识实践与国家观念的共生，知识分子就不得不转换自己的角色。由此鲍曼所提出的知识分子身份的分析，在某种意义上并非知识社会学的，而是生存论的。

“知识分子”这个概念是现代性的科学话语、道德话语和审美话语分离的产物。教师的身份转向同时也是原初的理性统一体崩溃的结果。当社会利益与分工的重要性不可忽视地展现出来，“知识分子”这个概念就标志性地意味着复兴历史记忆的一种意志努力。恰恰也就是在近现代以后，教师就是以理性的代言人承担着作为集体性的价值评估者、指导者和人类良知担当者的责任。这个角色被命名为“园丁”。[①] 教师“园丁”角色的产生，是现代性从荒野文化向园艺文化转变的必然结果。荒野文化中的人一代代地复制着自身，无需有意识的计划、管理、监督和专门的供给。在荒野文化里，教师是作为知识与智慧的看守者、天然的信仰者以及自然永恒的信奉者。而随着自然状态因被视为“无耻的、兽性的和贫乏的”人类生存状态而被现代人轻飘飘地打发掉，教师就成为了福柯所谓的“社会控制的盯人技术”的一部分，那就是对人类行为模式进行改造以创造后自然状态的新的社会秩序。在这一角色里，教师被认为是专家或内行，这一角色的出现基于这样一种假设——与人类渴望的社会秩序相适应的人类活动，不能听凭个人判断力或自然力的支配。教师正是由于对于个体不完善性的改造与对社会秩序的向往而成为机构的一部分。教师因拥有知识而拥有权力——牧人式的权力（pastoral power）和改造思想的权力（proselytizing power）。这一权力原本属于教会，而当国家要求重新配置社会权力并对一种专门的控制技术提出要求时，

① 教师的“园丁”角色深藏于个体的历史记忆之中，我们从小就被告知教师是看护我们的辛勤的园丁，而教师也相应地获得了看护的权力。将教师视为园丁被视为对教师的歌颂。笔者到现在还记得一首以“春风春雨带来了万紫千红，教师是辛勤的园丁”开头的歌曲——显然它不是一个隐喻，而是一组，一个彼此联系的隐喻系统。

这一权力被赋予教师。自然状态被抛弃的结果是社会秩序的重新建构，它必须重新获得一个合理的基础。而为了完成这一点，社会秩序就有必要拒绝人在自然状态下的激情，而通过唤起社会人理智的方式重建自身。鲍曼因此认为对人的社会秩序与自然之关系的新的理解，就表现在理智与激情的著名对立中——激情是自然禀赋，而源于知识的理智必须传授。理智与激情之区分实质上是自然及个人与社会之间的对立。为了维护人与人之间关系的有序化并使之永恒化，国家的超个人权力是不可或缺的，激情就不得不受到引导和管制。因此教育与教师的超个人的权利其实是国家进行个人管制的一部分。鲍曼曾深刻地指出，“理智—激情”这套话语的最重要的语言表达效果，就是把穷人和微末的人重新铸造成必须受管制和教训以防破坏社会秩序的危险阶级，他们的生活方式也被重新塑造为一种出于动物本能的行为，低于理智的生活，并且与后者相冲突。此两种结果都意味着荒野文化被剥夺了合法性。这一文化的载体变成了辛勤耕耘的园丁的合法的对象。① 由此可以看出，学校教育是根据理性的声音来设计社会观念的必然结果，而教师则是社会“危机—管理”规范机制最主要的执行者之一。我们当下的教育反思一直在知识传授这个问题上纠缠不休，它以非常极端的方式集中表现为——为什么偏偏是知识传授，为什么偏偏是学生失去了主体地位，等等等等。回答这个问题绝不像我们将其历史化或者抽象化那样容易，但也绝不意味着这个问题超出了能够理解的范围。关键的问题依然在于我们是否有能力从知识社会学的角度看到了知识与国家的通约性以及教师在这个共生框架中的责任承担。国家获得超个人权力之后，其教育的目的无疑只能是教会受教育者学会服从，当然国家与社会可以宣称他们尊重学生的人格，尊重学生的心理发展规律，当然也“爱”学生，但所有这一切只不过是为了更好地强化这个服从机制而已。国家与社会唯一不能接受的是学生的人性，因为如果个体的癖性得到允许，社会的普遍法则就不可能运行。教师在他所施加的教育过程中所担当的是一个国家与社会隐喻的角色，而对学生来说，他所生存于其中的场所，仅仅是社会帝国主义的一个实践基地而已。

在近现代园艺文化里，“塑造”、“园丁”和“园艺”是最为基本的三个隐喻，它所呈现出来的解释学立场除了服从就是服从。表面上看起来，教师向学生传递的是知识②，其实却是一种循规蹈矩的以及在总体上具有可预测性的氛围，只有在这种氛围里，知识传播才是可能的。鲍曼以其独到的眼光看到了这种知识

① 齐格蒙·鲍曼．立法者与阐释者［M］．洪涛，译．上海：上海人民出版社，2000：75.

② 一直到现在，我们的教师依然这样认为。他们对传统教育的反思，因此也仅仅局限于对知识以及对知识传授的范围的反思，对这种知识传授背后的社会体制，可谓一无所知。

传播的虚假性。他指出，园艺文化的预言者们其实并不指望个人能够依据社会利益来指导自己的行为，也不指望他们能够根据自己学来的知识自己作决定。社会在任何个人作出自己的决定之先，已经决定了何种行为是符合公共利益的；为了满足社会利益，个人所必须具备的一种能力就是服从纪律。① 然而，园丁对于他所培育的对象所表现出一种矛盾的态度，至于这种矛盾态度产生的根源，则有可能出自于专制主义与人的本性中根深蒂固的自由之间的永恒斗争。一方面，受教育者（民众，准确地说是庸众，在这里，它无疑是个贬义词）被认为是一个棘手的问题，一个难以驾驭不服管教的欲望主体；另一方面，受教育者还是一个源泉，它可以被借以保护和巩固（特别是延续）社会秩序。为了解决这一矛盾，近现代教育所做出的理论选择是——启蒙。教育不等于启蒙。考虑到启蒙是让民众充分运用它的理性，这与社会普遍法则的运行与实施之间可能产生冲突，所以启蒙时代的思想家对于民众的启蒙其实谨小慎微，但他们都无一例外地赞成对民众的教育。由此可以看出，智慧之光对于民众特别是受教育者的照耀，可能只是一个圣者的想象。它的真实性尚取决于教师有没有能力反思社会秩序的合理性并穿过知识与国家共铸而成的坚硬的社会机制围墙。

后现代哲学给出的拯救方案是与立法者的没落相联系的阐释者的兴起。然而与哈贝马斯相一致的是，后现代哲学同样看到了合法化危机之后教师传统角色的崩溃所产生的焦虑。在后工业社会，没有一个社会集团或者群体能够承担起"理性推动者"的角色，也没有哪个社会集团对于知识分子所能够提供的权威性的真理观、判断力或者趣味拥有评判的权威性。立法者的兴起出于知识与权力的共谋，而后现代哲学对这一权力机制的破坏却不得不站在相对主义的立场之上。应该说，后现代哲学拯救方案的危害绝不比它试图所破除的知识实践传统更少些。只要稍稍注意一下我们身处其中的教育精神，就不难发现教育正由它曾经的犬儒主义走向历史浪漫主义，一种带有病态的弱女子气息（可以考虑一下女权主义运动的实质）的人本主义格调应运而生。如果说近现代的知识专制像一个挥舞着大棒的壮汉，那么后现代哲学所支撑的教育哲学更像是翘着兰花指絮絮叨叨的病态白领——阴柔、夸大其词、弱不禁风。他们谁都宣称自身的合法，同时其合法性又被其自身的根基所解构。这不能不令人沮丧。沮丧不是因为拯救方案的无奈，而是因为希望的丧失。鲍曼以近乎失望的语调揭示了合法化危机之后知识分子的无奈。这段话很长，但用意深远：

目前，一个担负着对理性化规划进行组织实施工作的主体已经不复存

① 齐格蒙·鲍曼．立法者与阐释者［M］．洪涛，译．上海：上海人民出版社，2000：97.

在，这一认识突然令人难堪地使所有的古老的、期盼中的对于“美好社会”的蓝图显得虚假和幼稚。这便导致了所谓的“勇气的丧失”，或者，“梦想未来的能力”的丧失。我们的时代决不是一个拥有乌托邦的时代。在一个拥有乌托邦的时代，乌托邦被认为具有实践性和现实性；而在我们的时代，具有实践意向的规划被看作是一个乌托邦。我们感到恼怒的是，当一个学者彻底而中肯地对我们所处状况当中的种种弊端进行批评之后，却无法最终提出改进的措施。但是，即使他或她拿出一套疗治的方案，我们也会对此表示怀疑，并且讥讽这是另一种乌托邦。那种试图提出某种疗治方案的著述活动已经丧失了信誉，这里不仅仅是指个人的这种运动。在整个现代阶段，构想未来是令人推崇的，因为它总是指向或此或彼的某一种永恒的推动力量，期望能够且主动采用合理手段以使所提出的合理社会的蓝图得以实现。由于所指向的对象不再能够被发现，对进步的梦想仅仅成了：梦想。大体如此。①

在今天，教师应该成为一个什么样的人、他应该成为一个怎样的教师等教师本体论问题前所未有地凸显出来。在成为知识分子、成为转化性知识分子、成为阐释者的理论-实践方案一个个地溃塌之后，教师究竟何去何从？他是依然故我地无视个人—社会、知识—美德、民主—权力的批判，无动于衷地宣称他仍然是真理的化身、智慧的引导者，还是在打破知识—国家的网罗之后无所顾忌地宣称他其实就是民众之一？是重新回归那些近现代具有教义性质的社会整体规划，还是在破解这些整体规划之后流于自由与自律的自然博弈？这些问题还有待回答。我们必须要对那些信誓旦旦的所谓“宣称”保持必要的冷静。教师智慧的问题绝对不是一个能用列清单的方式可以明明白白地提出纲领的东西，除非我们愿意对那些更为深刻的东西保持彻底的无知。教师教育的路仍然很长，而且我们一旦认识到教师身份的复杂性，行走于这条道路上的艰辛可想而知。

第二节 现代性的隐忧：从“技术熟练者”到“反思性实践家”

联合国教科文组织在1980年代曾在教育面临前所未有的总体危机之际谨慎地表达了对教师职业的肯定：“在今天，根据教育的发展和人们寄予教育的希望，不少人都认为教师应该成为民族的良心，甚至应该成为世界的良心。这是一

① 齐格蒙·鲍曼. 立法者与阐释者［M］. 洪涛，译. 上海：上海人民出版社，2000：260.

道命令，它使教师担负起各种无比重大的义务。无论从要达到的目标和要掌握的内容来看，还是从要使用的方法来看，教师职业都变得更加复杂了。”① 随着教育更广泛地参与社会生活，教师也有更多的机会自我实现。为了应答未来世界重大问题的挑战，必须创造全新的教育，而这又必须依靠新型的教师，事实上人们越来越清醒地认识到“革新的成败最终取决于全体教师的态度”②。教师作为教育改革的自变量，在实现人类公正、相互理解和宽容方面，表现出前所未有的说服力，教师的地位是如此重要，以至于教师被认为是实现未来的最重的筹码，“这一变革迫切需要赋予教师以巨大职责，他们要为培养新一代人的性格和精神做出贡献。这场赌注事关重大，它把童年和一生中所得到的精神价值置于首要地位”，而教师的价值就体现在对年轻一代的教育过程中，“在教育青年不仅满怀信心去迎接未来，而且以坚定和负责任的方式亲自建设未来方面，教师的贡献是至关重要的”。③ 联合国教科文组织的这一对教师的判断与其说是一种宣言，不如说是一种警告。一方面是现代教育发展的革命性、变动性、深刻性、波动性、非均衡性、普及性和多元性种种矛盾交织的焦虑与不安，一方面是教师对于教育发展的弱于回应——希望与失望重重缠绕。人们试图通过各种途径——比如形而上学的宇宙论假设以及知识社会学的实践论论证，在一个教育发展的十字路口给教师一个明确的价值定位，以此既为教师也为教育提供一个清晰的指示框架。现在我们还很难断言，我们对此所做出的悲壮努力是否正确。这并非因为我们依然找不到一个判断正确与否的立场，而是当我们认为我们已经找到了答案时，也许真正的问题才刚刚开始。

“教师”在今天已经越来越“专业”了，几乎所有人都认为这是一个可喜的进步，因为与完全根据经验和个人禀赋的传统教师相比，专业化教师已经和医生、律师一样具备了受专业知识和专业伦理支配的专业成熟。这不仅被认为是一次变革，而且也被认为是未来变革的方向。1980 年代，以美国卡内基基金的改革委员会组织的“全美教师专业基准委员会”的《教师专业化基准大纲》为代表，教师专业化的指标已经得到了确立，而且也成为判断教师专业品质的标准。这一标准包括④：

---

① S. 拉塞克，G. 维迪努．从现在到2000 年教育内容发展的全球展望［M］．马胜利，等，译．北京：教育科学出版社，1996：264.

② S. 拉塞克，G. 维迪努．从现在到2000 年教育内容发展的全球展望［M］．马胜利，等，译．北京：教育科学出版社．1996：105.

③ 21 世纪教育委员会．教育——财富蕴藏其中［M］．联合国教科文组织总部中文科，译．北京：教育科学出版社，1996：134.

④ 佐藤学．课程与教师［M］．钟启泉，译．北京：教育科学出版社，2003：245.

［命题一］ 教师接受社会的委托负责教育学生，照料他们的学习。

（1）认识学生的个别差异并采取相应的措施。（2）理解学生的发展与学习的方法。（3）公平对待学生。（4）教师的使命不停留于学生认知能力的发展。

［命题二］ 教师了解学科内容与学科的教学方法。

（1）理解学科的知识是如何创造、如何组织、如何同其他领域的知识整合的。（2）能够运用专业知识把学科内容传递给学生。（3）形成达于知识的多种途径。

［命题三］ 教师负有管理学生的学习并作出建议的责任。

（1）探讨适于目标的多种方法。（2）注意集体化情境中的个别化学习。（3）鼓励学生的学习作业。（4）定期评价学生的进步。（5）重视第一位目标。

［命题四］ 教师系统地反思自身的实践并从自身的经验中学到知识。

（1）验证自身的判断。（2）不断作出困难的选择。（3）征求他人的建议以改善自身的实践。（4）参与教育研究，丰富学识。

［命题五］ 教师是学习共同体的成员。

（1）同其他专家合作提高学校的教育效果。（2）同家长合作推进教育工作。（3）运用社区的资源与人才。

《教师专业化基准大纲》据说超越了教师使命的复杂性与教师职业的混沌性，正式地表达了教师专业化的基准、领域、结构，为创造教师专业化的社会认同准备了基础。我们现在所进行的教师教育，也正是以这个基准为基准的。教师的专业化似乎已经成了一种话语霸权。然而，越是如此，越是隐藏着巨大的危险。巨大的危险不是来自于危险本身，而是来自于我们对于危险的一无所知或漠然置之。

与教师作为“技术熟练者”相比，教师专业化的确不能不算是一种进步。正如批判教育学所指出的那样，公立学校内未来的教师与现职教师所面临的一项重大威胁就是日益盛行的强调对教师培训和课堂教学都采取一种技术进路的工具性意识形态，技术统治理性和工具理性在教学领域的广泛作用严重降低了教师在课程的开发与计划以及课堂教学的决策与实施方面的自主性，其结果不只是教师技能的退化，使他们远离思考和反省的过程，也将学习与课堂教学变成例行公事。① 既然作为“技术熟练者”的教师的病症及其根源这个问题差不多已经从一种新奇的反思成为一种常识，那么专业化教师的确给教师教育带来一种令人欢欣鼓舞的改革方向。专业化教师宣称是对技术熟练者的批判，而且我们也满足于这样一种批判。但我们应该深思的问题恰恰也就在于专业化本身是否也弱于批判。是不是有这样一种可能，即专业化对技术熟练者的批判正如技术熟练者对专业化的批判一样，都是需要批判的，因此所谓的专业化对技术熟练者貌似深刻的批判仅仅是一种批判的娱乐？如果专业化尚不能取得它应有的合理性（当然它和技术熟练者的合法化基础是一致的），那么批判本身就有可能是种深刻的玩笑。在这里，笔者想举一个例子。仅举一例。

笔者曾经说过，这次汶川地震中的“范跑跑事件”有必要成为一个思想史事件。因为这个事件前所未有地凸显了教师个体与专业要求之间的不睦，教师的自由放任与教师专业伦理的无能相映成趣地构筑成一个具有思想意义的事件——我们明知道他是错的，但我们的批判本身却弱不禁风。“批判”这个词在这场思想斗争当中显得很具有娱乐气息。对于范美忠事件的原委，人们已经耳熟能详。我们关注的是批判本身，以及对批判的批判。

笔者认为，没必要把“范跑跑”当成一个社会异类。“范跑跑”只是现代性的“我们”中的最为微不足道的普通成员。“范跑跑”宣称，“我会——批判”，“我们”（不包括“郭跳跳”，他幼稚地将批判等同于泼妇骂街）则针锋相对地批判“范跑跑”的批判，但包括“范跑跑”对社会价值的批判，以及我们对于“范跑跑”的批判在内的一切批判，其实都没有找到它应然的批判对象。我们根本没有能力发现批判的对象——“范跑跑”是他自己的敌人，“我们”则是“我们”的敌人。这是一场作秀般的批判。在这里，批判的本质是自虐。

当“范跑跑”奋而不顾“人”地逃生之后，“范跑跑”宣称他是一个追求自由和公正的人，而不是先人后己勇于牺牲自我的人；当“范跑跑”被传教师职格被取消之际，“范跑跑”又宣称他会捍卫其权利和尊严。不幸的是，“范跑跑”在地震中“本能地”跑了而被人诟病；有幸的是，“范跑跑”目前因为他的逃跑俨然成为个人与体制甚至是文化传统对抗的英雄，以至于“范跑跑”煞有介事地认为他是中国最有思想的文科教师。当“范跑跑”因他的“跑”而受到伦理的批判的时候，可怜的“范跑跑”诉诸本能，这时候他以受害者或弱者的样子大打悲情牌；当“范跑跑”将他的生命保全诉诸正义的时候，可爱的“范跑跑”又对伦理展开了批判，他的证据是，我会跑，你也会跑，你和我面临危

① 亨利·吉鲁．教师作为知识分子［M］．朱红文，译．北京：教育科学出版社，2008：151.

险的时候一样全受到本能的驱使，所以“你”根本没有批判“我”的高度，这时候他以正义捍卫者的样子大谈所谓自由选择。“跑跑”之所以称为“跑跑”，是因为他“跑”了，但“跑跑”之所以不为其“跑”忏悔，是因为他自视其“跑”理所当然。于前者而言，“跑跑”被批判；于后者而言，“跑跑”展开了批判。既然你“跑”我“跑”大家“跑”，我能堂而皇之地捍卫我“跑”的权力，当然“我”比“你”更真诚；“你”“跑”了但“你”不敢承认你“跑”的正当，自然“你”比“我”更虚伪。可以看出，“范跑跑”自始至终地将他的行为的正当性诉诸于真诚。而恰恰也就是这种“真诚”的言说使得“范跑跑”比那个不明四六只知指手画脚的“郭跳跳”赢得了更多的同情甚至尊重。

对于“范跑跑”而言，“我”做了什么不重要，“我”怎样为“我”的做辩护即“我”的“言说”才重要，即“我”的“言说”的正当性要远远高于“我”行为的正当性。当“你”批判“我”行为的正当性的时候，“我”诉诸自由选择；当“你”批判“我”言说的正当性的时候，“我”诉诸言论自由的权利。当“你”质疑“我”的伦理高度时，“我”以弱者的姿态诉诸与“你”同样拥有的“本能”；当“你”质疑“我”的伦理批判时，“我”以强者的态度诉诸“我”对于制度伦理压迫性的理性克服。一切看起来滴水不漏，一切论证看起来水到渠成。“范跑跑”像一只狡猾的狐狸精明无比地闪躲着明枪暗箭，死死地咬住自由主义脆弱的脖子不放——他以堂吉诃德的斗士精神挥舞长枪大战社会伦理旋转的风车。但“范跑跑”估计无论如何也想不到他手里的那副自由主义的好牌怎么看起来都像是十三不靠。他说他是真诚的，社会伦理价值是虚伪的，其实他和社会一样虚伪；他说他是自由的，其理论取材于自由主义，其实他的自由主义只是现代自由主义在生命保全意义上最低级的物种，和古典自由主义势别云泥。“范跑跑”的所谓真诚，只是他不加修饰地吐露了他的真实，和本真意义上的真诚没有丝毫关系。因为真诚与忏悔相关。没有忏悔的真诚只是粗鄙的剖白。当“范跑跑”说社会伦理价值是虚伪的时候，在某种意义上他是对的；当“范跑跑”以他所谓的真诚对抗社会制度伦理的时候，“范跑跑”没有认识到他其实和现代制度伦理一样虚伪，他不比现代社会的制度伦理价值真诚到哪儿去。“范跑跑”虽然宣称他对社会的批判，但“跑跑”缺失的恰恰正是社会制度伦理的审判能力。他没有能力看到，他所有的价值立场，他所有的态度，他所有的依据，都是现代制度伦理给予他的。他不能批判他的理论根基，除非“范跑跑”有自嘲的智慧。可惜“范跑跑”把一场本来可以是存在主义的喜剧夸大其词地演绎为自由主义的正剧。在这点上，笔者认为“范跑跑”很“搞”，之所以很“搞”，是因为“跑跑”太把“真诚”的言说当回事。他没有参悟现代社会伦理喜剧效果的能力。所以可爱的“范跑跑”只是以娱乐的形式参与制作了一场严肃的伦理批判。他打了自己的耳光，然后宣称被他打的那个“他者”一定很疼。

现代自由主义为了生命保全，将自由选择的意义无所不用其极。基于个人利益的实现，“我”有权利做“我”想做的任何事情。“我”尊重“你”的权利，作为交换，“你”也必须尊重“我”的权利，所以不难理解的是，为什么可爱的“范跑跑”是如此地渴望“宽容”，这正是现代自由主义德性追求方面的精神病。与古典自由主义相比，现代自由主义是庸俗的奴隶品质之间的相互认同。既然平庸从来不会得到高贵的认同，既然高贵的认同关涉人的完美德性而高不可攀，那么“我”就完全无视高贵品质的存在，平庸之间的认同已经可以使“我”得到最大程度的满足。正是由于失去了古典自由主义的宇宙论背景，自然正当（nature right）的价值追求才在现代化进程中演化为各自的自然权利（nature rights）。所以“范跑跑”并不是现代社会伦理的批判者，而恰恰正是现代社会伦理的最强力支持者。因此当“范跑跑”以批判者的面目指责社会伦理时，他比当下的社会制度伦理更虚伪——他把虚伪自视为真诚。当然，跟一个连自己的父母处于危难之中都不施加援手的人讲所谓古典自由主义的德性追求毫无意义。“我们”不能批判“范跑跑”，因为现代社会的制度伦理已经赋予了“跑跑”自由选择的合法性。如果现代社会伦理不能认识到他对于古典自由主义的价值颠覆，它对“范跑跑”的批判只能是自说自话。

“范跑跑”和现代社会伦理一样没有任何值得炫耀的德性，比如柏拉图谈及城邦与人时提及的正义、智慧、节制、勇敢的“四枢德”。既然现代社会伦理站在欲望的立场同样可以实现社会秩序的稳定，那么当我们宣称我们剩下真诚的时候，真诚就俨然可以成为一种伦理价值，甚至是主流的伦理价值。因此，不难理解的是，只是在一个平庸的时代里，只有在高贵品质已经荡然无存的时代里，真诚才有其地位。只有当我们已经一无所有的时候，我们才诉诸真诚。真诚并不是德性品质，真诚只是一种态度。我们没有品质，也就只有表明一个若有若无的态度。仅此而已。“范跑跑”并没有“做”得很“真诚”，但他“说”得很“真诚”，正是因为他的“说”而不是他的“做”才使“范跑跑”意料之中地获得了荣誉。这正是现代伦理的卑劣之处。一个人的德性，不在如何“做”，而在如何“说”，“说”竟然获得了比“做”更高的伦理价值，这在完全颠覆了德性的实践品质之余，也暴露了现代伦理的虚伪。现代伦理彻底地张扬了言说的价值。可以理解的是，现代社会何以充斥着不着边际的胡说八道。这种东西现在据说叫言论自由。那些“言论自由”的坚定支持者根本没有能力认识到，他们只是现代制度伦理的一个微不足道的共谋者。他们不是在批判现代社会伦理价值，他们只是彻底背叛了古典伦理价值。这可能也就是施特劳斯所谓的“古今之争”。所以清楚点讲，“范跑跑”本质上是古典伦理价值的背叛者（一如现代伦理），而绝非现代伦理的批判者（“范跑跑”没有古典伦理所坚持的那些高贵品质）。

对“范跑跑”的批判本质上是对现代教育制度伦理（专业伦理）的批判，站在现代制度伦理的角度批判“范跑跑”恰恰是对批判的拒绝。“范跑跑”并非不值得批判，但很多对“范跑跑”的批判完全不着边际，比如“郭跳跳”们的骂街。从教师专业伦理的角度对“范跑跑”的批判是隔靴搔痒，“范跑跑”已经公然宣称他是一个遵守教育制度的“好”教师，而且有相当比重的家长乐意承认“范跑跑”要比“郭跳跳”更让他们“放心”；从未成年人保护的角度批判简直就是业余，问题显然并不在于“范跑跑”的教育对象究竟是17岁还是18岁，危难不选择年龄；从法律的角度批判“范跑跑”无论如何都是对法律的嘲弄，“范跑跑”的“不作为”还不是一个法律问题，而是一个典型的伦理问题，以法律的坚硬来要挟德性的柔软，这也许正是法律的脆弱所在；从道德言说的角度批判“范跑跑”，比如像“郭跳跳”所坚持的那样，“你有权力这样做，但你不能这样说，你不能把你做的东西‘说’成你的伦理原则”，就更显无聊。如果说“范跑跑”还有自识的话，那么他一定会忏悔，而如果“范跑跑”已经是一个毫无忏悔之心的人，对“范跑跑”“言说”的批判就只能误入歧途——它以变相的方式鼓励一种真实的道德堕落——这正是现代自由主义病入膏肓之处——“你”可以做“你”愿意做的任何事情，但别乱说——为了认同或生命保全。就已有对“范跑跑”的批判来看，相对而言，对作为教师的“范跑跑”的教育学质疑较为坚挺些。然而，解决问题的方案显然还不意味着问题的解决。既然我们认定“范跑跑”不是一个“好教师”，那么就有必要对何谓“好教师”的思考再进一步。如果教育之作为教育的意义付诸阙如，如果对教师意蕴的探求放逐了何谓本真教育的求索，“范跑跑”就可以利用教育制度所赋予他的权利——不迟到、不旷课、良好的师生关系来抵抗批判（有趣的是，“范跑跑”明智地看到这一批判的缺陷，他就是这么回击的）。如果我们不能对本真的教育有所领悟，我们就不能批判“范跑跑”行为的荒唐。专业伦理根本没有能力批判“范跑跑”。

那么“范跑跑”的问题究竟出在哪儿呢？答案是：自律。康德之所以是伟大的，就是他可能已经充分考虑到道德具体情境的复杂性对于道德行为选择的阻障，为此之故康德宁愿拒绝考虑个人情感和道德机智而建立伦理的普遍性和超越性。康德的底线伦理并不像“范跑跑”所宣称的那样，牺牲自我太过于崇高，底线只是自我保全。对康德来说，自律正是对道德自然因果律的突破，只有突破了自然因果律，个体才能实现真正的道德自由——因为他的意志是自由的。而对“范跑跑”来说，虽然他刻意宣称他逃跑时的所谓自由意志，但那一刻的本能反应已经背叛了他自由意志的参与。因此当“范跑跑”从自由主义中来寻得其理论依据时，他也不过是在虚与委蛇——康德的自由意志使他达到了为道德而道德的绝对性，“范跑跑”的所谓自由意志则使他看起来像是巴甫洛夫的那个听到铃声就分泌唾液的小动物。而“范跑跑”之所以敢指批现代伦理的正当性，也恰恰是看到了现代伦理其实和他的伦理追求一样，放弃了对个体德性自律的要求。没有一个人要求（当然也没有专业要求）谭千秋那样去做，但谭千秋做到了，因为在那个特定的危难情境，谭千秋选择了自律而不是本能。谭千秋之所以是真诚的而“范跑跑”是虚伪的，是因为谭千秋以理性的价值担当实现他的生命追求，而“范跑跑”则是在逃跑的时候诉诸本能，而逃跑之后的“言说”则诉诸于理智。自律，并非在那刹那之间。那刹那之间的冷静背后，是一个人生命价值的完全投入。道德的本质是自律性的。现代伦理建设也许只有通过道德自律才能消解公德与私德划分之后的模糊与脆弱。

饶有趣味的是，专业化理论的坚守者马上就意识到了自身的不足，比如，《教师专业化基准大纲》中社会实践的意识淡薄，伦理实践与政治实践的性质淡化，教学有落入心理主义的危险，教育实践有陷入教育“中立性”的幻想，对教师专业的“自律性”关注不够，等等。① 这一点虽然已经弥足珍贵但只是在亡羊补牢。教师专业化已经成为教师的意识形态，对于意识形态本身所具有虚假性的克服，绝不会比这种意识形态的建构更容易些。教师专业化唯独需要关注的是专业伦理问题，而当下的教师专业化唯一放逐的恰恰就是专业伦理。当然教师专业化并不是不加区别地放弃专业伦理，而是把专业伦理放置在了自由主义、相对主义的立场之上。所以教师专业化所谓的专业伦理，也只不过是在“技术熟练者”的知识－技术之外披上了一件自由主义的伦理外衣而已，与真正的文化政治实践所要求的实践伦理相去甚远。这一问题的确被一些卓有见识的研究者意识到了。他们现在所做的以及在可见的将来必将做的是——拯救专业化理论（注意：不是扬弃，而是拯救。或许专业化理论真的已经成为了一种信仰）。而这个拯救行动几乎就像一个“拯救大兵瑞恩”的两难选择——其解决方案是“既……又……”。只是我们现在所面对的两难选择，还完全不具备如前者般深刻的伦理意义。正如我们已经看到的那样，专业化理论如果试图展开对“技术熟练者”得体的批判，有必要再“添加”一些东西（注意：是添加，而不是导向质变），而最后导致的那个新鲜的东西也就是“反思性实践家”。截止到目前，教师教育似乎在“反思性实践家”处定格。或者说，“反思性实践家”已经是目前教师教育研究的最高成就。也许我们对当下这个理论高地的研究，更有助于反省我们当下教师教育研究的得失成败。

简单地讲，“反思性实践家”是指主动地参与教育实践，以经验的反思为基

① 佐藤学．课程与教师［M］．钟启泉，译．北京：教育科学出版社，2003：247．

础，面向儿童创造有价值的“实践性学识”的教师。所谓教育实践，在这里是指包含了政治、伦理价值的实践；所谓实践性学识，是指主体地参与问题情境，同儿童形成活跃的关系，并且基于反思与推敲，提炼问题，选择、判断解决策略的某种实践智慧（practical wisdom）。“反思性实践家”是种主体意义的表述方式，它指向“反思性实践”。而所谓“反思性实践”，是指教师与儿童双方在教育过程中相互展开“反思性思考”（reflective thinking）的教学。① 佐藤学在他的那本颇具影响的《课程与教师》里非常系统地梳理了“反思性实践家”教育模式的意义、成长的社会背景以及教育与研修的研究课题等。这一研究非常重要，但在这里似乎没有床上架床的必要，相信有兴趣的研究者早已了然于胸。有必要指出的是，“反思性实践家”与“技术熟练者”几乎是针锋相对的，也许用一个表格呈现出来会使两者之间的区别与联系变得一目了然。

表6－1 技术熟练者与反思性实践家的专业形象与专业能力比较

	技术熟练者	反思性实践家
实践性认识	概念、原理	情境、事件
实践认识的性质	确凿性	不确凿性
探究与表达	范型样式（严密性、科学性）	叙事样式（情境性）
认识叙述	研究者（第三人称、非人称）	行动者（第一人称）
与社会的关系	效率性、有效性	自律性、学识
组织性质	官僚化	自由、个性
实践模式	理论的实践化	实践的理论化
对实践性认识的态度	执行（单一）	省察（综合）
专业成长的场所	大学与教师研修中心	课堂与学校
教育与研修的内容与方式	知识基础、临床研究	自主研修、合作

在教学模式上，“技术熟练者”与“反思性实践家”也迥然有别。佐藤学已经为这种区分做出了最为清晰的诠释：

表6－2 技术熟练者与反思性实践家的教学模式比较②

	“技术性实践”的教学分析	“反思性实践”的教学研究
目的	程序的开发与评价 超越背景的普遍性知识	教育经验的实践性认识的形成 背景中细腻的个别性认识
对象	大量教学的样本	特定的一种教学

① 佐藤学．课程与教师［M］．钟启泉，译．北京：教育科学出版社，2003：242.

② 佐藤学．课程与教师［M］．钟启泉，译．北京：教育科学出版社，2003：336.

续表

	“技术性实践”的教学分析	“反思性实践”的教学研究
基础	教学论、心理学、行为科学、实证主义哲学	人文社会科学与实践性认识论 后实证主义哲学
方法	量化研究；一般化抽样法；法则命题学	质性研究；特异化案例研究法；个性描述学
特征	效果的原因与结果（因果）的阐明	经验的意蕴与关系（因缘）的阐明
结果	教学的技术与教材的开发	教师的反省性思维与实践的见识
表现	命题（范式）性认识	叙事（叙述）性认识

不仅如此，佐藤学还比较了两种不同文化下的教师形象（官僚化、民主化）的规范类型，从而更为加强了两种类型之间的全面差异。忽视这种显而易见的差异是不可思议的，忽视“反思性实践家”模式对于“技术熟练者”模式显而易见的优越性同样不可思议。因此可以理解为什么教师教育发展到“反思性实践家”即行终止。但可以思议的恰恰是，“反思性实践家”模式只是“技术熟练者”模式的“升级版”或“终极版”，而不是理性的扬弃。在这一意义上，前者之于后者是进步，但只是一种有限的进步而已。

“反思性实践家”宣扬教师对于实践智慧（实践学识）的掌握，而正如我们所看到的那样，“反思性实践家”这一模式和实践智慧几乎没有任何关系。比如佐藤学在《课程与教师》里所论及的“实践性学识”——经验性、案例性、不确定性、默会性、个体性①都仅仅涉及知识。知识是智慧的条件，但知识并不等于智慧。这绝对不是因为“反思性实践家”教师教育模式的疏忽大意，而是“反思性实践家”与“技术熟练者”模式一样都是从“知识”、从应该拥有“知识”这个唯一的不证而明的起点出发的。“反思性实践家”模式当然也宣称它对于政治、伦理等社会实践的重视——它甚至认为正是这一点才使得它与“技术熟练者”模式区别开来，但它所提供的那些知识－技能模式依然并未触及政治、伦理更为本质的东西。所以有可能，“反思性实践家”模式的政治、伦理色彩只是一种幻相或者幻想，一个朴素的例子是，“反思性实践家”模式依然弱于对“范跑跑”的批判。那么，技术的规则支配和科学理性（反思性实践）如何才能与教育实践的“道德与美学判断”从对立走向整合？

对于一个事于追求智慧的教师来说，“反思性实践家”模式所缺失的恰恰是

① 佐藤学．课程与教师［M］．钟启泉，译．北京：教育科学出版社，2003：369.

实践智慧。教师的实践智慧并不仅仅是指教师只有在实践中才能养成的智慧（在这点上，实践根本无法区别于“生产”），而是指具有实践意义的关乎生命、生存的智慧。正是在这一点上，实践智慧才在本真意义上关乎伦理、政治，才与技术性生产等有所区别。就我们目前的研究进路来讲，对教师实践智慧的研究也还是仅仅局限于知识－技能领域，虽然偶尔地有所涉及伦理、政治，也是貌合神离的“两张皮”。实践智慧在亚里士多德看来是在思考对于“整个生活”有益的前提下对可能生活的一种抉择能力，善、自由、幸福与德性等伦理学和政治学问题是实践智慧的本然之义。换言之，所谓教育智慧也就是教师对于教师内在合理性的一种追求。缺失了对这种本然之义的思考的所谓实践智慧就只能是虚与委蛇。马克思曾讽刺那些虎头蛇尾的思考说，“我播下的是龙种，收获的却是跳蚤”。我们研究教育智慧的“虎头”就往往落实于知识－技能的“蛇尾”。这是一个让人沮丧的现实。

然而，这绝不是一个在“反思性实践家”模式之上“添加”伦理学和政治学思考的问题，如同“反思性实践家”对“技术熟练者”模式所改进的那样，而是必须换一种思考问题的方式。比如本真的教育究竟是什么，教育对于美好生活的意义究竟是什么，我们只有在对这些教育最为根本的问题有所思虑的前提下，才能安排教育的实践活动。而这恰恰就是教育哲学的任务。如果教师真要做到“专业化”，那就如施特劳斯所说的那样，让我们“在最为重大的问题上专业化”。施特劳斯曾经认为海德格尔的最大贡献在于他以彻底的“知性真诚”第一个指出在现代性下“伦理是不可能的”，从而以最大的勇气面对一个基本“事实”，即西方现代性的底下是一个虚无主义的深渊（当然这个观点还有待商榷）。而当下我们教师教育研究的问题还依然在虚无主义的深渊里挣扎，虽然我们也为了理论的自洽性需要伦理学与政治学的出场，但事实上是当我们前门迎回的时候又将其从后门赶出。对于“反思性实践家”的扬弃方式，我们目前还没有一个成熟的方案，但这绝不意味着这个问题是不值得思考的——特别是对教育的政治、伦理实践的反思。这可能恰恰就是教师教育哲学的魅力之所在——走在路上，没有尽头，不得不如此地一直走下去。

第三节　行行重行行：教师教育的轨迹

没有哪一个时代的教育像今天的教育这样如此重视对于教师的“教育”，没有哪一个时代的教育像今天的教育这样对于教师的“教育”已经发展成为一套制度性实践，没有哪一个时代的教育像今天的教育这样对于教师的“教育”已经打造出一个精致的技术－知识体系，也没有哪一个时代的教育像今天的教师教育这样竟如此悖谬地导致了教师权能的退化。我们越是对教师进行“教育”，我们离真正的教师教育就越远。左派激进的教师教育观念与右派浪漫的教师教育观念，呼唤民主改革的政治学与犬儒主义的技术学，现代主义与古典主义一起勾斗缠绕形成了当代教师教育杂乱无序的精神品质。如果我们依然坚信只有聪明人才能教育出聪明人这一自然信仰，我们就不得不重新审视当下教师教育的无根性。隐藏至深的危险尚不在于教师教育的无根性，而是我们对当代教师教育虚无主义的实质尚且一无所知。

当前教师教育最大的问题并非技术上不够科学或者课程设置不够严谨，而是恰恰对于这种培训方式特别的重视排他性地拒绝了对于教师来说更重要的方面，即我们的教师教育尚不能提供关于学校教育的基本目标和目的的整体理解。或者说，教师教育最应该重视的唯一重要的问题是究竟何谓教育，而当代教师教育恰恰对于这个问题置若罔闻。当代教师教育并非没有它的目的，比如它已经以教学技术的逻辑驱使教师接受国家的委任并诱惑其主动地接受技术与管理方面的专门知识。其结果是，我们越是精致地安排教师教育，教师的反思能力就越被剥夺。技术武装的幻象已经成为教师教育意识形态的真实。事实上，当代教师教育也只是在技术意义上才是可能的，因为整个近现代教育就是建立在技术崇拜基础上的。正如我们曾经揭示的，近现代教育以及近现代教师教育并非偶然地接受了技术的宰制，而是技术与整个近现代虚无主义的共谋一道构成了近现代教育的无根性。施米特把20世纪称为技术的世纪，对于技术的这种意识形态特征，他曾经指出：

> 对技术的信念在当代广为流传，其根据无非建立在这样一个命题上面：人们在技术中已经找到了绝对的、最终的中立基础，因为显然没有比技术更中立的东西了。技术服务于所有人，就像收音机可以用来收听各种不同的新闻，邮局派送各种邮件而不管其内容如何，因为技术还没有提供一种评判标准。至于那些有争议的神学、形而上学、道德甚至经济问题，纯粹技术问题给它们带来了令人耳目一新的确实性的东西。它们变得易于解决，人们也不能理解为何现在有一种在技术中逃避在所有其他领域均无法解决的问题的趋势。因为在技术中，所有民族、所有国家、所有阶级和宗教、无论哪一代人、无论哪个种族现在均能达成共识，因为所有人都利用技术并理所当然地享受技术带来的方便和舒适。于是，技术性就成为达成普遍协调的基础，舍勒曾经在1927年的演讲中鼓吹这一点。在这里，所有宗教、国家和社会冲突造成的纷争和混乱均被放到一个中立领域。技术似乎成为一个和平、理解

与和解的领域。另一个难以解释的问题，即和平主义与技术信仰之间的联系，也可以通过这种中立化转向得到解释，欧洲思想自17世纪起便开始这种转向，而且就像是命运的安排，它一直延续到20世纪。①

在教师教育的技术主义崇拜中一直有一个不易察觉的悖论，即技术被寄予了完成国家与社会任务的厚望，但技术的中立性马上就否决了这一厚望——从纯粹的技术原则既不能产生任何政治问题，也无从产生政治答案。所以技术虽然唤起了此岸行动的信念，但它并没有能力提供关于精神和生活的普遍性解释框架。它宣称自身是国家管理之可能性的前提，但霍布斯之后，古典政治哲学中政治对道德德性与理论德性的服从就演变成为政治对于德性的压迫——放逐了自然权利观的纯粹的技术管理国家观念只能为了政治的目的利用技术的非政治化的观点。古典政治哲学以探讨人应该怎样生活为己任，而现代国家则以“有效政府”取代了“最佳制度”，从而国家的职能不再是创造或促进一种有德性的生活，而是要保护个人自然权利。施特劳斯也正是在科学－虚无主义共谋下的现代政治科学对于古典政治哲学的颠覆的意义上对现代性展开批判的。技术的成功与效率在近现代以后对于精神与生活几乎取得了完胜。当技术宗教武装了教师的头脑，可想而知的是，他们所进行的所谓神圣的教育说到底也只不过是对于技术主义的进一步推动而已。

在今天，作为公共领域的学校教育的式微已经势不可挡了，自近代教育国家化之后，学校越来越成为国家监视体制的一个执行机构。作为一个执行机构，学校由于其所依附的科学的合理性与官僚体制的效率性，加强了它的公共控制性，从而使得构成学校的个体——教师和学生——越来越远离理应拥有公共领域的作为民主型主体应当从事的政治伦理实践。对于这种影响，佐藤学指出，学校教育的公共性的式微是教育中民主主义危机的表现。这种危机，在学生的学校生活中表现为信念危机，表现为社会性的孤立感、无助感和自恋、自闭行为和破坏行为。学校为了应对这一危机，只能采取“个性化”的方式，而所谓个性化，也就是学校教育私事化的合法化，把共同体的解体加以正当化。此一结果是学生的个人存在感的丧失。佐藤学就此指出：“学校中学习的经验已经被庞杂的片段知识所堆积，学习主体的自我意识已经被封闭在丧失了社会亲和之契机的纯粹个体的自我意识之中了。学生经验到的思考与见解只能是纯粹主观的见解，在这里，‘公正（right）’、‘真理（truth）’、‘德性（goodness）’都离开了自身经验的实感，丧失了生成、发展、整合的契机。剩下的只是面壁教室，虚幻地、抽象地存

① 卡尔·施米特．政治的概念［M］．刘宗坤，等，译．上海：上海人民出版社，2003：238.

在着，犹如影子般地经验着。”① 因此如果不考虑教育和学习的政治－伦理意义，更“善”的教育，更“善”的学习，以及更“善”的生活便不再可能。

左翼教育理论家（主要指批判教育学）认为，教师教育在今天所占有的政治空间，只是适合于再生产作为主流社会之特征的技术统治性意识形态。这一教师的政治空间的确立，只是为了培养为国家利益而工作的知识分子，其目的是为了社会现状的维系与合法化。因此，技术主义的教师教育模式越是精致，教师就越是在政治上退却，学校就越来越失去它公共领域的意义而成为一个单纯的职前培训机构。虽然在当下我们依然拥有对技术性教师教育模式的反思或者批判，但仅仅事于发展而事于扬弃的这种所谓升级版的教师教育模式依然没有能力成为公共领域的一个部分，以至于我们的教师认为教育或教学只是一种中立于政治、社会和文化斗争之外的技巧或方法。正是在这一意义上，教师才是毫无担当的执行者或工匠。笔者并不认同批判教育学在界定教师教育的时候所提出的“反霸权”或“抵制”的政治策略，这种具有革命气息的致思方式有可能导向另外一种霸权或者一种危险的虚无主义。但它有助于我们思考这样一个关键的问题，即教育在何种意义上是一种政治性的事业。作为一种社会再生产活动，学校教育的使命是契合社会业已造就的科层结构并忠诚于社会业已形成的精神气质，而作为一种政治性事业，学校教育的使命则是在了解学生个人禀赋的基础上，唤起他追求卓越的民主意识、锻炼其公民勇气并对民主的公共生活做出伦理的回应。同时，这也就意味着教师的使命不再是一个国家－社会体制的附庸，而是必须对美好生活进行深刻思虑的知识分子。

批判教育学曾试图发展出一套走向民主改革的教育政治学话语，以使教育者以及其他人能借以阐明和理解学校教育中的关系，渗透和影响学校教育内部关系的更广泛的社会关系，以及学生带到学校中来的历史地建构起来的需求和权能，从而抵制教育的技术霸权。这一套话语系统都围绕着应该以怎样的方式来支持一种旨在整体推进民主的公共文化的教育而得以展开。比如批判教育学认为学校知识不是客观的，而是支配性文化的表现形式，学校的支配性文化也不是中立的，而是合法化的选择。批判教育学批判，同时批判教育学也希望。批判教育学所批判的是市场经济对于价值的剥夺，而批判教育学所希望的是拓展公民生活的可能性。批判教育学正是把批判和有教养的希望结合起来创造了一个批判的乌托邦，以深化教育在价值重塑中的权能。教师正是在这一意义上才获得他真正的身份认同。吉鲁对他的批判教育学有一段高度总结的话，这差不多是整个批判教育学的一个宣言：

① 佐藤学．课程与教师［M］．钟启泉，译．北京：教育科学出版社，2003：99－100.

任何重新论述教育者的角色的尝试，都必须从怎样看待学校教育的目的这个更广泛的问题开始。我相信，一种可实现的批判教育学，其关键是需要将学校视为民主的公共领域。这意味着将学校视为发展各种形式的个人与社会权能的民主场所。这样说来，学校是公共场所，是学生学习在一种真正的民主制度中生活所必要的种种知识与技能的地方。学校不是工作场所的延伸，也不是战斗在国际市场和国际竞争第一线的机构。作为民主的公共领域，学校是由各种形式的批判性探索所构筑起来的，而这些探索的目的在于赋予有意义的对话与人的能动作用以尊严。学生学习公共结社与社会责任的话语。这样一种话语谋求使批判民主的概念重新受到人们的注意，而所谓批判民主是一种维护个人自由与社会正义的社会运动。同时，把学校视为民主的公共领域，为维护公共领域以及教育和教师工作的进步形式，提供了一个合理的基础，学校是履行重要的公共服务所必不可少的机构和实践方式。现在，通过一种政治语言，学校被视为提供必要的意识形态的、物质的条件，以培养具有批判能力与道德勇气的公民的机构，这些条件构成了在民主社会中积极地公民发挥作用的基础。①

如果我们试图对本真的教师教育有所思虑，那就不能将教师教育仅仅理解为体制内的一种对教师工匠的迁就，也不能将教师教育理解为教师的再生产活动，而必须同时将教师教育理解为教师的一个自我生长、自我教育的过程。因为只有通过对中立性的教育过程的反省，教师才有可能勇敢地担负起他应该承担的责任，而这意味着教师必须回归一种古典的智慧。只有在今天已经丧失的那个古典智慧里，教师才能找到教师的本真意义。在今天，以及在整个历史发展过程中，只要还存在“教育”与它所处的社会之间的关系，对教师来说，他必须关心的问题就是“我应该相信什么”和“我应该做什么”的理论问题和实践问题。也就是说，对教师来说，其“教育”的最为核心的问题就是一个政治哲学问题。离开了政治哲学的视野，对教师的任何思虑要么是形而上学的（当然并非没有意义），要么是纯粹社会学的（对效能感的挖掘）。而我们只能在古典政治哲学中寻找教师的智慧，是因为只有古典政治哲学才有一种终极的理想目标，政治生活在人生中有其位置，在这一框架下政治体制、政治价值的正当性，可以由政治生活与这一目标的关联导出。换言之，古典政治哲学始终关切着政治与人生的价值关系。到了近代，那个古典政治哲学的宇宙目的论框架已经丧失，近代政治哲

① 亨利·吉鲁．教师作为知识分子［M］．朱红文，译．北京：教育科学出版社，2008：4.

学的始作俑者霍布斯奠定了这样一个近现代政治科学的伦理基础——人的幸福在于欲望的不断满足，而欲望指向个人的自行判断——具有多元价值的、相对主义特征的现代政治氛围的产生已经不可避免。也许不会有一个时代对教师的政治理性的需求是如此迫切，因为教师在面对“古今之争”、绝对主义与相对主义之争、理想与现实的尖锐冲突的时候，他必须做出一个价值的生死抉择——将政治带向公共化领域（学校）以让政治本身产生一种说理的动力。有必要指出的是，当下教师教育最为重要然而最为稀薄的倒恰恰是政治哲学。如果教师只是想成为一个“聪明”人，那么他只要对当代教师教育的技术主义实践若有所思就足够了。然而，如果教师想成为一个真正的教育智慧的追求者，那么他就必须产生一个更大的智慧视野——一个比之于其自身以及他所处的政治实践更高的视野。对当下的教师来说，最为尴尬的处境毋宁在于，他只有通过现代性的自由主义才能获得政治的动力，而一旦教师的立场被自由主义所统治，那么教师就很难再对自由主义——那个丧失了古典智慧的东西展开批判。

笔者所说的更高的视野，说到底是对教师的一种更高要求。所有的教师教育其实都是围绕何谓真正意义上的教师、何谓真正意义上的教育展开的——它与技术武装有关，但技术武装对于问题的关键来说根本不着边际。如果教师还不能以他生存论的思考参与到“古今之争”这一现代思想最为重大的政治实践中去的话，那么教师也就只能是一个虚与委蛇的所谓知识的阐释者或者再生产的执行者而已——他只有小聪明，没有大智慧。西方现代性根源于“低贱”对于“高贵”的颠覆。在一种“进步”观念的驱使下，现代人已经放弃了对于永恒之物的信仰与追求从而落于价值相对、自由选择的虚骄与放纵之中。这才是西方所有危机之中最为深重的危机。而如果站在现代性预设的自由主义立场，就根本没有能力对自由主义进行批判，那么古典政治智慧也就是对现代危机的唯一可能的拯救方案。施特劳斯学派的所有思考都系于此。正是在那个古典政治智慧里，孕育着教师、教育的本真意义。回归古典政治哲学，对当下的教师来说，非得有一种大智慧不可。对所有细枝末节的技术问题的趋之若鹜以及对所有最为重大问题的漠然置之，已经使教师落入犬儒主义的贫乏与平庸之中。如果教育还能称得上追求卓越的一种实践方式，教师就有必要对本真的教师与教育进行生存论的思考。也许“教育”比“教育”更多，“教师”比“教师”更多。学校教育不仅是一种政治生活，也应该是对政治生活的超越，而对于教师来说，他除了是一个一般意义的政治承担者之外，还是一个最高善的追求者。

没有谁能比柏拉图更好地表达这样一个事实，即当社会中每个人都能按他的自然禀赋做有益于别人的事情时，社会就能稳固地组织起来。教育的任务因此就在于发现一个人的禀赋，循序渐进地加以训练并应用于社会。如果正义是使社会和谐一致的社会伦理原则，如果它就在于社会中每个成员都恰当地履行特定的职责，那么社会为了它自身的协调，就必定向它的成员灌输它自己的原则；为了它自身的卓越，它又必定培养它的成员卓越地去履行职责。对柏拉图来说，教育的存在不仅是为了指引它的公民进入国家的精神生活，而且它本身就是达到社会正义和真理的途径。柏拉图的教育理论（亦即政治理论）一直在以目的论的心灵观为基础的目的论世界观的支配中。心灵是一个以理性为据的朝向终极目的的统一体，有一个终极目的既存在于人类心灵之中又存在于心灵行动和认知的世界里，正确的行为就是懂得"善是一切存在之根由"，这样，教育的起点和终点都在关于善的理念的知识。这也就是苏格拉底"知识即美德"的核心意义，而"知识即美德"导向沉思生活与行动生活相互统一的哲学生存策略。对柏拉图来说，唯一真正的教育就是对成为完美公民的渴望与热爱。教育的目的就在于激发年轻人的法律精神以使他们被法律内在的精神和品质所激励，并教导年轻人去养成在依法行动时显现出来的卓越的心灵习惯。这也就是施特劳斯所称之的自由教育的本真意义——在民主大众社会里面建立高贵气质的必要努力。施特劳斯认为，作为对完美的高贵气质和对人的优异的培育，自由教育在于唤醒一个人自身的优异和卓越。而它唤醒的方式在于对哲学的热爱——倾听最伟大的心灵之间的交谈。

与此针锋相对的是，马克斯·韦伯坚持认为教师的责任只是陈述事实，他并没有介入世界观和政治意见的职责，韦伯强烈反对在讲台上以或明或暗的方式将任何态度强加于学生，他警告说，讲台不是先知和煽动家应待的地方，"教师不应是领袖"。[①] 笔者愿意相信韦伯的话是真诚的——教师不是价值观的立法者，他不拥有向学生强加意志的权力。但韦伯忽视了权力与权利的本质区别。拒绝强加意志的权力不等于放弃价值引导的权利。教师所有的价值和意义都在于这样一点，即他必须以与学生交往的方式共同探索真理、追求智慧。如果教育仅仅是无立场的，那么教育就只能是一个技术过程。然而教育唯一不应该是的恰恰就是那个价值中立的技术过程。换言之，教师除了传授客观知识之外，他必须还得再做些什么，只有这样，他才能敢于宣称，"我是教师"。韦伯的判断对于反叛教师的知识专制当然很有价值，但如果教师放弃了对学生的价值观引导，放弃了对学生自然禀赋的发现以及放弃对于完美德性的允诺，不仅教师的权能丧失殆尽，教育也将变得毫无意义。

笔者曾经指出，所有教师教育应该思考的问题都必须围绕何谓真正意义的教师、何谓真正意义的教育来进行。由于所有问题从其所出，又向之所归，因此，

---

① 马克斯·韦伯．学术与政治［M］．冯克利，译．北京：生活·读书·新知三联书店，1998：41.

本真的教师、本真的教育也就是教师教育的本体。对于教师教育实践来说，本真意义的教师与教育是其逻辑起点；而对于教师教育的思考来说，本真意义的教师与教育则是实践归宿。我们对于本真意义上的教师与教育的思考并不是希图寻获关于两者的终极答案，而是我们不能放弃对于两者的探索，因为这对于教育来说是最为根本的问题。虽然我们不能建立一个智慧型教师的详细指标，但有一点似乎确定无疑，即任何忽视这两个根本问题的教师都不是爱智慧的教师。也许我们越是去追问这两个根本问题，越是暴露出我们自身的无知。但无知恰恰是智慧的开端。当然会有批判者反戈一击，本真意义的教师、教育究竟是什么？这个提问很尖刻，但仅仅是尖刻而已。我们仅仅知道的是本真意义的教师、教育可能是什么，但我们永远不知道它究竟是什么。这并不是一个虚无主义的态度，而是我们必须在这个问题面前保持我们对于教师、对于教育必要的虔诚和恭敬。正如笔者一再指出的，何谓本真的教育、何谓本真意义的教师，不是个知识论问题，而是一个存在论问题。再一次强调教育哲学对于教师、对于教师教育的重要性无疑已经是一种不必要的重复了。教育哲学的重要性不应该是个常识，但它并不比常识更难理解些。

我国的教师教育历经“老黄牛”式的教师、教科研合一型教师、专家学者型教师，最后达到了智慧型教师的高度。但几乎可以肯定的是，智慧型教师依然不是教师教育的最终形态。还有什么教师能比智慧型教师具有更高的高度？会有的。但我们对此尚一无所知。正如笔者前文曾经提及的那样，笔者并不在完全意义上接受“智慧型教师”这个说法。因为这个说法暗示了智慧是种形态，暗示了智慧型教师的现实可能。笔者更倾向于认为教师具有追求智慧的可能性，但绝不具有拥有智慧的现实性，除非我们先行地曲解了智慧。当前智慧型教师研究越来越出现的庸俗化倾向是令人担忧的。一旦智慧型教师研究成为话语高地的争夺战，它所产生的平庸和放纵几乎是必然的。希望笔者的担心只是庸人自扰。还需要指出的是，笔者这里所讲的智慧，是大智慧，而不是小聪明。实际上近现代以后我们的教育已经足够聪明甚至精明了。在小事上我们可以很聪明，但在大事上我们又无以复加地糊涂。这可能是现代教师教育所面临的至为深刻的危机所在。我们所宣称的聪明和精明仅仅是流于“杂多”的盲目性而已，我们对于教师、教育何以可能的那个整体性，那个“一”尚且一无所知。而“一”和“多”的关系差不多就是教育形而上学的所有问题了。这个问题是如此地难解，以至于柏拉图曾经说过，如果谁能告诉他“一”和“多”的关系，那么他将追随他/她，如追随神的脚步一样。不要试图去揭示教育的全部奥秘，这不是个乌托邦，而只是个幻想。如果我们真正地尊重教育，那么我们需要保留对教育的一种神秘。设若如此，一个智慧教师教育的完整清单就有可能是可疑的。当然我们也许并不能否认这一清单的现实能力，但宣称这一清单的真理性无疑是对智慧的一种背离。

施特劳斯曾经指出，教育实践的问题在人们知道教育对一个人来说意味着什么、明白了教育目的是什么的前提下会迎刃而解。因此教育最重要的条件在于教育者自身的素养和被教育者的资质①，而教育者自身的全部素养都系于追求卓越。我们当然不可能希图所有的教师都是哲学家，但教师必须要努力成为更加专注和温良的倾听者，以此而结成一个寻找真理的共同体。艾伦·布卢姆曾以一名教师的经历在其《美国精神的封闭》中表达了他对于以柏拉图的《理想国》为代表的古典政治智慧的尊重以及他对于教师责任的理解：

> 贯穿全书，我不断提及柏拉图的《理想国》，对我来说它是独一无二的关于教育的书，因为它确实为我解释了我作为一个人、作为一名教师所体验到的一切，我总是用它来指出我们不应当希冀什么，把它作为谦和恭让的教诲。但是，它所包含的全部不可能之事就像一面筛子，过滤出了最高贵、毫不虚幻的可能之事。在所有自相矛盾的共同体幻影中，人类真正的共同体是那些寻求真理者、那些潜在的智者的共同体，也就是说，是全体渴望求知者的共同体。事实上这只包括很少的人，他们是真正的朋友，就像在对善的本质有分歧时柏拉图是亚里士多德的朋友那样。对善的共同关注把他们联系在一起；他们的分歧恰好证明，为了理解善，他们相互需要。他们在探讨这个问题时心心相印。按柏拉图的观点，这是唯一真正的友谊，唯一真正共同的善。人们不顾一切寻找的密切联系正是在这里建立起来的。人为了自我生存而形成的其他各种关系，只是这种关系的不完美反映，它们的正当性只能来自于同这种关系的终极关联。这便是那些不可能的哲学王之谜的意义所在。哲学王们拥有真正的共同体，它是其他所有共同体的楷模。②

以此为结尾的文章思考恰恰从此开始。

---

① 刘小枫，陈少明．古典传统与自由教育［G］．北京：华夏出版社，2005：9.

② 艾伦·布卢姆．美国精神的封闭［M］．战旭英，译．南京：译林出版社，2007：330.

参考文献

[1] 艾伦·布卢姆. 美国精神的封闭 [M]. 战旭英，译. 南京：译林出版社，2007.

[2] 安东尼·吉登斯. 现代性与自我认同 [M]. 赵旭东，方文，译. 北京：生活·读书·新知三联书店，1998.

[3] 安东尼·吉登斯. 现代性的后果 [M]. 田禾，译. 南京：译林出版社，2000.

[4] 保罗·弗莱雷. 被压迫者教育学 [M]. 顾建新，等，译. 上海：华东师范大学出版社，2001.

[5] 彼阿热. 智慧心理学 [M]. 洪宝林，译. 北京：中国社会科学出版社，1992.

[6] 别尔嘉耶夫. 论人的使命 [M]. 张百春，译. 上海：学林出版社，2000.

[7] 别尔嘉耶夫. 精神王国与恺撒王国 [M]. 安启念，等，译. 杭州：浙江人民出版社，2000.

[8] 查尔斯·泰勒. 现代性之隐忧 [M]. 程炼，译. 北京：中央编译出版社，2001.

[9] 大卫·杰弗里·史密斯. 全球化与后现代教育学 [M]. 郭洋生，译. 北京：教育科学出版社，2000.

[10] 蒂利希. 蒂利希选集 [M]. 何光沪，选编. 上海：上海三联书店，1999.

[11] 费迪南·费尔曼. 生命哲学 [M]. 李健鸣，译. 北京：华夏出版社，2000.

[12] 弗洛姆. 为自己的人 [M]. 孙依依，译. 北京：生活·读书·新知三联书店，1988.

[13] 弗罗姆. 占有还是生存 [M]. 关山，译. 北京：生活·读书·新知三联书店，1988.

[14] 弗·兹纳涅茨基. 知识人的社会角色 [M]. 郏斌祥，译. 南京：译林出版社，2000.

[15] 杜威. 民主主义与教育 [M]. 王承绪，译. 北京：人民教育出版社，1990.

[16] 杜威. 学校与社会；明日之学校 [M]. 赵祥麟，等，译. 北京：人民教育出版社，1994.

[17] 哈贝马斯. 交往行动理论 [M]. 洪佩郁，蔺青，译. 重庆：重庆出版社，1994.

[18] 哈贝马斯. 作为"意识形态"的技术与科学 [M]. 李黎，等，译. 上海：学林出版社，1999.

[19] 哈贝马斯. 认识与兴趣 [M]. 郭官义，等，译. 上海：学林出版社，1999.

[20] 哈贝马斯. 合法化危机 [M]. 刘北成，等，译. 上海：上海人民出版社，2000.

[21] 哈贝马斯. 后形而上学思想 [M]. 曹卫东，等，译. 南京：译林出版社，2001.

[22] 海德格尔. 存在与时间 [M]. 陈嘉映，王庆节，合译. 北京：生活·读书·新知三联

书店，1987.
[23] 海德格尔．形而上学导论［M］．熊伟，王庆节，合译．北京：商务印书馆，1996.
[24] 海德格尔．海德格尔选集［M］．孙周兴，选编．上海：上海三联书店，1996.
[25] 海德格尔．路标［M］．孙周兴，译．北京：商务印书馆，2000.
[26] 赫尔巴特．教育学讲授纲要［M］//赫尔巴特文集3：教育学卷一．李其龙，译．杭州：浙江教育出版社，2001.
[27] 赫舍尔．人是谁［M］．隗仁莲，译．贵阳：贵州人民出版社，1994.
[28] 贺照田．西方现代性的曲折与展开［M］．吉林：长春人民出版社，2002.
[29] 亨利·吉鲁．教师作为知识分子［M］．朱红文，译．北京：教育科学出版社，2008.
[30] 胡塞尔．欧洲科学危机和超验现象学［M］．张庆熊，译．上海：上海译文出版社，1988.
[31] 怀特海．教育的目的［M］．徐汝舟，译．北京：生活·读书·新知三联书店，2002.
[32] 加达默尔．真理与方法［M］．洪汉鼎，译．上海：上海译文出版社，1999.
[33] 卡尔·曼海姆．意识形态与乌托邦［M］．黎鸣，李书崇，译．北京：商务印书馆，2000.
[34] 卡西尔．人论［M］．甘阳，译．上海：上海译文出版社，1985.
[35] 康德．道德形而上学原理［M］．苗力田，译．上海：上海人民出版社，2005.
[36] 康德．实用人类学［M］．邓晓芒，译．上海：上海人民出版社，2005.
[37] 康德．纯粹理性批判［M］．蓝公武，译．北京：商务印书馆，1982.
[38] 库利．人类本性与社会秩序［M］．包凡一，译．北京：华夏出版社，1989.
[39] 夸美纽斯．大教学论［M］．傅任敢，译．北京：教育科学出版社，1999.
[40] 理查·罗蒂．哲学和自然之镜［M］．李幼蒸，译．北京：生活·读书·新知三联书店，1987.
[41] 联合国教科文组织国际教育发展委员会．学会生存［M］．华东师范大学比较教育研究所，译．北京：教育科学出版社，1996.
[42] 联合国教科文组织国际教育发展委员会．教育——财富蕴藏其中［M］．联合国教科文组织总部中文科，译．北京：教育科学出版社，1996.
[43] 刘小枫．现代性社会理论绪论［M］．上海：上海三联书店，1998.
[44] 刘小枫，陈少明．古典传统与自由教育［G］．北京：华夏出版社，2005.
[45] 刘小枫，陈少明．美德可教吗［G］．北京：华夏出版社，2005.
[46] 刘小枫，陈少明．苏格拉底问题［G］．北京：华夏出版社，2005.
[47] 刘小枫，陈少明．政治生活的限度与满足［G］．北京：华夏出版社，2008.
[48] 鲁道夫·奥伊肯．生活的意义与价值［M］．万以，译．上海：上海译文出版社，1997.
[49] 马丁·布伯．我与你［M］．陈维纲，译．北京：生活·读书·新知三联书店，2002.
[50] 马克斯·范梅南．教学机智——教育智慧的意蕴［M］．李树英，译．北京：教育科学出版社，2001.
[51] 马克斯·范梅南．生活体验研究——人文科学视野中的教育学［M］．宋广文，等，译．北京：教育科学出版社，2003.

［52］马利坦．科学与智慧［M］．尹令黎，译．上海：上海社会科学出版社，1996.
［53］迈尔．古今之争中的核心问题［M］．林国基，等，译．北京：华夏出版社，2004.
［54］麦金太尔．德性之后［M］．龚群，等，译．北京：中国社会科学出版社，1995.
［55］迈克尔·W. 阿普尔．意识形态与课程［M］．黄忠敬，译．上海：华东师大出版社，2001.
［56］苗力田．古希腊哲学［M］．北京：中国人民大学出版社，1989.
［57］尼布尔．道德的人和不道德的社会［M］．蒋庆等，译．贵阳：贵州人民出版社，1998.
［58］诺齐克．无政治、国家与乌托邦［M］．何怀宏，等，译．北京：中国社会科学出版社，1991.
［59］齐格蒙·鲍曼．立法者与阐释者［M］．洪涛，译．上海：上海人民出版社，2000.
［60］让－弗朗索瓦·利奥塔．后现代状况［M］．岛子，译．长沙：湖南美术出版社，1996.
［61］S. 拉塞克，G. 维迪努．从现在到2000年教育内容发展的全球展望［M］．马胜利，等，译．北京：教育科学出版社，1996.
［62］施特劳斯．自然权利与历史［M］．彭刚，译．北京：生活·读书·新知三联书店，2003.
［63］舍勒．舍勒选集［M］．刘小枫，选编．上海：上海三联书店，1999.
［64］舍勒．资本主义的未来［M］．罗悌伦，译．上海：上海三联书店，1990.
［65］舍勒．人在宇宙中的地位［M］．李伯杰，译．贵阳：贵州人民出版社，1989.
［66］王攀峰．走向生活世界的课堂教学［M］．北京：教育科学出版社，2007.
［67］小威廉姆 E. 多尔．后现代课程观［M］．王红宇，译．北京：教育科学出版社，2000.
［68］亚里士多德．形而上学［M］．吴寿彭，译．北京：商务印书馆，1959.
［69］亚里士多德．尼各马可伦理学［M］．廖申白，译注．北京：商务印书馆，2003.
［70］雅斯贝尔斯．什么是教育［M］．邹进，译．北京：生活·读书·新知三联书店，1991.
［71］雅斯贝斯．时代的精神状况［M］．王德峰，译．上海：上海译文出版社，1997.
［72］叶秀山．诗·史·思［M］．北京：人民出版社，1988.
［73］衣俊卿．回归生活世界的文化哲学［M］．哈尔滨：黑龙江人民出版社，2000.
［74］赵汀阳．论可能生活［M］．北京：生活·读书·新知三联书店，1994.
［75］邹进．现代德国文化教育学［M］．太原：山西教育出版社，1992.
［76］佐藤学．课程与教师［M］．钟启泉，译．北京：教育科学出版社，2003.

责任编辑　刘　灿
版式设计　贾艳凤
责任校对　张　珍
责任印制　曲凤玲

图书在版编目(CIP)数据

回归智慧,回归生活:教师教育哲学研究/高伟著. 北京:教育科学出版社,2010.2(2012.9 重印)
(教育智慧与智慧型教师研究丛书/田慧生主编)
ISBN 978-7-5041-4411-9

Ⅰ.①回… Ⅱ.①高… Ⅲ.①教育哲学—研究 Ⅳ.①G40-02

中国版本图书馆 CIP 数据核字(2010)第 005554 号

出版发行	教育科学出版社		
社　址	北京·朝阳区安慧北里安园甲 9 号	市场部电话	010-64989009
邮　编	100101	编辑部电话	010-64981245
传　真	010-64891796	网　址	http://www.esph.com.cn
经　销	各地新华书店		
制　作	北京金奥都图文制作中心		
印　刷	北京中科印刷有限公司	版　次	2010 年 2 月第 1 版
开　本	169 毫米×239 毫米　16 开	印　次	2012 年 9 月第 3 次印刷
印　张	15.25	印　数	7 001—10 000 册
字　数	252 千	定　价	30.00 元

如有印装质量问题,请到所购图书销售部门联系调换。